「生きづらさ」を聴く

不登校・ひきこもりと当事者研究のエスノグラフィ

Engaging the angst of hikikomori, unemployed and precarious individuals in post-industrial Japan

貴戸理恵
kido rie

日本評論社

まえがき

「この場は、やっぱり乾パンでしょう」

二〇一九年三月、参加して四～五年になるHさん（三〇代男性）が、紙皿に乾パンを開けて配ってくれた。

私たちの場は、「生きづらさからの当事者研究会」という名で、主に大阪市内で活動している。通称は「づら研」。月に一度、不登校やひきこもりなど何らかの「生きづらさ」を抱えた人びとが一〇～一五人くらい集まり、一〇分の休憩を挟んで四時間話す。私はそこにコーディネーターという立場で関わっている。

乾パンは懐かしかった。づら研に開始時から関わっていたIさんという人が、よく差し入れてくれていたのだ。Iさんは公務員を退職した七〇代の男性で、子どもが不登校になった縁でフリースクールに関心を持ち、づら研にもよく顔を出していた。体調を崩され、やがて来ることがかなわなくなった。新規の参加者が増えてきたその頃では、もうIさんのことも、Iさんの乾パンのことも、知る参加者は少なくなっていた。私たちは、ぼそぼそと乾パンをかじりながら話し合いの続きを始めた。

パンと薔薇をください。

そう言ってかつて労働者は行進したという。

こちらはといえば、月曜日の午後に壁の薄い大阪ボランティア協会の会議室に詰めている。ロの字型の机と、狭い空間にひしめき合うパイプ椅子、壁二面のホワイトボード。ここで「逃げ道の研究」「怒られるのが怖い問題」といったテーマを設定し、各々が抱える「生きづらさ」について話し込んでいる私たちは、いったい何をしているのだろう。何を「ください」と訴えているのだろう。そもそも何かを訴えたりしているのだろうか。「ください」と言ったところでくれるという相手は誰なのか。何もかも、ぼんやりとしている。ただ一つ確かなのは、それらを問わないままではもう、「行進」ができなくなっていることだ。

パンは日々の食べもの、薔薇は文化を指す。

私たちの暮らす社会では、昼夜かまわずコンビニに行けば、ペットボトルのお茶とセロファンにくるまれたおにぎりやサンドウィッチで腹を満たせる。誰とも話さず本さえ開かなくても、テレビを点けてインターネットをいじっていれば、情報は入ってくるし退屈は埋まる。足元に迫る満ち潮に側壁へと追い詰められるような将来の不安も、氷を飲み込んだような劣等感も、鈍麻させてくれる嗜癖の対象には事欠かない。

それなのに集っている。

パンはここには求めようもなくて、薔薇はかろうじて「ありうるかなぁ」という感じ。でも乾パンはある。以前配ってくれていた人がいなくなっても、それを覚えていて、また別の人が持ってきてくれたりする。「何かあたたかなものが落っこちていたから、拾ってみて、それがよかったので、自分も落っことしてみようかと思う」。そこで生起しているのは、そういうシンプルなことだ。連帯と呼ぶには流動的すぎるだろうし、まして「連帯を求めてこの場に人は集う」と目的的に言いうるほどあらかじめ設定されているわけでもない。行きあたりばったりで、あてにはならない。

ただ、こういう瞬間が時どき私たちを訪れて、私はそれを嬉しいと感じる。そして場を維持することを続けてみようと思う。それが繰り返される。

・

ここに記述した情景は、私の念頭にある「生きづらさ」から始まる共同性の原風景のようなものである。本書では、そうした共同性の有り様やその意味について探求していく。

「生きづらさ」という言葉に、人はさまざまな思いを抱くだろう。「本当にこの社会は生きづらい」と深く納得する人がいるかもしれない一方で、「弱さや苦痛にばかり注目するのは建設的でない」と否定する人もいるに違いない。「曖昧でうさんくさい」と慎重に遠ざける場合もあるし、単に「自分には関係ない」と素通りする人も多いだろう。実際に、づら研をフィールドにしている私がしばしば受け取るのは、「生きづらい人たちがいるのは分かったが、自分には関係ない」という反応である。

だが、ちょっと待ってほしい。「一部の生きづらい人」と「大多数の生きづらくない人」がいる、というのは本当だろうか？　むしろ現代社会では、誰もが「生きづらさ」を抱えうるのであり、

「今たまたま生きづらい人」と「たまたま生きづらくない人」がいるにすぎないのではないだろうか？

「生きづらさ」は、個人化（Beck 1986＝1998）が進行するなか、人びとが人生経歴における社会構造的に規定された部分を「自由裁量・自己責任」と見なすようになることに関わっている。私たちが暮らす社会では、個々のキャリアは見通しの悪いものとなっており、人びとは有用性の高い人材になるべく自己をコントロールするなど「自分自身の資本家」となるよう求められている。こうした能力主義的競争は、隙間なく全体を覆っていて、競争に勝っても、負けても、降りても、この重圧からは逃れられない。しかもそれは、分かりやすい抑圧ではなく「楽しんで」やるものとして提示され、ゴールはなく、生涯続くのだ。こうした状況に照らせば、潜在的には「生きづらさ」の当事者でない人などどこにもいないのではないか、と私には思われる。

にもかかわらず、集団的な抵抗の足場は掘り崩され、私たちは個々バラバラにされつつある。市場と結びついた多様化の潮流は、マイノリティでも「生産性があると見なされた者」を新たにすくい上げる一方で、マジョリティ・マイノリティを問わず「生産性がないと見なされた者」をふるい落としていく。このことは、マイノリティの連帯を支えていた集団の同質性に亀裂を入れ、個々の困難に対処するうえで「誰かとともに声を上げる」よりも「単独でがんばる」ことのほうを、魅力的な選択肢にしてしまうだろう。

こうした状況を踏まえて本書では、フィールドワークを通じて「生きづらさ」を抱えた人の意味世界に迫るとともに、「生きづらさ」を、「自分には関係ない」と感じている人びとも含めた社会全体の連帯の基礎として、捉え直すことを目指す。
「生産性があるか、ないか」――それは、性や階級といった属性による分断に加えて、現代に生きる人びとのあいだに亀裂を入れる決定的な要素となりつつある。その分断を超えて、「生産性があるとされた人」と「そうでない人」のあいだに橋を架けるとすれば、誰もが生きづらくなりうる社会を逆手にとって、自分の足元にある「生きづらさ」に目を凝らし、そこから共通理解の基盤を創っていくことが、一つの可能性になるのではないか。この本は、そのような問題意識から書かれた。

このようなスタンスは、「より生きやすく」なるために、自分でがんばることを否定するものではない。最終的に「生きづらさ」と向き合うのは自分自身にほかならず、自己の状態を変化させることができるのは、自分自身でしかありえない。それはどうしようもなく確かであり、暗い山道に揺れる灯のような希望でもある。

しかし、重要なのは、自己は「こうしよう」と思い立って努力すればその通りになるような、自分の意志でコントロールできるような、底の浅いものではないということだ。自己を変化させようとするさまざまな営みにおいては、出口の見えない堂々めぐりがよく起こる。積み上げては崩れ、踏み出しては撤退し、答えが見つかったと思った瞬間に新たな問いが生じる。そうした堂々めぐりがらせん状にずれていくなかで、風が通り抜け、身が軽くなり、少し楽に息ができる瞬間が訪れる。その複雑さやまっすぐに行かないところこそが、自分の人生を生きることの汲み尽くせない豊かさなのだとしたら、「自助努力」や「自己責任」ですべてを捉えようとする認識は、あまりに貧しく、もったいないと思うのである。

本書はオーストラリアのアデレード大学に提出した博士論文Engaging the angst of unemployed youth in post-industrial Japan: A narrative self-help approachに大幅な加筆修正をしたものである。だが、アカデミズムだけでなく幅広い読者を想定している。

支援専門家の方がたには、「生きづらさ」がどのように抱えられ、変化していくか、そのプロセスにおいて本人の認識や言葉がいかに重要な意味を持つかを、提示できるものとなっていれば嬉しい。

自助活動や社会運動に携わる方がたが読んでくだされば、公開性と安全性をともに追求していくうえでの葛藤や苦労も含めた現場の描写を、実践のヒントとしていただけるかもしれない。

そして、今、困難を抱えている方がたの手に届き、他者の「生きづらさ」を知ることで自分の「生きづらさ」を理解したり、「生きづらさ」を他者や社会との関係のなかで捉え直していくきっかけとしてもらうことができれば、これほどありがたいことはない。

「生きづらさ」を聴く　不登校・ひきこもりと当事者研究のエスノグラフィ

目次

序章　誰もが「生きづらく」なりうる社会

1　二つの問い

本書の主題は、「生きづらさからの当事者研究会」（通称：づら研）の一〇年あまりにわたるフィールドワークを通じて、「生きづらさ」に基づく共同性の有り様を探ることである。づら研は、不登校の子どもの居場所づくりを目指すNPO法人Fに併設された、一八歳以上の人の居場所Gのプロジェクトの一つとして立ち上がった。目的は、自分の「生きづらさ」を対話によって他者と共有しながら探ることであり、「治療」「支援」を目指す場ではない。そのため心理専門家の関与はなく、就労支援など制度的位置づけもない。

本書において私は、づら研の参与観察と関係者へのインタビューから、「生きづらさ」とは何か、「当事者が集う対話の場」では何が行われているのかを描き出していく。それを通じて、個々の「市場価値」を高め他者に勝ろうとする生存競争を問い直し、「生きづらさ」から始まる新たなつながりを摸索したい。

出発点となる問いは二つある。一つは、現代日本における「生きづらさ」とは何か、というものである。もう一つは、「当事者が集う対話の場」は実際にどのように営まれているのか、というものである。それぞれの問いについて見ていきたい。

(1) 問い①:「生きづらさ」とは何か

現代社会では、社会から漏れ落ちたと感じ、「生きづらさ」を持つ人が多くなっている。この本で見ていくづら研は、そうした状況のなかで、「自分は生きづらさを抱えている」と認識し、それを探求したいと考える人なら属性や経験を問わず誰でも参加することができる開かれた場として運営されてきた。

第1章で詳しく述べるが、「生きづらさ」という言葉は、医療や福祉など既存の制度では包摂できない曖昧な困難さを表すものとして、二〇〇〇年代以降さまざまな領域で使われるようになった（山下 2012）。私は「生きづらさ」を「個人化した「社会からの漏れ落ち」の痛み」（貴戸 2018b:90）と定義しており、本書でもこれを用いる。この捉え方の基盤には、社会構造的な不平等が根深く続いているにもかかわらず、見えにくくなり、社会からの排除が「自己責任」と見なされがちになる、という「個人化」論的な社会の把握がある（Beck 1986＝1998）。

現代社会では、個人の生について語る言葉は、社会とのつながりを失いやすくなっている。たとえば、非正規雇用の拡大や家族の揺らぎといった現象は、ある種の社会的絆のやせほそりのあらわれだが、同時に多様性の拡大を示してもいる。個々の人びとのなかには、雇用や家族に「碇」を下ろさず流動的に生きることを、自由だと感じている人もいるだろう。「非正規の仕事でも本人が好きでそうするなら問題はない」「ずっと独身でいるのは本人の勝手であって、周囲があれこれ言うことではない」。このような語り口は、時代に支持されるリベラルなものである。だがそこでは、個別の諸事情が絡み合うなかで、独自のやむをえなさの感覚を伴って生じる不本意な状態は語りにくくなる。語ったとしても「では努力して望む状態をつかめばよいではないか」と見なされてしまいやすい。

本書のキーワードである「生きづらさ」もまた、個人の困難の感覚を焦点化する点で、社会とのつながりを見えにくくする言葉だと言える。しかし本書では、その危うさを認識したうえでなお、「生きづらさ」という言葉を、個人的なリアリティに根ざしつつ社会的な問題を指摘していくための足場となる可能性を持つものとして捉えていく。そのうえで、曖昧な「生きづらさ」に耳を傾け、本人がみずから言葉にしていくことを助ける関係性を展望していく。

づら研には不登校やひきこもりを経験した人が多いが、「生きづらさ」という言葉で表されるものはそれらにとどまらない。たとえば、競争的な労働市場のなかで不安定雇用や失業の状態に置かれる、あるいは「今は仕事をしない・できない」という状況に追い込まれること、障害や病を抱え心療内科などに通院しながら「普通」を装って生きること、学校や家庭で何らかの暴力の支配を受けた経験などから人間関係がスムーズにいかないこと、男性・女性として「あるべき」とされる像と実際の自分とのあいだに無視できないギャップを抱えていること、などを含む。

先行研究では、「生きづらさ」という概念やそれが生み出される背景に言及したものは一定の数が存在するが（草柳 2004：藤野 2007：土方 2010 など）、「生きづらさ」という言葉によって具体的に何が表現されているのかを、実証的に明らかにしたものは少ない[1]。本書は「生きづらさ」という曖昧な言葉で表現され、通じにくくなっている経験について、それがいったいどのようなものかを経験的なデータに基づいて説明することで、「生きづらさ」を「分かる人には分かる」ものから「誰でも言葉を通じて理解できる」ものへと翻訳することを目指す。

づら研はいかにも局所的な場であり、その参加者が「生きづらさ」を代表しているわけではない。けれどもこの場は、①誰でも参加できる公開性と、②継続する関係のなかである程度深く率直な言葉が語られる安定性をあわせ持っており、ある種の「生きづらさ」の典型を、リアリティを伴った固有のかたちで、複数取り出すことができると考えられる。

(2) 問い②：「当事者が集う対話の場」では何が起きているのか

居場所、当事者の主体性、対話、つながり——そうした概念を重視する活動が注目を集めている。これらの言葉には、人を惹きつけてやまない魅力がある。私たちの多くは、相手と論争するより、話し合い、違いを受け入れ合いたいと感じている。「今のままではダメだ」と言われるより「ありのままの自分」を認められたいと望んでいる。親や専門家が勝手に決めるのではなく、当事者の主体性が尊重されるほうがいいと思う。これらの言葉には、ほとんどそれ自体で「善きもの」という意味が含まれている。

だが、これらの概念が実践されたとき、そこに生成する現実は「善きもの」とばかりいえるだろうか。そこには失敗や葛藤、一筋縄ではいかない苦労、限界などもあるはずではないのか。もちろん、これらの実践は支配的な制度では解決できない問題に取り組むために対抗的に立ち上げられており、まずは理想を主張する必要があったかもしれない。しかしその背景を踏まえても、ポジティブな側面に注目するばかりでは、居場所・当事者・対話などの概念は、結果として上滑りのものになってしまわないか。

このように言うのは、これらの言葉を否定したいためではなく、私にとってこれらが大切な指針であったからである。私には、小学校時代を学校に行かず自宅で過ごした経験がある。そのときに出会った「私はなぜ学校に行かないのか」「制度とは何か、子どもの権利とは何か」「社会とつながるとはどういうことか」などの問いに導かれて大学院に進学し、「不登校の〈その後〉」を生きる人びとにインタビュー調査をした。それが「研究者」としてのキャリアのスタートとなった（貴戸2004）。また、二〇一一年からはづら研のコーディネーターとして、「生きづらさ」を抱える人びとが経験を語り合うことのおもしろさや難しさ、そこに立ち上がってくる場というものの重要性をたびたび感じてきた。

このように、居場所、当事者の主体性、対話、つながりといった概念は、つねに私の傍らにあった。これらの言葉を使って自分の考えや実践を語ることも積極的に行ってきた。

だが、居場所とは、当事者の主体性とは、対話とは、実際のところ、いったい何なのか。これらの言葉で表される事態や実践とは、具体的にどのようなものなのか。それを「事例報告」や「理想の提示」を超えて、質的なデータに基づいて分析する作業は、これまであまりなされてこなかった。

当事者研究については、これまでにもさまざまに論じられてきた。その中心は、研究の主催者であり参加者でもある存在による実践の報告や考察である（浦河べてるの家 2002；2005；綾屋・熊谷 2008；上岡・大嶋 2010；ぼくらの非モテ研究会編著 2020）。これらはユニークで示唆に富む一方で、当事者研究という営み自体を対象化し、実証データに基づいて分析しているとはいえない。綾屋（2017）や西井（2021）などではリフレクシブな分析もなされているが、実践に伴う困難や失敗の経験、司会・コーディネーターの介入のあり方といった細部も含めて「当事者研究の場とは何か」を探求することは行われていない。熊谷（2020）は当事者研究が成立した歴史的経緯や方法論について論じており興味深いが、やはり実際の当事者研究の場がどのように成立しているかという点は明らかにされていない。アカデミズムとの接続も試みられているものの、現象学やナラティブ・アプローチといった理論的視座の当事者研究への応用可能性を論じるもの（石原編 2013；小林・浅野 2018）が多くなっている。

これを踏まえ本書では「当事者が集う対話の場」が「どのようにあるべきか」をひとまず離れ、「実際にどのようであるか」に目を凝らすことから始めてみたい。こうしたアプローチによって、「善きもの」という規範的な意味を前提にしたところでは脇へ追いやられてしまう多層的な現実を、把握することができるかもしれない。

オープンダイアローグなど対話に基づく支援実践で知られるフィンランドの心理学者J・セイックラと社会科学者T・アーンキルは、「対話的なものは実践の中にしかあらわれない」（Seikkula &

Arnkil 2006＝2016：98）としている。そうだとすれば、「当事者が集う対話の場」なるものがどのような実践のうちに姿を現しているかを、その背後にある一筋縄ではいかない複雑なプロセスも含めて記述していくことには、意味があるだろう。

（3）「聴く耳」を持つために

本書の直接的な目的は、「こうすれば生きづらさを減らせる」という実践モデルや「成功例」の提示ではない。それはあまりに難しく、手に余るということもある。だがそれだけではない。「こうすれば問題が解決する」という思考そのものが、「生きづらさ」を捉え損なうと考えるからだ。

ひきこもりの取材を続けているジャーナリストの池上正樹は、「就労しても、生きづらさは変わらない」という当事者の声を幾度も聞いたという（池上 2019：154）。ひきこもり経験者にとって就労はゴールではなく、人と関わり自活への一歩を踏み出すスタートラインである。人生には「その後」があり、あるときに「生きづらさが減った」「つながりができた」と思ったとしても、それは必ずしも持続的ではない。「その後」に続く紆余曲折の日常こそが人生の豊かさであり深みであるとしたら、「ポジティブな帰結」を強調する目的設定は、そこから外れる現実を不可視にするばかりでなく、人生というものを平板に見積もりすぎているだろう。

その代わり、本書がもっとも重視するのは、本人が経験するさまざまな「生きづらさ」のリアリティを描き出し、その意味を解き明かすことによって、「生きづらさ」の語りを聴き理解する耳の側、すなわち情報を受信する社会の側に、聴取のための枠組みを提案することである。

「生きづらさを聴く」とは何か。

一般的に、「聞く」と区別される「聴く」は、「くわしく／注意してきく」（『三省堂国語辞典 第八版』）、「注意深く耳を傾けてきく」（『学研現代新国語辞典 第六版』）など、主体の能動性を示唆する。さらに「音やことばに接して理解し、また、味わう」（『集英社国語辞典 第三版』）ともされており、情報をしっかりと受け止め咀嚼することを意味している。

これを踏まえ本書では、「聴く」という言葉を、「他者が発する情報の意味を受けとめ理解すること」として使っていきたい。語られた内容を自分なりに解釈し「こういうことだな」と想像できること。「あるある」と共感まではできなくても、相手が言っていることの意味は分かり、「そういうこともあるだろう」と納得しうること。それをするために、自分がもともと持っていた解釈枠組みを揺るがせる用意があること。それが「聴く」である。

「生きづらさを聴く」ことは、しばしば難しい。言葉の意味を理解するには、聞き手のうちに耳を傾ける姿勢があり、「こういうことだな」と思える解釈枠組みが存在しなくてはならない。それがなければ、いくら語り手が語っていても、「そんなことがあるはずがない」と無化されたり、「それは甘えだ、わがままだ」と聞き手が自明としている元の枠組みに沿うように意味を変質させられたりしてしまう。そして「生きづらさ」に関しては、それを聴くための解釈枠組みが存在しにくいのだ。

多くの場合私たちは、たとえば「働く意欲はあるが、仕事がない」という「失業」や、「身体的に働ける状態ではない」という「病・障害」の語りを「聴く」ことができる。そこでは「働けなくなっている原因」が明らかであり、その原因は本人の意志や努力の欠如によるものではなく、他者の助けを必要としていることが納得されやすい。だが、「生きづらさ」についてはそうではない。それは原因が複合的で分かりにくく、「仕事はあっても何らかの理由で踏み出せず、無業の状態にとどまっている」とか、「仕事に就いても人間関係がうまくいかず辞めてしまう」など、本人の責任であるかのように見える側面を含んでいる。そこでは「合理的理由なく社会とつながらない」事態が生じているように見え、「それは自己責任だから、周囲は関知しない」という態度を帰結しやすいのだ（湯浅・仁平 2007）。

だが、こうした「自己責任」に行き着いてしまう態度は、現代社会の問題を解決するどころか、問題を深めてしまうように思う。

現代社会では、さまざまな「社会とのつながりにくさ」が顕在化しているにもかかわらず、制度や政策がそれに対応できておらず、社会運動など抵抗する足場も掘り崩されつつある。結果として多くの人が、個人や家族という単位での孤立を余儀なくされている。産業構造の変化、共同体の弱体化など不可逆の社会的条件や、分断された労働市場、家族福祉依存といった制度的「負の遺産」のもとで、老後の展望を持てない不安定就労者や、非就労のまま自宅にこもりがちになる人の問題が注目されている。

たとえば、内閣府は二〇一九年、満四〇歳から満六四歳までのひきこもりについて出現率一・四五%、推計数は六一万三〇〇〇人であることを明らかにした（内閣府 2019a）。二〇一五年度の満一五歳から三九歳までの調査においては、ひきこもったきっかけとして多かったのは「不登校」「職場になじめなかったこと」であったが（内閣府 2016）、中高年のひきこもりでは「退職したこと」「人間関係がうまくいかなかったこと」「病気」などが上位を占めており、就労支援や心理的アプローチのみならず、医療的・福祉的な問題把握の必要性が示唆されている（内閣府 2019b）。

これに対する政策的対応は、膨れ上がる福祉予算という限界から再分配の充実へ舵を切りきれず、就労支援などの主体の強化＝自立支援を中心としているものの、問題解決の見通しは立たないままだ。公的扶助は非段階的で、生活保護に至らなければ生活の立て直しが困難な場合が多く、社会とつながり損ねた層のうち制度的枠組みにはまりがたい多くの中間的なケースが、市場、家族、民間支援に丸投げされているのが現状といえる。

こうした状況では、漏れ落ちた人びとのこもりゆくところは端的に、最後のなけなしのセーフティネットとしての家族（＝「実家」）である。だが、八〇代の親世代と五〇代の単身・非就労の子世代が同居し年金や介護をめぐって相互依存しながら孤立していく「八〇五〇問題」に象徴されるように、セーフティネットとしての家族は文字通り「寿命」を迎えつつある。

他方、一九七〇〜八〇年代の市民運動の流れを汲む社会運動や支援活動もまた、時代の変化のなかでみずからの実践の振り返りと方向性の転換を迫られている。二〇〇〇年代以降の人生経歴の多様化のなかで、特定のマイノリティ属性を共有する集団性に立脚しながら主張を行うアイデンティティ・ポリティクスが成立しなくなり、運動・活動としてのまとまりを保つことはますます難しくなっている。それまでの制約を打ち破り「多様な生き方」を実践するモデル・マイノリティは現れてくるが、支援活動の現場では、それとは乖離した過酷な現実が進行していく。それは、個別対応の必要性の増大や成果の見えなさ、支援者自身の生活不安などから活動が疲弊し、持続可能でなくなりつつあるという現実である。「問題意識や利害の共通性を基盤としながら社会の変革を訴えていく」という従来の運動的枠組みが揺らぐなか、運動をどのように改変し次世代に継承するかが問われている。だが、担い手の世代間継承は必ずしもスムーズにいっていないように見える。

このように制度や抵抗が行き詰まる背景の一つとして、「生きづらさを聴く」ための枠組みの不在があるように思われる。政策にせよ運動にせよ、問題の渦中にある人の素朴な問いや違和感を置き去りにしては、たとえ合理的な枠組みを設定したとしても、事態を変えることは難しい。なぜなら、本人の事態を変えるのは、制度や支援者ではなく、当の本人だからである。その原動力となる本人のちからというものは、「啓発」「教育」されることによってではなく、どこまでもその感覚に信頼を置かれ、言葉に耳を傾けられ、違和の表明をきちんとすくい上げられることによって生まれてくる。そのためには、本人がどのような「生きづらさ」を抱えており、どのように生きることを望んでいるかを「聴く」ための枠組みを、周囲が持っている必要がある。

こうした観点から、本書では「当事者のリアリティ」に立ち戻り、「個人と社会とのつながり」の現代的な行き詰まり方とはどのようなものかを、「生きづらさ」を抱える人びとが集う場の実践と参加者の言葉のなかから探っていく。

2　調査概要

以下では、調査の概要について述べていく。いわゆる「論文」では、調査に関する理論的立場や手続きを明記し、「どのような方法でその問いを解いたか」を明らかにしておくことが求められる。とくに興味のない読者は、飛ばして第1章に進んでほしい。

(1) 理論的立場：批判的エスノグラフィ

本書を書くうえで私は、づら研に参加し、その場で何が起きているのかを体験しながら観察し、参加者にインタビューを行った。そうした方法は、エスノグラフィ（民族誌）と呼ばれる。エスノグラフィとは、第一に、主として参与観察やインタビュー、現場に関わる文書の収集などを含む質的な調査の「方法」を意味し、第二にはそのような方法を採用して書かれた「記録・作品」を指す（Merriam 1998＝2004：19）。

私が採った方法は、そのなかでも「批判的アプローチ」（箕浦編著 2009：3）とか「「新しい」アプローチ」（藤田・北村 2013）などと呼ばれるものに近い。それは、伝統的なフィールドワークが依拠する「唯一無二の事実を客観的・中立的に記述する」という実証主義から距離をとり[2]、社会的現実はそれを見る人の立場や現場との関係性によって多様であり、調査者と調査対象者が共同で作り出すものであるとする社会構成主義的な立場に基づいている。そのうえで、調査対象者の生きる社会的現実を解釈することにとどまらず、社会制度のなかに埋め込まれた権力を批判的にまなざし、調査を通じて現状を変革していくことを目指すものである。そこでは、「調査する自分とは誰か」「調査対象者を（「参加者」「協力者」「共同研究者」など）どのような存在と位置づけるか」「何のために、誰に向けて研究するのか」といったリフレクシブな問いが生起してくる（桜井 2002：103）。

藤田・北村（2013）は、「「新しい」アプローチ」として「アクティヴ・インタヴュー」や「フェミニスト・エスノグラフィー」など一〇のアプローチを紹介している。[3] 本書はそのどれか一つに位置づけられるものではないが、いくつかの方法との近さを持っている。

私は、調査者でありながら自分の不登校経験を開示し、「この社会に「生きづらさ」の当事者でない者はない」というスタンスのもとで、「生きづらさ」を抱える一人としてづら研に参加してきた。周縁化された存在と自分自身の共通性に基づき、社会を批判的に捉えるという点では「フェミニスト・エスノグラフィー」や「ネイティヴ・エスノグラフィー」に近いといえる。「自分の問題に自分がアプローチする」という意味では「当事者研究」の作品という側面もある。自己の体験をめぐる記述が折々に差し挟まれるところは「オートエスノグラフィー」に似ているだろう。インタビューにおいては語り手に積極的に介入してともに語りを作り上げる「アクティヴ・インタヴュー」を目指した。そして、私の発見がづら研という場を通じてもたらされた発見であり、もっといえば私の問題意識もまたこの場で鍛えられたもので、そのプロセスに他の参加者が具体的に・深く関わっていることを思えば、本書を「（当事者参加型）アクション・リサーチ」と呼びたい思いもある。

このように、本書を貫いているのは、現場の人びとと共有された問題意識に基づいて、調査者自身が場に巻き込まれながら、仕事や学歴、ジェンダーといったさまざまな立ち位置に関する権力関係を重視しつつ、よりよい社会を展望するために研究する、という姿勢である。本書で産出されたデータは、特定の価値に根ざしており、「客観的」でも「中立的」でもない。本書はそのことを認め、さらに調査者‐被調査者の相互作用によるデータ産出としてそこに積極的な意味を見いだしていく。

しかし同時に、本書で私は一参加者としてフィールドに巻き込まれながらも、それを外的にまなざす視点を保持し、フィールドにおける実践を「異人の目」（佐藤 2006：73）を持って観察することも重視した。できるかぎり調査手続きを明示し、私の操作の外部にあるデータを示しながら解釈・分析を行うことで、創作物であることとは明確に距離を置いた。づら研のような実践の場に研究者として関わるならば、「私」や「私が巻き込まれた関係」を記述することにもまして、現場の実践をより広い社会的文脈において通じる言葉に「翻訳」すること、それによって社会的な「理解」を促していくことこそが、第一の意義だと考えたからである。

(2) 手続き

具体的には、1．参与観察、2．有志の参加者に対する半構造化インタビュー、3．関連資料の収集を行った。

1．参与観察で得た資料は、日付とその日のテーマ、参加者の人数やジェンダー、椅子の配置など基礎的な情報のみを記録した私の手元メモと、当日の参加者の発言を記録したホワイトボードを撮影した写真である。ホワイトボードの記述は貴戸が参加者の発言内容をまとめて箇条書きにしたものであり、その場の参加者全員が見ることができる。記述されているのは発言の内容のみであり、発言者が誰であったかは書かれていない。づら研のルールとして、ホワイトボードは参加者が自分の記録として利用する目的にかぎり写真に撮ることができ、私も毎回写真に撮って保存していた。なお、参加者が「発言を記録されたくない」と主張したときは、ホワイトボードには記述しなかった。本書では読みやすさに配慮し、必要に応じて言葉を足す、書き換えるなど最小限の修正を加えた。

参加者と共有されない私個人の手元メモで、参加者の発言を記録したものに関しては、研究には用いなかった。私は参加者との関係性を築くうえで「まず参加者であり、次いで研究者である者」としてづら研に存在したいと考えており、そのために「外部の視点から観察する」という外形を最小限にしようと思ったためである。

また、新型コロナウイルスの影響によりオンライン開催された二〇二〇年四月以降のいくつかの回では、ホワイトボードの代わりにWordファイルを用いて参加者の発言を記録し、PCの画面を通じて参加者にリアルタイムで共有し、また希望者にはファイルを送付しており、この記録もホワイトボードの記述に相当するものと見なして研究の対象とした。

「貴戸がホワイトボードに記述する」という形式は二〇一七年以降徐々に定着したものであり、結果的に参与観察をベースとした部分（第4、6、7章）は二〇一七年七月以降の回の分析が多くなった。また、ホワイトボードには記述されていないが、私が覚えていたり印象に残ったりしていた重要と思われるエピソードについては、プライバシーに配慮し、いくつかのエピソードを混ぜるなど再構成したうえで記述した。

2．インタビューは、①二〇一〇年と二〇一五年にづら研の司会を務める山下耕平氏に対して行ったもの、②二〇一五年にづら研の参加者に対して行ったもの、③二〇一九年から二〇二〇年にかけてづら研の参加者に対して行ったもの、に分けられる。

①はづら研が重視する価値や態度を明らかにするため、大きな影響力を持つ山下氏の個人史や考え方について、各回二時間ほど話を聴いたものである。この内容は、第7章に記述されている。

②はアデレード大学に提出した博士論文作成のためのインタビューであり、づら研に参加したことがある一四名（女性二名、男性一二名）が対象となった。このうち、本書にも登場するのは二名であり、この二名に対しては今回の書籍化にあわせて二〇二一年に追加インタビューを行った。

③は、本書を執筆するために改めて協力者を募り、五名（女性二名、男性三名）に対して、山下氏と貴戸のふたりが話を聴いた。四名には一回、一名については二回のインタビューを行った。このうち本書に登場するのは、二回インタビューした人を含む三名である。②と③の参加者へのインタビュー内容は、主に第5章で分析されている。

インタビュー内容は録音し、逐語起こしを行い、ケースレポートにまとめたものを協力者にフィードバックして内容を確認してもらった。プライバシー保護のため、ケースによっては分析に支障がない範囲で家族構成など細部の書き換えを行った。掲載を辞退されたもの、連絡が途絶えたものなど許可がとれなかった事例については、一切対象としなかった。

3．関連資料については、インターネット上で公開されているづら研のレポート冊子『づら研やってます。』vol.1〜4をはじめ、づら研やその母体である居場所Gのホームページ、づら研の「作法」を記述した用紙、回の最中に掲げる「発言させておくれ」「ひと休みせえへん？」などと記載されたカード、各回のテーマに沿って配布される資料などを集め、分析した。いずれも参加者であれば誰もがアクセスできる資料である。『づら研やってます。』は公開資料ではあるが、必要に応じて書き手をアルファベット表記にするなど匿名化した。

なお、づら研のテーマや調査に際して協力者に示した調査倫理関係の書類は巻末（付録「調査へのご理解・ご協力のお願い」）に掲載している。

3　本書の構成

本書の構成は、以下である。

第1章では、本書のキーワードである「生きづらさ」とは何かを考えた。原因も対策も見えない曖昧さを強調する「生きづらさ」研究の知見と、社会学における「個人化」概念を下敷きに、「生きづらさ」を「個人化した「社会からの漏れ落ち」」と定義した。また、この言葉をあえて取り上げる背景として、不登校・ひきこもりという現象にのみ注目するのでは現代的な問題に迫り切れなくなっていることを指摘した。さらに、「「生きづらさ」は日本固有の現象か」という問いに対して、

「社会からの漏れ落ちが個人化する」という点においては他の先進諸国と同じ現象だが、その現れ方が、居場所のなさなど全域的な存在不安を帰結するという固有性を持つと論じた。

第2章では、もう一つのキーワードである当事者研究について考察した。当事者研究をリードしてきた浦河べてるの家や熊谷晋一郎・綾屋紗月らの実践から学びつつ、それらを批判的に検討するなかで、これらの実践をそのまま「善きもの」として絶対視するのではなく、「応用された個々の場における当事者研究とは何か」を足元から考えていく姿勢が必要であると論じた。その過程で、「当事者研究は新自由主義的な主体を強化するのか」「当事者研究と当事者論はどう接続するのか」という問いに迫った。

第3章では、本書の主要なフィールドであるづら研が具体的にどのような場なのかを記述した。制度上の位置づけや理念、会の流れ、テーマや実施方法、参加者などについて紹介したうえで、一〇年あまりの歴史のなかでどのように変化してきたのかを、私自身の捉え方の変化と合わせて考察した。

第4章では、づら研において浮上してきた「生きづらさ」とはどのようなものかを、参与観察のデータに基づいて記述・分析した。そこでは①無業および失業、②不安定就労、③社会的排除、④貧困、⑤格差・不平等、⑥差別、⑦トラウマ的な被害経験、⑧個々の心身のままならなさ、⑨対人関係上の困難、⑩実存的な苦しみという一〇の構成要素の組み合わせによって、曖昧とされた「生きづらさ」を輪郭を持って記述する可能性を示した。

第5章では、五名の参加者へのインタビューに基づいて、第4章で示した「生きづらさ」の構成要素が個人史においてどのように立ち現れてくるかを見た。その過程で、家族の孤立が子どもに何をもたらすか、いかに支援が利用されたり利用されにくかったりするか、どのように不安定雇用や無職の状態になるのか、などの点を現実の複雑性のなかで描き出した。

第6章では、「居場所」「当事者」という二つのテーマに関するづら研の当事者研究の成果を紹介した。「居場所」「当事者」は、「つながりを取り戻す」「権利主張の主体になる」などポジティブなプロセスの着地点として描かれることが多いが、づら研の当事者研究で見えてきたのは、そうした着地点の「その後」をいかに生き続けていくかという問いだった。

第7章では、「当事者が集う対話の場」であるづら研において、何が起こっているかを参与観察に基づいて分析した。その場ではどのような葛藤が生じ、いかに対応されているか、会でのやりとりのパターンにはどのようなものがあるか、司会やコーディネーターはどのように介入しているかを、「対話」というキーワードで明らかにした。

これらを踏まえ終章では、「生きづらさ」がどのようにほどけ、やわらいでいくのかを示したうえで、「生きづらさ」からの共同性を「つながれなさを通じたつながり」として概念化した。

このように、第1、2章は概念整理であり、いわば「下準備」である。「生きづらさとは何か」「当事者が集う対話の場では何が起こっているのか」という本書の問いにダイレクトに迫っているのは、第3~7章となる。上記の構成をガイドにしていただき、興味のあるところから読み進めていただけたら嬉しい。

注

（1）「生きづらさ」を実証的に研究したものとして、家族社会学者の山下美紀による『子どもの「生きづらさ」』（2012）が挙げられる。これは、生活システム論という視点から中学生へのアンケート調査を通じて、家庭、学校、友人関係などにおける困難の諸相を探ったものである。だが、義務教育段階の子どもを対象としており労働をめぐる経験が対象となっていないこと、「生きづらさとは何か」に関するカテゴリー化をあらかじめ研究者が行っており「生きづらさ」の多様性や重層性が取りこぼされていることなどの限界がある。

（2）エスノグラフィは伝統的には人類学の手法であり、異文化を持つ他者の行動の規則性や意味世界を記述するために発展してきた。だが、一九八〇年代以降、ポストモダン思想の影響のもとで、先進国の白人研究者が特権的な立場から他の社会を客体化して分析する植民地主義や、「事実を客観的・中立的に記述する」という「科学的」立場によりみずからの恣意性や主観性が省みられていないことなどが批判された（Clifford & Marcus 1986＝1996）。

（3）「アクティヴ・インタヴュー」「フェミニスト・エスノグラフィー」「ネイティヴ・エスノグラフィー」「当事者研究」「アクション・リサーチ」「チーム・エスノグラフィー」「ライフストーリー」「オートエスノグラフィー」「オーディエンス・エスノグラフィー」「マルチサイテッド・エスノグラフィー」である（藤田・北村 2013：56–123）。

第1章　「生きづらさ」とは何か

第1章では、まず、本書のキーワードである「生きづらさ」という言葉について、先行研究を踏まえてその意味を探り、「不登校から「生きづらさ」へ」という本書の問いが立脚する文脈について述べる（第1節）。次いで、先進工業諸国が共通して抱えるグローバル化のもとで特定の個人が周縁化される問題と、日本における「生きづらさ」との関係について考察する（第2節）。

1　「生きづらさ」の特徴と定義

（1）原因も対処法も見えない曖昧さ：「生きづらさ」研究

「生きづらさ」という言葉は、山下美紀（2012）によれば、精神医学・福祉の領域において、発達障害やひきこもりなど既存の制度に当てはまりにくい現象を表すものとして登場し、その後教育、社会学、社会運動などの文脈で論じられるようになった。この言葉の初出は、加藤博史による一九八一年の論考とされる(1)(藤野 2007)。だが、使用頻度が高くなっていくのは二〇〇〇年代以降である。

既存の「生きづらさ」研究では、全般的な曖昧さが強調されてきた(草柳 2004：土方 2010)。たとえば土方由起子(2010)によれば、「生きづらさ」という言葉が指示するのは、「入れ子式の苦しさ」である。入れ子式の苦しさとは、「複数の苦しさで構成され、日常では見えにくい部分が存在しており、苦しさの本質が分かりにくい」ものであり、「見えないために自他ともに理解し難く、そのことが、さらに苦しさを増大させている状態」と説明される(土方 2010：262)。「生きづらさ」という箱の蓋を開けても、そこには「これが私の生きづらさである」といえるものがごろりと入っているわけではない。「中身が見えない」、そのことが二次的に、さらなる「生きづらさ」の箱を出現させる。そのように、「生きづらさ」の原因が認識できない状態が、「生きづらい」のである。二〇一二年の時点で網羅的に「生きづらさ」に関する文献をレビューした山下は、「生きづらさ」を次のように定義している。

「生きづらさ」は、「不安定労働」や「障害」といった事柄それ自体を意味するのではなく、資源のやりくり、目標の設定、他者との関係性、生活の価値を含めた自分の生活そのものの状態に対する評価において、「その人にとって重要な生活諸課題の達成が何らかの理由によって阻害され、いまの生活の状況では充足されず、自分の取りうるあらゆる対処方法を講じても状況の改善の見込みがなく、これ以上自分ではどうしようもできないところまで追い詰められた状態」といえる（山下 2012：68）。

この定義のポイントは、①客観的に同定できる状態ではなく当人の評価であること、②困難の対象や困難の原因が確定的でないこと、したがって③解決策や対処法が見えないこと、である。いずれも「〜できない」という否定形であり、定義しても明確になったとはいいがたい。だが逆にいえば、そんなふうに否定形でしか特徴を語りえない曖昧模糊とした状態に、「生きづらさ」という言葉は名前を与える。「生きづらい」と言うことで、苦しみの原因が何かを棚上げしたままで、その人が苦しんでいる現実をともかくも描写できるのだ。その意味で、「生きづらさ」は便利な言葉である。

こうした点を記述する上記の定義は、「生きづらさ」という言葉が現実にどう使われているかという観点からは、納得できるものである。

（2）個人化した「社会からの漏れ落ち」

他方で、社会学の「生きづらさ」理解は、ドイツの社会学者U・ベックの個人化論を下敷きにしながら、「自由裁量が広まるがシステムの矛盾やリスクが直接個人に降りかかる」点を強調してきた（有末・大山 2016）。ベックによれば、近代化の進行によって、個人と社会のあいだを仲介するさまざまなコミュニティが消え去り、個人はむき出しのまま社会に晒されるようになる（Beck 1986＝1998）。ジェンダーや階級などに基づく社会的不平等は強い影響を持ち続けるが、それは集団レベルではなく個人レベルで降りかかってくるため、政治的主張に結びつきにくくなり、各々は「自由に・自己責任で」対処することを迫られていく。イギリスの若者の「学校から仕事への移行」を研究したA・ファーロングとF・カートメルは、このような統計上は集団的に規定されながら主観的には自己責任のように見える分裂を「認識論的誤謬」と呼んだ（Furlong & Cartmel 1997＝2009）。同様に、教育社会学者の乾彰夫は「生きづらさ」について「社会的な矛盾を、個人で引き受けなければならないと思い込まされてしまうしんどさ」と説明している（乾 2009：12）。私自身は「生きづらさ」を、「個人化した「社会からの漏れ落ち」の痛み」（貴戸 2018b：90）と定義した。

二〇二〇年代の日本社会において、「社会から漏れ落ちている」という感覚は、ある属性や状態を共有する人びとに集団的に分け持たれるというよりも、多様かつ分断されたかたちで、一人ひとりが孤独に抱えるものとなっている。総体として見れば、「女性」「非大卒者」「低所得家庭出身者」といった特定の集団をふるい落とす差別や不平等の構造は確かに存在していて、統計的に確認することはできる。しかし、それらが個別の文脈のなかに差し戻されて一人の人生のうえに経験されるとき、主観的には一つひとつがあまりに異なっていて、安易な共通性のくくり出しを許さないものとして立ち現れる。

たとえば、「女性労働の問題」といっても、都市部の大卒キャリア女性と地方出身の非大卒・不安定雇用の女性の問題を同列に扱うことは決してできない。「働くことへのなじめなさ」にしても、本人の語りの襞に分け入っていけば、不安定雇用を渡り歩くなかで疲弊する人、不登校やひきこもりの経験から働くこと自体が怖いという人、あるいは病や障害を抱えつつ就労継続支援の事業所で働く人では、「生きづらさ」のかたちに主観的に無視できないほど大きな断絶がある。

競争の激化と雇用劣化という構造的問題が共通して根底にあるとしても、多くの日常的な感覚のうえでは、まずその共通性を見通すというかたちにはならない。むしろ「あの人の言っていることは何か違う」「やはり私のしんどさは誰にも分かってもらえない」という感覚がわいてくるほうが「自然」だといえる。

困難を抱えながら生きる人にとって、自己の困難性を社会や他者集団との関係のなかで把握するのは難しい。そこで主観的に抱えられる「生きづらさ」は、漠然としていて輪郭をつかみにくく、それゆえ言葉にならず、何とか言葉にしたとしても周囲から理解されない場合が多く、「理解されない」というまさにその事態がさらにつらさを増幅させる、らせん状に深まっていく個人と社会の関係断絶の経験として立ち上がってくる。「生きづらさ」という言葉が示すのは、こうしたなかで「聴く耳」を持たれず、自分の状態を言葉にできないまま孤立していく個人の姿である。

こうした背景を考え合わせれば、「生きづらさ」は、資源配分の不均衡という構造的な問題を、個人的な問題として構成する「誤り」を助長する言葉に見えるかもしれない。女性であることや在日コリアンであることなどに関連づけて「生きづらさ」が語られるように、その背景には差別や不平等という社会構造的な問題があることは明白である（信田編 2020：朴ほか 2014）。にもかかわらず、「生きづらさ」という言葉でその状況を表現するとき、目の前の主観的現実を焦点化することで社会構造的な視点はいったん脇へ置かれている。ファーロングとカートメルは、個々が自分の人生をどのように生き、意味づけるかを文化的側面に焦点を当てて理解する「人生経歴に焦点を当てたアプローチ」について、「社会構造のもつ意味を過小評価し、若者たち自身の解釈について表面的な理解を与えてしまうことにもなりかねない」(Furlong & Cartmel 1997＝2009：22)と注意を促している。社会からの漏れ落ちが、何らかの「奪われた」属性や状態を共有する人びとのうえにより色濃く現れているならば、「差別」「不平等」「貧困」という問題構成こそがなされるべきであることは疑いを容れない。「生きづらさ」に関して「当事者の主体性」を重視したアプローチを行うとき、どれほど注意してもしたりないと思うのは、差別や不平等、貧困の問題は、決してマイノリティが「自分の助け方」を見つけることによって解決されるべきものではない、ということだ。

だが、それに十分注意したうえで、なお「生きづらさ」という言葉から出発しようとするには理由がある。何度でも繰り返したいが、「生きづらさ」を抱えている人の状態が変わるとすればそれを可能にするのは本人だけであり、そのためには外からの「啓発」や「教育」などよりも、その人の主観的な現実から出発することが必須だからだ。

少し考えを進めてみよう。人びとが、構造的に規定された不遇を自己責任だと認識する「誤謬」を犯すとして、それは単に「日常性に埋没するあまり社会構造を見通す知識を欠いている」という問題なのだろうか？　専門家がデータを示して「ほら、このように収奪は集団的に起こっている」と眼前に突きつければ、「私の選択が悪かったのだ」という内なる自己責任論は解体されるのだろうか？　貧困や不安定雇用を取材するジャーナリストの雨宮処凜はかつて、「社会のせいにしたくない」」と語るフリーター男性を描いた(雨宮 2007：85)。たとえば「フリーターになりやすいかどうかには学歴が関係している」ことを示す専門知は、彼の認識を変えうるだろうか？　私にはあまりそのように思えないのだ。

個々の人びとが抱く「独自の人生を切り抜け、歩んできた」という実感は、「他でもない自分の人生」という圧倒的なリアリティのもとで、「社会のせいにしたくない」という誇りや、「数字など平板な記述によって解釈されうるものではない」という足元の複雑性の手放しがたさを帰結する。こうした社会構造的要因の指摘においそれとは説得されない人びとの素朴な感覚は、「自分の人生を定義するのは自分だ」という主体的な意識を下地としている。その下地に働きかけることなしに本人の認識を変えようとする営みは、「上から目線」の「啓発」「教育」にならざるをえないだろう。

社会構造的要因に目を配りながら、当事者による状況定義から出発することが必要だ。そのとき、人びとの足元に転がっている「生きづらさ」という言葉は一つの足がかりになると考えられる。

こうした問題意識に基づき本書では、「生きづらさからの当事者研究会（づら研）」というフィールドに注目し、「生きづらさ」という言葉で実際に何が語られているのかを記述し、その内容に輪郭を与えていきたい。そうすることで、「生きづらさ」を「分かる人には分かる」ものから「読めば分かる」ものへと翻訳し、「生きづらさ」に関する共通理解の基盤を創ることを目指す。

(3) 不登校・ひきこもりから「生きづらさ」へ

以下では、本書が注目する不登校・ひきこもりという現象と「生きづらさ」の関係について述べておく。一つには、「さまざまな生きづらさのうち、不登校・ひきこもりに関わる生きづらさにとくに注目する」ということがある。だがそれだけではなく、不登校・ひきこもりという現象には、そもそも「抱えられている困難が、周囲にとって理解可能な枠組みに位置づけられない」という「生きづらさ」の特徴がはらまれており、両者は連続線上に位置づけられうるからである。

不登校とひきこもりという概念の定義は、その根幹に「ある人が周囲にとって理解可能な理由なく他者や社会とつながらない状態」という意味を帯びている。不登校とは、文部科学省の問題行動調査によれば、「何らかの心理的、情緒的、身体的、あるいは社会的要因・背景により、児童生徒が登校しないあるいはしたくともできない状況にある者（ただし、「病気」や「経済的理由」による者を除く）」である。また、ひきこもりは、厚生労働省の定義などにも影響を与えた精神科医の斎藤環によれば、「六カ月以上、自宅にひきこもって社会参加をしない状態が持続しており、ほかの精神障害がその第一の原因とは考えにくいもの」（斎藤 2020：39）とされている。

これらの定義は共通して、その状態となった原因が、病気、経済的困難、精神疾患など「合理的」な理由によって説明できないことが盛り込まれている。単に学校に行かない状態や自宅に閉じこもった状態ではなく、周りが納得できる理由がないにもかかわらず、子どもであれば学校と、大人であれば主に労働と接続しない状態を、私たちの暮らす社会は不登校・ひきこもりとして問題化してきたのである。

これは、不登校・ひきこもりに「そうなる理由」が存在しないことを意味しない。本人には個々の多様な理由がありうる。だが、そうした理由を聴き取り理解するための社会的に共有された枠組みが不在なのだ。聴かれないものは、語っても「なかったこと」にされる。そのため結果的に、当事者は自分のいる状況を「ずる」や「甘え」などとされて苦しみを理解してもらえず、孤立を深めてしまう。不登校・フリースクール運動が行ったことの一つは、枠組みの不在ゆえに聴かれることのなかった不登校者の語りに耳を傾け、その語りをオルタナティブ・ストーリーへと水路づけることで、社会的な理解を促進したことだった。

「合理的理由」の不在を要件とする不登校・ひきこもりは、「苦しみを理解されない苦しみ」を生じさせる点で、「生きづらさ」と通底している。ただ、「生きづらさ」という語が広まっていく背景には、人生経歴が多様化・個人化するなかで、苦しみをもたらす出来事の個々の人生における現れ方や意味づけが千差万別となり、とくに不登校やひきこもりを経験していない人にも、「苦しみを理解されない苦しみ」が広く実感されていくような社会状況があると考えられる。

たとえば、不登校は一九八〇年代にはそれ自体が病理・逸脱とされており、「将来まともに社会に出ていくことが難しい」と見なされていた[2]。そこでは「不登校の苦しみ」は「この社会から漏れ落ちる苦しみ」として比較的一元的に経験され、不登校・フリースクール運動の土台となりえた。しかし、二〇〇〇年代に入ると、不登校は「進路の問題」と見なされるようになり、就学・就労につながる「問題のない」不登校と、無業やひきこもりといった状態に移行する「問題のある」不登校とが区別されるようになった。そうなると「不登校の苦しみ」は一概に語れなくなり、その人が経験した不登校がどのようなものか、その人の現在がどのような状態かによって「不登校という経験」の質が大きく異なってくる。

さらに、学校から仕事への移行は揺らぎ、不登校を経験しない一般的な子ども・若者であっても、「まともに社会に出ていくこと」がスムーズにはいかないケースが増えていった。学校経由の就職というルートが確立されていた日本では、一九八〇年代には文部省の学校基本調査によって七〜八割の若者の移行が把握できていたが、九〇年代以降それが崩れた。乾彰夫は、「成人期への移行」に関するパネル調査（二〇〇七〜二〇一一年）から、若者のライフコースにおいて学卒後一貫して正規雇用で働いている「安定類型」は三分の一程度にすぎず、それ以外は非正規雇用や失業などの状態を繰り返す「不安定類型」や中間に位置する「準安定類型」などに分かれることを見いだした（乾 2010）。不登校後に就学・就職していく人びとが脱問題化される一方で、学校に行っていてもその後安定した雇用から排除された人びとが、新たに周縁化されていくことになった。

このように、社会からの漏れ落ち方は個人化し、苦しみをもたらす原因となりうる特定の経験や属性を基盤とした連帯が成立しにくくなるとともに、漏れ落ちる苦しみは社会のなかの特定のグループにとどまらず、広く遍在するようになっていった。「社会からの漏れ落ち」を経験する個人のリアリティは、もはや不登校という現象によって一概に捉えることはできず、個々の「生きづらさ」の襞に分け入ることによってしか、アクセスできなくなっている。

このような状況のもとで、この「社会からの漏れ落ち」に照準し続けるには、不登校だけでなく「その後」の人生において生じうるさまざまな「生きづらさ」を含めて考えていく必要がある。学校は多様化し、義務教育で不登校を経験しても、通信制高校などさまざまな進学機会が開かれるようになっている。「不登校でも社会に出ていける」可能性は高まっているが、それは「本人が選択し努力すれば」ということであり、教育や仕事の世界に参入しない・できないことが、もはや「社会の問題」ではなく「個人の問題＝自己責任」だと見なされることを意味している。そうした文脈において、なお「社会からの漏れ落ち」に目を凝らし、それについて共同性に根差した取り組みを模索するなかで、「生きづらさ」という言葉が浮上してきたのだ。

「生きづらさ」はある意味で茫漠とした、根無し草のような言葉である。だが、少なくとも本書が対象とする「生きづらさ」には、不登校・ひきこもりという足場があり、「不登校・フリースクール運動から何を継承し、運動のどの点をアップデートしていくか」という問いに接続する歴史性がある。この点については、第2章第3節で詳述する。

2 「日本型の排除」としての「生きづらさ」

(1) 日本型の排除・日本型の苦しみ?

「生きづらさ」が前景化する背景には、グローバル化とポスト工業化に伴う多方面での流動性・柔軟性の高まりがある。「生きづらさ」という言葉が頻繁に使用されるようになっていく二〇〇〇年代は、日本社会がポスト工業化に対応するなかで労働市場の規制緩和や社会保障制度のネオリベラル化を進め、それが「新卒一斉採用」「長期雇用保障」といった固有の企業慣行や、性別役割分業に根ざす日本型生活保障システム、人口構造の変化などローカルな事情と相まって、さまざまな格差・不平等や貧困の問題が可視化されていった時代だった。こうしたなかで排除された存在は、経済不安とアイデンティティ不安の両方を抱えながらも、自己責任の原理のもとに沈黙させられ、「生きづらさ」を抱えていった(雨宮・萱野 2008)。

このように、排除された人びとがそれまでの「労働者の貧困」という枠組みでは言語化できない不安を抱えるのは、先進工業諸国に共通した現象である。グローバル化とポスト工業化は、欧米を中心とする先進工業諸国が一九七〇年代以降経験してきた変化であり、日本は一九九〇年代以降に直面することになった。そのなかで生じている排除自体は、日本に固有の現象ではない。

たとえばG・スタンディング（Standing 2011＝2016）は、従来のプロレタリアートとは異なる「プレカリアート」と呼ばれる不安定労働者が増大し、新たな階級を形成すると論じる。プレカリアートは賃金や雇用の保障を持たないばかりでなく、職務が不安定であるために仕事に基づくアイデンティティや仲間を持てず、怒りや不安を抱えるという。背景には、産業構造の転換と市場競争の激化により、あらゆる分野で解雇しやすく保障が少なくてすむ（無権利）労働が増大したことがある。その結果、多くの人が安定した雇用や「人並みの暮らし」をするに足る賃金、職務の一貫性からなるキャリアの見通しなどから排除された。富を持つ人と持たない人のあいだの格差が開き、階層の閉鎖性が高まることで不平等が顕著になった。にもかかわらず、切り捨てられた人びとはそうした状況を「自発的なもの」だと見なされ、社会的に救済されなかった。これは従来の福祉国家における労働者の貧困と異なり、問題を認知する制度的な枠組みが存在しなかった点で「新しい貧困」「社会的排除」といわれた。

日本で関心が高まっている「生きづらさ」は、こうした排除された人びとが抱える苦しみの形態の一つだと考えられる。とはいえ、排除や排除による苦しみの現れ方は社会によって異なるだろう。「なぜ日本では、排除の苦しみが「生きづらさ」というかたちで表出されるのか」と問うてみることはできる。

それを考えるうえでは、戦後日本社会の仕組みを考慮に入れる必要がある。主に高度経済成長期に形成され、一九七〇年代に完成し、おおむね一九八〇年代頃まで機能していた「日本型」とされる人的資源形成と生活保障のシステムでは、未熟とされる若い人びとを「一人前の自活できる人間」に育て社会の構成員として迎え入れるうえで、企業・家族・学校が大きな役割を果たしたことが指摘されてきた（大沢 2007：本田 2009）。たとえば教育社会学者の本田由紀は、「戦後日本型循環モデル」という概念を用いて、就職先斡旋機能を持つ高校や大学が新規学卒一斉採用を通じて柔軟な若い労働力を企業に送り出し、企業は迎え入れた労働者に文脈依存的な職業訓練を施して育てるとともに雇用保障と生活給を含む賃金保障を与え、それによって生活保障を得た家族において家事とケアを一手に担う「女性」が子どもを教育に向けて押し出す、という学校・仕事・家族の循環的な三者関係を論じた（本田 2009）。

このようなモデルは、一九九〇年代半ば以降にひずみはじめた。雇用保障のある正規職は絞り込まれ、非正規職で働く人が増え、しかもそうした不安定な働き方をする人の暮らしを支える共同体は弱体化した。少なくない人びとにおいて「一家の稼ぎ手」として家族や教育にアウトプットを送り込むことが難しくなり、循環モデルに組み込まれえた人とそこから漏れ落ちた人とのあいだに落差が生まれていった。

では、こうした「日本型」モデルの揺らぎは、個々の排除の局面においても、「日本型」の苦しみを生じさせるだろうか？

この問いにイエスと答える先行研究はある。たとえばアメリカの人類学者A. Allisonは、日本において人びとの暮らしを包み込むように機能していた企業と家族による福祉システムが崩壊したあとで、独特な不安定さが出現しているとして、次のように言う。生活不安や雇用不安が迫ってくるのはまず「不安、不安定、居場所がない」という感覚においてであり、これこそが二一世紀の日本において広がるプレカリティの徴候であり症状だと考えられるのだ、と（Allison 2013：14）。また、同じくアメリカの人類学者であるM・ブリントンは、ロストジェネレーションの学校から仕事への移行の失調についての研究のなかで、「日本の社会では、学校や職場、家庭生活などの安定した「場」に属することが人々のアイデンティティーや経済的な成功、心理的な充足感の源としてきわめて重要な意味をもってきた」とし、「日本人にとって、「場」の喪失がもつ意味は大きい」と指摘している（ブリントン 2008：7-8）。

ここで日本の特徴を示すキーワードとなっているのが、居場所や場という言葉である。日本に暮らす多くの人にとって、学校・仕事・家族から排除されることは、単に教育・賃金・ケアという各組織が持つ機能の恩恵を受けられないことにとどまらず、即「この社会に身の置きどころがない」という存在そのものの排除と感受されてしまう。論理的には、学校に行かなくても他の方法で教育を受けてもよく、仕事をしなくても他の方法で生活の糧を得ればよい。ケアは外部サービスでまかなうこともできる。だが、それを簡単になしえず、あるいは仮になしえても「きちんとした社会的な存在」として承認を得ることが難しく、実質的には「とにかく排除されないこと」以外のオルタナティブな問題解決の糸口が見えないのだ。そうした状態で、排除された人はどうすればよいかが分からないまま、慢性的な自己評価の低さに悩まされることになる。個人化された「漏れ落ち」の表現が、「生きづらさ」すなわち「生きることのつらさ」というかたちをとることには、この「全域的な存在不安」とも言うべき実感が現れている。

しかしながら、居場所や場という言葉はきわめて翻訳しにくい。ブリントンは「場」の英訳を以下のように模索している。まず、中根千枝（1967）が『タテ社会の人間関係』において使用した、個人の集合からなる集団性を区切る線に着目する"frame"（「枠」）を言葉としてぎこちないと退け、より一般的な"organization"も、個人にとっての長期的なメンバーシップの感覚が含まれず場が個人のアイデンティティを形成・強化する面が抜け落ちるとして却下する。そのうえで、"social location"（「社会的な位置」）という語を提起する。ブリントンによれば、この語は個々のアイデンティティの源泉となる外からのまなざし――「あの人は主婦だ」と周囲に納得されたり「私は主婦だ」と自分が安心したりするところの――を含みうるのが利点だというが、やはり熟れない感は否めないだろう（Brinton 2011 : 3）。「日本的な排除の苦しみがある」としても、その説明を翻訳困難な語に託せば、現実のバリエーションを文化的異質性に還元するリスクが忍び寄る。

（2）排除の多文化主義

以下では、やや粗くなるが大まかな方向性をつかむために、他の先進諸国における周縁性（marginality）と比較しながら、グローバル化された周縁性の日本的な表出について、別の角度から描写してみよう。

多文化社会の変容について考察する塩原良和は、グローバル化する市場競争に晒された人びとが直面する現実を、「庭」「荒野」「吹き溜まり」という三つのメタファーで描写している（塩原 2012）。「庭」は、世界を股に掛けるグローバル・エリートの目に映る世界である。彼ら・彼女らは、フレキシブルに自己変革を遂げながら不断に自己の資本的価値を高め、国境を越えてある程度自由に労働市場を移動することができる。「荒野」は、そのように自由に移動するちからを持たない多くの人の眼前に広がる風景である。そこでは人びとは、不安や不満を抱きながらも自分のちからで人生を切り開くことが難しく、不確実性のなかを漂流しがちとなる。そして「吹き溜まり」は、福祉受給者、失業者、下層移民、犯罪者といった「廃棄された人」がたどり着く場所である。蟻地獄のように一度落ち込んだら這い上がれず、しかもそれが社会的に不可視化される。

ここで焦点化されるのは、グローバル・エリートと下層移民に代表されるような国際移動する労働力の階層的な断絶と、国内に残された「荒野」の住民たちの立場の相対的な低下である。そこでは排除の原理が再編成され、属性や出身に関わる従来の差別に加えて市場的価値の多寡に基づく選別によって、人びとがふるいにかけられていく。人種・民族・宗教・ジェンダーなどの境界を超えて利益をもたらす人材が資本によって選出される一方で、選出されなかった下層マジョリティや下層マイノリティが新たな仕方で周縁化されるのだ。塩原は、グローバル化のなかで公定多文化主義が資本の論理と融合し、「企業にとって最適な存在のみを多文化主義的に求め、そうではない者を多文化主義的に排除していく」ネオリベラル多文化主義へと横滑りしていると論じる。これはマジョリティ国民の利益を優先させるナショナリズムを、共生の原理によってではなく競争の原理によって、瓦解させていく（塩原 2012：96-109）。

そこでは、「マジョリティ国民であっても選別されなければ周縁化される」という事態が生じる。たとえば、アメリカの政治学者J・ゲストは、アメリカとイギリスの旧工業地帯に暮らす労働者階級の白人を「新たなマイノリティ」と呼んだ。ゲストによれば、彼らは階級とエスニシティにおいて二重に周縁化されている。第一に、彼らは白人エリートたちとは経済的に分断されており、第二に、白人エリートたちが共感的であるところのマイノリティの権利の対象からも外れるからである（Gest 2016＝2019：242）。

このようなネオリベラル多文化主義は、排除される側に新たな心情を呼び起こす。差別においては特定の集団的属性を周縁化する社会構造の不公正が明白であるのに対し、選別では建前上透明なルールに基づく競争が前提されるため、結果を自己責任として引き受けざるをえなくなる。「いわれなき差別」から「いわれある選別」へと、認識の転換を迫られるのである。結果として、排除された人は経済的な苦境と道徳的非難によるアイデンティティ危機に晒されるが、みずからを弁護する語彙は不足しており、怨嗟や自己否定など極端なかたちでしか自身の置かれた苦境を説明できない。そのようにして抱えられた鬱屈は、移民や福祉アンダークラスへの憎悪やナショナル・アイデンティティの希求などとなって噴出する。二〇一七年のD・トランプの大統領就任や二〇二〇年のイギリスのEU離脱などには、そうした鬱屈が政治的決定を左右した側面があることが指摘されている（Fukuyama 2018＝2019）。

（3）「〈普通〉からの漏れ落ち」の多様化

以上で記述したような、市場競争の激化に伴う排除の原理の再編成については、日本もまた経験しているだろう。だがその形態は、属性を問わず資本的価値のある者を選び出しそうでないものをふるい落としていくネオリベラル多文化主義というよりも、〈普通〉とされるライフコースを「自分にも開かれたもの」として信じることのできる人の減少や、実際にそこから漏れ落ちる人の多様化・増加として、経験されているように見える。

戦後の日本では、政治体制の変更や経済成長のもとで、教育と雇用の仕組みにおいて民主化・平等化が進み、「高校や大学を卒業して大企業の正社員になる／あるいはその妻になる」という人生経歴が、少なくとも建前上は、広い層に開かれていった。長期雇用と右肩上がりの賃金という、戦前には大卒幹部職員の特権であった雇用形態を「社員」全員に行きわたらせることとして現れた戦後日本の雇用における民主化は、親の得られなかった学歴を子どもに与えたいと願う庶民の教育熱と相俟って、「いい学校を出ていい就職をする」という一般化された上昇志向をもたらした[3]。西欧のように階層によるライフスタイルや学校教育への意味づけに明確な差異がみられなかった戦後の日本では、学卒後に正社員になるというライフコースは、前時代の特権層のそれが同心円状に庶民にまで開かれたという意味では「あこがれ」でありながら、同時に、誰もが学校教育を通じてそれを目指しうる・目指すべきとされる意味において、「〈普通〉の・真っ当な」道だと見なされていった[4]。

だがそうした状況は、一九九〇年代後半以降揺らいでいった。そしてその揺らぎ方は、学卒後に安定雇用を得るという経歴こそ「〈普通〉・真っ当」であるという規範が継続したまま、そのようなライフコースを歩まない・歩めない人が、単身の非正規雇用者として地域や家族、企業というコミュニティからもこぼれ落ち、社会的に排除されるようになったというものだった。

もっとも、これは必ずしも「かつては学卒後に安定雇用を得る人が多かった」ことを意味しない。小熊英二によれば、大企業の正社員や官公庁勤務の大卒者の割合は一九八〇年代から三割弱程度で、二〇一〇年代に至るまで大きな変化はないという（小熊 2019）。一方で、かつての非正規雇用者は、自営業の傍ら副業に就いたり、稼得者の夫や父親に扶養される女性や若者が担うかぎりにおいて問題と見なされなかった。

新たな排除は、その不安定な雇用形態に、親による扶養が当然だと見なされる時期を過ぎて企業にも家族にも包摂されない単身者が就くようになる、というかたちで現れた。こうした人びとは、フルタイムで働いても年収一五〇～二〇〇万という「自活できない収入」にとどめ置かれ、経済不安とアイデンティティ不安に晒された。人口的に大きな集団では、「高卒以下学歴の者」「女性」「ロストジェネレーション世代」がこうした不安定な雇用の担い手となった（太郎丸 2006：樋口ほか編 2004）。にもかかわらず雇用不安は、大卒ホワイトカラー層への成果主義の導入や大卒男性フリーターという存在を通じて、まずは「扶養者となるべき男性」の雇用不安、すなわちマジョリティが漏れ落ちるリスクとして問題化された（玄田 2005）。女性や高卒以下学歴者などマイノリティを不安定雇用へと排除する構造についても指摘されたが、学生や既婚パートタイマーといった従来の非正規雇用者が混在するなかでその集団性は可視化されにくく、「ないもの」とされがちだった

（栗田 2019）。

こうした日本の文脈における排除のかたちは、「〈普通〉からの漏れ落ちの多様化」ともいうべきものに見える。「排除の多文化主義」において、マジョリティ／マイノリティは自国民／移民であり、そこで可視化されるのは、「自国民であっても選別原理において劣位に配置されうる」という事態だった。「〈普通〉からの漏れ落ちの多様化」では、マジョリティは「都市部の大卒男性」などであり、「そうした存在でも漏れ落ちうる」という危機感が前景化する。別の言葉でいえば、日本では排除は、経済階層や政治的立場、人種・民族・宗教性によって把握される人びとの集団においてではなく、ある人が〈普通〉とされる状態から漏れ落ちている状況とそこへの至りやすさにおいて、捉えられがちなのではないか。

注意しなければならないのは、それが実態としての経済階層や民族などによる分断の不在を意味するのではない点だ。分断はある。大企業や官公庁の正規職に就き家族を養う収入が保障された人びとと、そうでない人びととのあいだの断絶は深い。ここで述べているのは、問題を認識し構成する枠組みが、集団間の分裂を〈普通〉という幻想のもとに不可視化する、ということである。戦後日本における教育・雇用を通じた能力主義の全域性とそれに裏打ちされた平等という幻想の強固さは、実際には一度も「普通」であったことなどない〈普通〉を、人びとの欲望のなかに深く刻印した。それは、その揺らぎが明らかになったあとも、自身の社会への「根ざし具合（embeddedness）」をはかる道徳的な物差しとして強く生き続けるような〈普通〉である。そしてまた、すでに二、三世代をまたいで行動指針となってきたことによって、「親のような〈普通〉／親が手の届かなかった〈普通〉」という身近な関係性に立脚したリアリティを獲得したそれでもある。

私たちは人生の早い時期からあまりにも長いあいだ、「〈普通〉であれ」というメッセージを浴びせられ続けている。普通に学校に行き、普通に就職し、普通に結婚して家族を持ち、普通に子どもを学校に通わせよ、と。そこから漏れ落ちた瞬間、先の見通しは描けなくなり、目の前にはいばらの道しかないように思える現実に、多くの人は愕然とする。

こうした文脈は、欧米と比較したとき、排除の乗り越えという点においても方向性の違いをもたらすように見える。たとえば、実際にトランプ大統領の誕生やBrexitという政治的帰結を見た欧米では、分断を乗り越え新たなマイノリティと対話するという課題が設定される（Hochscild 2016＝2018）。だが、日本では「分断の乗り越え」という言い方はリアリティを持ちにくいように思う。

分断という言葉はAとBという二項のあいだの亀裂を意味する。それらは、たとえばイギリスでEU離脱の是非を問う国民投票の際に離脱派と残留派として可視化されたような、異なる地域に居住し異なる背景を持つ人びとから構成される実体的な集団である。一方、日本の文脈で可視化されるのは〈普通〉と「そこからの漏れ落ち」のあいだの落差であり、それはAと非Aのような、必ずしも実体を持たない関係的なカテゴリーによって捉えられる側面が強いように見える。AとBが別個に存在しているのであれば、それらを架橋するという目的が設定されうる。だが、Aと非Aのように一方がなければもう一方も消え去るような相互依存的な二項である場合、それらを架橋するよりも、「そもそもAとは何か」と問うことが排除の乗り越えを志向する態度となるのではないか。それは具体的には、「〈普通〉を問い直す」という態度である。

もっとも、観念としての〈普通〉がいかに実態としての「普通」ではないかを専門知が手を尽くして説明したとしても、現実の生活のなかで日々迫ってくる「〈普通〉から漏れ落ちた」という感覚を追いやることは難しいだろう。づら研では時折、ジェンダーや能力主義、学校制度の成り立ちなど、専門知を借用して〈普通〉を問い直すミニ・レクチャーのようなものが、主として司会やコーディネーターによってなされることがある。だが、そうした知識自体が参加者の思考枠組みを変えるということはほとんどない。それがひびくことがあるとすれば、専門知の向こうに「〈普通〉でなくても否定されない」という場の方針が実感を伴って経験されるときである。

本書が対象とする不登校・ひきこもりをはじめとする「生きづらさ」を抱えた人は、そうした意味で「〈普通〉に学校に行く」「〈普通〉に仕事をする」という状態から漏れ落ちた人びとである。この領域において居場所や当事者研究が意味を持つのは、それらの場では「〈普通〉であれ」という抑圧が棚上げされ、価値の問い直しがなされるからである。

日本的な排除のかたちがあるとすれば、それはこのように「〈普通〉ではない」と否定形でのみ表されるものであるために、「〈普通〉になる」以外の代替案が見えないということではないだろうか。「居場所のなさ」や「生きづらさ」とは、そうした漏れ落ちを生きる個々の感覚を表している。これらは〈普通〉という幻想があるところに存在する関係項、言い換えれば〈普通〉の影のような存在だ。「空気を吸えない状況に立ち会って初めて、その存在を明確に感じ取るのと同様、「居場所がない」という状況に立ち会って初めてその存在を感じ取ることができる」（萩原 2018：180）と教育学者の萩原建次郎は書く。居場所はそれ自体でみずからを定義できる内容を持たないのであり、その意味で「オルタナティブな選択肢」ではない。私が「全域的な存在不安」というときに想起するのは、こうした出口のなさのことである。

注

（1）これは第七七回日本精神神経学会学術総会のシンポジウムの内容を収録したものであり、「生きづらさ」という語はタイトルに使われてはいるものの、文中には出てこない。

（2）詳細は貴戸（2018b）「リスク社会と不登校――一九八〇年代の不登校運動から二〇一〇年代の生きづらさへ」『「コミュ障」の社会学』五三―九二頁、青土社を参照してほしい。

（3）その背景には、日本的企業においては、職務ごとに明確化される多様な能力ではなく、すべての職務に共通した勤務態度や人柄などを含む抽象的な能力が重視されており、それが教育における一元的な偏差値的序列化の延長上に存在しているという「一元的能力主義」（乾 1990）があった。

（4）熊沢誠は、企業において要請される抽象的な能力が、多くの人びとにとってアクセス可能である一方で、それを示し続けるためには「会社人間」としての不断の努力が求められるという一九八〇年代の会社員の状況を「「普通」のための「猛烈」」と呼んだ（熊沢 1993）。

第2章　当事者研究を引き受けるために

本書は、「生きづらさからの当事者研究会（づら研）」をフィールドとした調査研究であり、同時にづら研を通じてなされた当事者研究の成果でもある。つまり、当事者研究は本書の対象であり、方法的な枠組みであり、本書そのものだといえる。

では、当事者研究とは何だろうか。当事者研究をするとは、どういうことだろうか。

本論に入る前に、この点についてきちんと考えておきたい。その理由の一つは、本書が当事者研究をどう捉え、どう使っていくかを明らかにするという手続き上のものである。だがそれだけではない。より重要なのは、北海道の「浦河べてるの家」という限定的な場で生まれた当事者研究が、知名度を得てさまざまな領域に広まっていくなかで、それを実践する一つの場として、どうすれば意味あるかたちで、安全に、当事者研究を行っていけるかを考えたいと思ったからである。

当事者研究というものがあるらしい、と知り、いくつかの関連書を読んだり関係者の講演を聴いたりして、「おもしろい」「すばらしい」と感じる。本には「誰でも、どこでも始めることができる」と書いてあったし、「自分にもできるだろうか？　やってみたい」と思う。当事者研究の広まりの背後には、そうした人びとがたくさんいたのだろうし、私自身もその一人だ。

けれども実際にやってみれば、「おもしろい」「すばらしい」ことばかりではなく、丁寧に考え慎重にやっていかなければ危ういな、と感じる場面もある。当事者のちからを取り戻すことが大切だったはずなのに、いつの間にか「どうやったら社会に適応できるかを自己責任で考える」ような営みに横すべりしてしまったり、一緒に研究している「仲間」だと思っていた人たちのなかで逆に孤立感を深めてしまったり、ということは、実際にはよくあることなのではないか。

そうであれば、当事者研究を取り入れていく側が、当事者研究を知るとともに自分たちの場をよく知り、具体的な実践のレベルでどのようにしていけばよいかを考えていくことが重要だろう。本章ではこうした問題意識から、これまでの当事者研究論や当事者論を振り返り、当事者研究とは何かを考えていきたい。

1　「当事者研究とは何か」という問いをめぐって

(1)　簡略な定義、歴史の重視

当事者研究は、二〇〇一年、統合失調症などの精神障害を持つ人びとが暮らす「浦河べてるの家」(以下「べてる」)において、「爆発」と呼ばれる暴力発作を起こす河崎寛の自己研究として始まった(浦河べてるの家 2002：137-146)。河崎は、生活のなかでさまざまなイライラ・不満・ストレスなどを溜め込み、それらが周囲の人に対する深刻な暴力となって現れてしまっていた。暴力発作のあとには「深い罪悪感」に襲われ、「自分という人間がとてつもなく怖くて、それが次のパニックを呼ぶという悪循環」にはまり込んでおり、しかも「それを人に伝えられなくて苦しんで」いた。精神科に入院していた河崎は、ソーシャルワーカーである向谷地生良の「〈研究〉という方法があるよ」という呼びかけに「やってみようかな」と興味を持つ。研究を通じて、爆発が起こるパターンやメカニズムが分かってくると、爆発に依存していたことや、爆発する自分を受け入れ、周りの人にも受け入れてもらうことの重要性などが見えてきた。エネルギーを溜め込んで大爆発を起こす前に、周囲の人と話したり、ストレスを溜めすぎずに「ゆっくり爆発」を起こすなどの対策も立てられるようになった。その後「爆発」の研究は、似た問題を持つ仲間たちとともに取り組まれ、さらに発展していった（浦河べてるの家 2005：192–209）。

ここには、当事者研究を形づくるさまざまなエッセンスが含まれている。専門家によって治療されるのではなく、当事者が主体になって自分の問題に取り組むこと。「問題の行動を反省する」というスタンスで向き合うと、罪悪感が強化されかえって問題のメカニズムを強化してしまうので、問題を自分から切り離す＝外在化することが重要であり、そのために「研究」というスタンスが有効だということ。これまでのつらい経験が解決すべき問題ではなく、問いにアプローチするうえでの貴重な情報と見なされていること。「研究」とすることで個人的な問題解決にとどまらず、似た問題を抱えた人にも役に立つ普遍的な発見につながること、などである。

当事者研究の基本理念は、「自分自身で、共に」という言葉で表される（浦河べてるの家 2005）。

以来この営みは、べてるの理念を体現する活動の柱となり、二〇一〇年代以降は精神保健領域を超えてさまざまな場に広がっていった。

「当事者研究とは何か」が問われるとき、上に述べたようなべてるにおける当事者研究を説明することで「答え」とされることは多い。けれども、その後の広がりを考えると、「当事者研究とは何か」という問いには、次の三つの水準があるように思う。

①「べてるで生まれた固有の実践としての」当事者研究とは何か
②「他の領域にも応用可能な汎用性のある実践としての」当事者研究とは何か
③「新たに応用された個々の場における固有の実践としての」当事者研究とは何か

これらのうちの、どの水準で問われているかによって、問いへの答え方は違ってくるだろう。①「べてるの実践としての当事者研究とは何か」と、③「応用された固有の実践としての当事者研究とは何か」は、それがどこで・誰によって・どのようになされているかという具体的な記述によって答えることができる。一方で、②「汎用性のある実践としての当事者研究とは何か」に答えるには、個々の場でさまざまなかたちを取りうるにせよ、「これがあるから当事者研究だ」といえるような、共通する要素を見いださなければならない。

では、当事者研究に共通する要素とは何だろうか？　これまで当事者研究について論じてきた人びとによる、当事者研究の定義を見てみよう。

べてるのソーシャルワーカーである向谷地生良は、「当事者研究ネットワーク」のホームページにおいて、二〇一三年には、当事者研究を次のように定義していた。

（統合失調症などを抱えた人の）当事者活動や暮らしの中から生まれ育ってきたエンパワメント・アプローチであり、当事者の生活経験の蓄積から生まれた自助――自分を助け、励まし、活かす――と自治（自己治癒・自己統治）のツール。

だがこれは、二〇二〇年六月以降は、以下のような定義に変更されている。

統合失調症や依存症などの精神障害を持ちながら暮らす中で見出した生きづらさや体験（いわゆる〝問題〟や苦労、成功体験）を持ち寄り、それを研究テーマとして再構成し、背景にある事がらや経験、意味等を見極め、自分らしいユニークな発想で、仲間や関係者と一緒になってその人に合った〝自分の助け方〟や理解を見出していこうとする研究活動（向谷地 2020）。

変更前は、「当事者の生活から生まれた」という歴史に言及し、「自助と自治」の価値を打ち出す運動的なニュアンスがあったが、変更後は「当事者」が「自分」という言葉に置き換えられており、より行為のレベルに焦点を当てた脱政治化された定義となっている。また、「エンパワメント」「自己統治」といった新自由主義的な要請に応える個人を連想させるような用語や、「ツール」という手段的意味を打ち出す言葉が削られている。

とはいえ、「何が当事者研究であり何がそうでないのか」を、行為のレベルで線引きすることは難しい。向谷地は、別のところでは次のように述べている。

当事者研究とは、生活の中で起きてくる現実の課題に向き合う「態度」であり、「人とのつながり」そのものであるといえます。ですから「当事者研究」という営みは、決して、単一の問題解決をめざす方法論――問題解決技法――ではありません。そして、毎日、どこでも、どの場面でも「当事者研究」は、取り組むことができ、形や方法に縛られることなく、一人でも、ワークショップのような大人数のグループでも可能になってきます（向谷地・浦河べてるの家 2018：48）。

このように、当事者研究が技法ではなく態度や関係性であるとすれば、その固有の思想を帯びた特性は、上記の定義ではカバーできないだろう。むしろ「当事者の生活経験の蓄積から生まれた自助」という改定前の定義のほうが、その思想をよく伝えているといえるかもしれない。総じて向谷地の定義では、べてるという固有の文脈に根ざした当事者研究やその根底にある理念に軸足があり、文脈から切り離された第二の水準での「当事者研究とは何か」という問いにはあまり答えていないように見える。

べてるの当事者研究を引き継いで前進させたのが、自閉スペクトラム症の当事者研究から出発し、当事者研究の理論化を進めている熊谷晋一郎と綾屋紗月である（綾屋・熊谷 2008）。だが意外なことに、熊谷と綾屋は当事者研究に詳細な定義を与えていない。「自分の身の処し方を専門家や家族に預けるのではなく、仲間の力を借りながら、自分のことを自分自身がよりよく知るための研究をしていこうという実践」（綾屋・熊谷 2010：102-103）、「「自分自身について仲間と共に研究する」という実践」（綾屋編 2018：2）と極めてシンプルに説明するにとどめている。

これらは要点だけを取り出したミニマムな定義であり、幅広い実践をカバーすることができる。その反面、「いったいどういうもの？」という疑問がわき、さらなる説明が要求される。

その際に綾屋と熊谷が重視するのは、当事者研究の成り立ちをめぐる歴史である（綾屋 2019：熊谷 2020）。その理由は、「当事者研究を単なる脱文脈的なテクニックとしてではなく、当事者活動の歴史と理念という文脈のなかに置きながら実践していくうえで必要不可欠」（熊谷責任編集 2019：2）と説明される。

では、その歴史とはどのようなものか。

熊谷（2020）は当事者研究を、障害者運動などマイノリティによる権利主張と権利を実現するための諸活動である「当事者運動」と、アルコールや薬物などの問題を抱える人の「依存症自助グループ」という二つの潮流が出会い、現代的な課題に対応するなかで生まれた実践として整理している。熊谷によれば、当事者運動は「社会によって無力化された当事者が、自らの身体の変えられないパターンを起点にした未来志向の社会変革を通じて、当たり前の暮らしと、本来もっている力を取り戻す」という「力／未来／パターン」によって特徴づけられるのに対し、依存症自助グループは「他者に頼らず自分の力を過信する中で依存症に陥った当事者が、自らの無力を認め、類似した経験をもつ仲間との過去の経験の分かち合いを通じて、表面的な依存行動のパターンの深層にある物語を発見する」こと、すなわち「無力／過去／物語」という特徴を持っている。当事者研究では、これらの相反するかに見えるポイントを「研究」という概念と「共同性」という価値が架橋していくとされる（熊谷 2020：10–11）。

ここでなされているのは、当事者研究を「自分について仲間と対話しつつ研究する」営みとして幅広く位置づけたうえで、その成立に関わる詳細な歴史的経緯をともに手渡す、ということである。冒頭の「当事者研究とは何か」という問いをめぐる三つの水準に引きつければ、②「他の領域にも応用可能な汎用性のある実践としての当事者研究とは何か」という問いへの答えを最大公約数的なものにとどめたうえで、①「べてるで生まれた固有の実践としての当事者研究とは何か」という問いへの答えの詳細な記述とともに提示している、と言い換えることもできるだろう。

このような当事者研究の輪郭の確定の仕方は、次のような効果を持つと考えられる。

第一に、当事者研究をさまざまな担い手による多様な実践へと開くことができる。当事者研究を行為のレベルで限定的に定義すれば、「それ」と「それでないもの」のあいだに線引きをすることになり、「こういうものは当事者研究ではない」という批判や自粛を呼び込むことになりやすい。だが概念レベルのミニマムな定義に収めておけば、その言葉が「一人歩き」する自由度が増し、使い勝手がよくなるだろう。

第二に、歴史的文脈を重視することでコアとなる理念を明らかにし、「あれもこれも当事者研究である」とするやみくもな広がりに限定をかけることができる。その歴史を知れば、たとえば既存の社会規範や市場競争を前提したうえで、適応や勝ち抜きを目指して自己を変革するような、いわゆる自己啓発的な営みを、当事者研究とは呼べなくなるだろう。

このように、「ミニマムな定義によって新たな実践に開き、歴史記述によって理念を伝える」という当事者研究概念の設定は、当事者研究をリードする手渡す側の戦略としては――それほど意図的なものではなかったかもしれないが――効果的なものだといえるだろう。

だが、ここには一つの留意すべき点がある。ミニマムな定義は自由度が高いぶん、曖昧さや横すべりのリスクと背中合わせなのだ。だからそれを抑制するために歴史記述によって理念を伝えようとするわけだが、歴史的文脈に根ざして育まれた理念や実践が、文脈を離れてどこまで意味を持つかは、実際にはわからない。受け取る側のあり方によっては、理念をうまく実践に反映できなかったり、問題含みの実践が「仲間」「研究」といった当事者研究の独特の用語づかいのもとで覆い隠されたりといった事態が、現実に起こりうるだろう。

さらにいえば、当事者研究の加速度的な広まりの背景には、当事者の主体性を認めていく社会的な流れがあり、それは弱さを抱えた存在に対して「自分の人生のリスクに自分で対応せよ」と迫る新自由主義的な磁場と背中合わせである。ただでさえ「文脈を超えて理念を受け継ぐ」という容易ならぬ課題を抱えている受け取る側は、その引力の大きさに、容易に引き込まれてしまうだろう。

そうした事情を考え合わせれば、「ミニマムな定義によって新たな実践に開き、歴史記述によって理念を伝える」という手渡す側の戦略は、ある種の危うさをはらんでもいる。以下ではこの危うさについて、当事者研究に寄せられる「新自由主義的な主体を強化するのではないか」という批判への応答のあり方を通じて見ていきたい。

(2)「当事者研究は新自由主義的な主体を強化する」という批判とその応答

「新自由主義的な主体を強化するのではないか」という批判は、当事者研究に対する目につきやすい批判の一つである。たとえば、千葉雅也ら（千葉ほか 2017）は、病者理解のフレームにおいて、病理的な特異例から「正常」をまなざす病理学的モデルと、「正常」を基準に病理を解明していく認知主義的モデルを対置しつつ、前者に軸足を置く精神分析的な主体が後退した現代において、特権性を持たない代替可能な類似ケースの集積でありながら平板な統計処理の対象となることを拒むようなあり方が台頭しているとして、当事者研究を行う主体をそれと関連づけている。そこでは当事者研究は、「ノーマルでないなりにそのことを活かした生産主体になれるっていうことをセルフブランディングするみたいなこと」「もともと持っていた自然なポテンシャルを、エンパワーメントして伸ばしてやろうというモデル」（千葉ほか 2017：49）として、新自由主義的な主体を強化する方法だと理解される。

たしかに、べてるでは一九九〇年代からSST（Social Skills Training）という認知行動療法（Cognitive Behavioral Therapy：CBT）のツールを取り入れており、それがSA（Schizophrenics Anonymous）と結びついて当事者研究の土台となったとされている（向谷地 2013：157）。認知行動療法では、心という見えないものにアプローチするのではなく、個人の認知や行動に照準し、面接や集団療法などを通じてそれを変化させることで、本人が、問題含みの認知や行動をよりよいものに変えていくことが目指される。ＳＳＴは「社会生活技能訓練」と訳され、対人関係における社会的スキルなど、本人が生きていくために必要なスキルを身につけるための技法である。

刑務所処遇における認知行動療法について社会学的に考察した平井秀幸は、認知行動療法において、問題行動をする人は「行動スキルを学習・実践することで、責任あるリスク回避的自己コントロールを継続する倫理的主体となることができる／しなければならないと考えられている」として、認知行動療法が新自由主義的規律と強く結びついており、リスクを個人的に回避していくライフスタイルの規範化や、リスク回避がうまくできる層とそうでない層という序列化を伴っていると論じている（平井 2015：26）。

だが、「当事者研究は新自由主義的な主体を強化するのではないか」という批判については、すでに応答されてもいる。

上述した平井は同時に、認知行動療法が必ずしも新自由主義的主体の強化と結びつくとは限らないと述べ、「新自由主義的でない認知行動療法」の事例としてべてるの当事者研究を挙げている（平井 2015：365-368）。平井によれば、一般的な認知行動療法とべてるにおけるそれは異なっている。その違いは、一般的な認知行動療法が外の社会と隔てられた施設内で行われるのに対し、べてるでは参加者たちが共同で生活を営んでいるため、認知行動療法の場と生活の場が切り離されず、「ストレス発生現場の中」でＳＳＴを行うことができる点にある。これによって、べてるの認知行動療法では、周囲に合わせて本人が変わるだけではなく、「「本人をとりまく周りが変容することで、本人は変容せずとも生きていける」ような姿を想像しあい、必要であれば本人だけでなく周り（社会）の認知行動が変容していくべきポイントをその都度個別具体的なものとして探しあてる」（平井2015：368）ことが可能となる。つまり、当事者にしてみれば、べてるは（a）生活共同体、（b）働く場としての共同体、（c）ケアの共同体（浦河べてるの家ホームページ）であり、ともに認知行動療法を行う仲間が生活空間の構成員でもあるため、「困りごと」を抱えている当人が当事者研究の場で語ることでその場の参加者の認知が変われば、当人と生活の場をも共有している他の参加者たちは、当事者研究の場を離れた日常においても、その認知の変化を当人にフィードバックすることができるのである。

平井は書く。

> 誤解を恐れずに言えば、リスクは一人ひとり異なる「社会的」文脈に埋め込まれたものである以上、リスクのアセスメントは徹底して個人化されたうえで、リスク回避のための認知行動変容は徹底して社会化される必要があるのだ（平井2015：368）。

だが繰り返しになるが、こうした「認知行動変容の社会化」はある限定された条件のもとでのみ、可能となる。アメリカの人類学者K. Nakamuraは、べてると他の精神障害者のコミュニティ施設の大きな違いについて、「誰もべてるの家を去らない」ことだと書いている（Nakamura 2013：211）。他の施設では病を治し仕事に復帰するというゴールが描かれるのに対し、べてるではそうした「社会復帰」は目指されない。復帰すべきとされる「社会」こそ、病をもたらした元凶だからである。「社会」はべてるの外部ではなく内部に創出され、メンバーはそこで生きる。そうした文脈では、当事者研究は「社会」を変える実践に矛盾なく結びつくだろう。

他方、上記の平井の議論を「決定的な意識変革の契機になった」と述べる熊谷は、同様の事柄を以下のようにまとめている。

地域のただなかではなく、地域から隔絶された治療の空間で行われているCBTやSSTもある。こうした隔離空間でのCBT、SSTと、べてるの家で行われるそれらは、たとえ同じ技法ではあっても、「どこで誰と行うのか」「誰の何が変わるのか」という、「技法が置かれる文脈」の点で相違点がある。

治療の空間でのCBTやSSTはたいていの場合、「苦労が発生している現場からは離れた治療空間で、治療者と行う療法であり、変わることが期待されているのは当事者の認知や行動」である。苦労している本人の変化のみによって苦労の解決を図ろうというこうした考え方は、後述する障害の医学モデルという捉え方と通じている。

それに対してべてるの家では、「苦労が発生している現場のただなかで、苦労の原因でもあり分かち合いの相手でもある仲間とともに行い、変わることが期待されているのは本人というより仲間全員が共有する知識」なのである。

人々が共有する知識は、特定の誰かの中にあるものというより、公共財としての社会環境の重要な構成要素の一つである。べてるの家では、診察室などの密室で行われがちだったＣＢＴやＳＳＴを、地域に公開したともいえる（熊谷 2020：5-6）。

熊谷の議論は平井の議論をなぞっており、二つはほとんど同じことを言っている。だが、文脈を含めて見比べてみると、力点の置き方に違いがある。平井が「新自由主義的でないＣＢＴ」が成立する条件に関心を寄せるのに対し、熊谷は、前節で見たように、そうした「開かれた認知行動療法」を具現する「べてるの家の当事者研究」をルーツとする歴史性を詳述することで、当事者研究というものを説明しようとする。この差異は小さくないのではないか。

そもそも認知行動療法は、「個人」の認知や行動に働きかけ変容させる方法である。にもかかわらず、結果として「周囲＝社会」が変化するとすれば、それは「周囲＝社会」が本人と対峙するのではなく、本人を含み込んで本人の延長のように存在する共同性と重ねられているときである。つまり、「認知行動療法の場＝生活の場」という条件のもとにおいて、「認知行動変容の社会化」を見込むことができる。平井の議論はここで踏みとどまる。

他方、熊谷のように、ある条件に支えられた「べてるの家の当事者研究」を、当事者研究のエッセンスを伝えるモデルと見なすとき、何が起こるだろうか。そこでは、「認知行動変容の社会化」の可能性が、固有の文脈を持つ歴史的な事例に拠って示されつつ、来たるべき当事者研究というまだ文脈の定まらない未来的な実践に向けて開かれており、「認知行動療法の場＝生活の場」という必要条件の設定はフォーカスを外され、ひとまず脇に置かれる。

つまりここでは、当事者研究を手渡す側の歴史的文脈が重視されることで、それを受け取る側に必要な社会的条件が見えにくくなっているのである。

具体的に考えてみよう。たとえば、当事者研究ではたしかに認知行動療法を診察室内に閉じ込めるのではなく、「仲間」の前で公開しながら行う。だがその「仲間」とは、単に「同じような生きづらさを抱え、一つの場に集う人びと」であれば十分なのだろうか。それともそれは必要条件の一つでしかなく、「生活の場をともにする人びと」という別の条件が必要なのだろうか？

この点は、二〇一〇年代の一連の研究成果において全国的に知られるようになった浦河べてるの家（統合失調症）、ダルク女性ハウス（依存症）、おとえもじて（自閉スペクトラム症）においても一様ではない。べてるは、共同生活の場であると同時に、会社や作業所など労働の場であり、イベントなど多様な活動の場でもある。ダルク女性ハウスは、入所・通所の別はあるが、就労や子育てを含む生活場面のサポートを行っており、やはりその人の暮らしに根ざした場である。これらの施設が生活共同体の要素を濃く持つのに対して、綾屋が主催するおとえもじては「極めて小規模であり、当事者研究のみを行っている法人格のない自助グループ」（綾屋 2017 : 87）とされ、月一回二時間の時間を共有する限定的な場である。とはいえ、綾屋の当事者研究のスタートにはパートナーである熊谷との共同作品である『発達障害当事者研究』（綾屋・熊谷 2008）があり、ここにも生活を巻き込む共同性が関与していたといえる。

だが、当事者研究の「仲間」が「生活の場をともにする人びと」によって構成されるケースばかりではないだろう。当事者研究は二〇二〇年代の今日、さまざまな領域に広がりを見せており、生活の場と切り離された施設内処遇として、あるいは男性や若者などマイノリティ属性を持たない人も参入するものとして、多様に展開されつつある（ぼくらの非モテ研究会編著 2020 など）。そうしたなかで、べてるの当事者研究ではすり抜けられたかもしれない陥穽にはまる危険性をより多く抱えた場も現れてくるだろう。

「認知行動変容の社会化」がある限定的な文脈のもとで可能となるということは、逆にいえば、文脈次第で当事者研究は、個人の認知行動を社会に馴染みやすいものにみずから変えるよう促す個人化された実践へと横すべりしかねない、ということでもある。そう考えれば、「当事者研究は新自由主義的な主体を強化するのではないか」という批判を、べてるのような象徴的な事例に引きつけることで、あまり簡単に葬り去ってはいけないのではないか。

ここで、前節で見た「歴史的文脈に根ざして育まれた理念や実践が、文脈を離れてどこまで意味を持つか」という問いが再び浮上してくる。こう問うのは、当事者研究を「特定の文脈を離れたら意味がなくなる」と批判するためではなく、「特定の文脈を離れても決定的にダメにならず、意味を持つものにしていくにはどうすればよいか」という実践レベルの関心からである。

この問いに答えていくためには、当事者研究を受け取る側が、自分たちの足元の文脈のなかに当事者研究を新たに位置づけ直していく作業が重要となる。当事者研究を手渡す側は、歴史的文脈とセットでその意義を語った。それを譲り受け、新たに始めようとするなら同様に、その場に固有の歴史的文脈に目を凝らし、誰のどのようなニーズに基づいて立ち上がるのかを明確にし、文脈に合わせて当事者研究をカスタマイズしていくことが求められる。つまり、冒頭に示した「当事者研究とは何か」という問いの第三の水準である「新たに応用された個々の場における固有の実践としての当事者研究とは何か」を考え、独自の立場を示す負荷を引き受けなくてはならない。「新自由主義的な主体を強化するのではないか」という批判は、そのプロセスにおいて受け取る側がみずからを省みる際に参照すべきポイントとして有用であり、それへの応答は各々の実践のなかで模索されるべきものだろう。

本章で最終的に私が試みようとしているのは、づら研という固有の文脈から、不登校の〈その後〉という領域において当事者研究をどのように受け取っていけるかを考えることである。それは「不登校・ひきこもりにおける当事者研究とは何か」を探求することでもある。

だがそこへ行く前に、もう一つの鍵となる概念についてこだわっておこう。「当事者」という言葉である。

2 「当事者」概念の検討

(1) 上野千鶴子の当事者論：「社会的弱者」と「主体的個人」の架橋

当事者研究をリードしてきた人びとの著作においては、不思議なことに、「当事者」という論争的な概念の定義についての言及がほとんどない。これは何を意味するのだろうか。以下では、当事者研究と当事者概念の関係について考えてみたい。

当事者という言葉は、中西正司と上野千鶴子による『当事者主権』(2003) をきっかけに、ケアの現場や社会福祉学・社会学といった学問などさまざまな領域で使われるようになった。概念の広まりに伴う濫用や批判を受け、上野はその後、上野・中西編（2008）、上野（2011）、上野（2013）などにおいて論を重ね、当事者概念を整理している。

上野は当事者を、「（一次）ニーズの帰属主体」と定義する。そもそも当事者は、「当事者主権」という立場を表明するために導入された用語だった。当事者主権には、それまで専門家や親など庇護的立場にある存在によって自身のニーズを代表・代弁されてきた障害者、女性、子ども、高齢者といった人びとが、主体性を取り戻し、「自分とは誰か、自分にとって何がよいか」をみずから定義していく自己解放の意味があった（中西・上野 2003）。

「当事者能力を奪われた人」としての「社会的弱者／マイノリティ」を意味しつつ、これらの用語では事足りずに、当事者という概念が必要とされたのには理由があっただろう。マイノリティが「社会によってマイノリタイズされた」受け身の存在であるのに対し、当事者は「みずからをマイノリタイズするこの社会」を見返し、それを変えていくニーズを表明する主体性を含意するからだ。それはちょうど、「被害者」としての無力さや受動性をくぐり抜けた人が、過酷な経験を生き延びた主体性に注目して「サバイバー」を名乗ることに似ている。被害を受けたすべての人は「被害者」だが、「被害者」がみな「サバイバー」であるわけではない。「被害を生き延びた自己」を誇りとともに引き受けるという能動性を発動させた人が、「サバイバーになる」。同様に、マイノリティのなかでも社会変革のニーズを表明した人＝ニーズの帰属主体であることを引き受けた人だけが、「当事者になる」のである。(1)

その後、当事者概念は各方面に広まり、「家族当事者」「介護当事者」といった「当事者インフレ」（上野 2008）を引き起こした。上野はこれを抑制する観点から、M・ファインマンの「一次的依存」と「派生的依存」という概念に依拠して「一次的ニーズ」と「派生的ニーズ」を区別することで、当事者／非当事者を資源配分の不均衡に立ち戻って定義し直すという修正を加えた（上野 2008）。当事者とは「一次的ニーズの帰属主体」であり、当事者が存在していることによって派生的にニーズを有するその他の関係者とは一線を画す立場にある、としたのである。

これに対しては、関水徹平（2011）が「属性による当事者定義が密輸されている」と批判した。中西・上野（2003）が「当事者になる」という動的な主体の構築性や構築過程を重視していたのに対し、上野（2008）においては「社会的弱者」としての固定化された静的な位置どりが強調されている点に対する批判であった。上野（2013）はこれに応えて、自身の当事者概念が、主観的な主体化過程による定義と客観的な社会的位置づけによる定義を同時に含意している「混乱」を認める。そのうえで、アマルティア・センの潜在能力アプローチに依拠して、社会的な被抑圧性と個人の抵抗をともに織り込むために「主観的定義と客観的定義とのあいだを調停する」必要に言及する（上野 2013：26-27）。

上野の当事者概念は、状況の変化や批判に対応して洗練されていったものの、その根幹は一貫している。先に見たように、もっとも初期の「当事者主権」の頃から、上野の当事者概念には構築性と実体性が織り込まれており、それによって差別的な社会構造の告発と被差別者の主体性評価とを並行して行っていくことが含意されていたのだ。

このようにぶれることなく当事者概念が支持され続けるのは、そこに「認識利得」があると見なされるからである（上野 2013：30）。上野は、伊藤知樹の「「当事者」という言葉には、ある経験へアクセスし表現する機能に関して階層的差異を設ける言語行為、という語用論的な一面がある」（伊藤 2011：411）という指摘を「きわめて適切」と評し、次のように述べる。

第一に「概念」を作るとはこのような「状況の定義」の権力を行使するということであり、それはたんなる「語用論」のレベルを越える言語行為である。第二にこの「階層的差異」は、意味論的「階層差（カテゴリー上のクラスの差）」ではなく、伊藤が自覚しているか否かにかかわらず、権力上の階層差 hierarchical difference を含意する。すなわち「当事者／非当事者」の有標／無標の記号論的差異のうち、「当事者」が「非当事者」に対して優位に立つ、ということを意味する。第三に伊藤のいう「線引き」とはカテゴリーの「境界の定義」を指し、この境界の定義こそが、「当事者」論を成り立たせる当の内包 connotation にほかならない（上野 2013：39）。

つまり当事者概念は、資源配分の観点から圧倒的に奪われた側の存在を「一次ニーズの帰属先」と見なすことで、当事者の非当事者に対する優位性を明示するために極めて戦略的に導入されている。「当事者主権」という倫理的な態度がまず提唱され、当事者はそれに資するかぎりにおいて評価される手段としてのカテゴリーなのである(2)。

上野の当事者研究観は、上記の当事者観を「研究」に応用したものとなっている。それは、アカデミズムのなかで周縁に位置づけられた、研究の「対象」にされこそすれその「主体」になることはなかった存在が、みずからの手でみずからについて研究していく営みであるとされ、その観点から女性学もまた当事者研究であった、と事後的に位置づけられる（上野 2018：117）。すなわち、当事者研究を行う主体＝当事者とは、①差別的な社会構造のなかで抑圧された者であり、そのうえで②自分自身が主体となって研究することを選び／引き受け、その実現のために科学の「客観・中立」神話を変えていくニーズを持った存在、であるといえるだろう。

そう考えれば、上野が一貫して女性学の担い手として「女性」というポジショナリティにこだわってきた理由が分かる。女性学が井上輝子によって「女性の視点からする、学問の見直し運動」（井上 1997：6-8）と定義されたのち、「男性はできないのか?」と人びとは問うた。それに対し上野は、「女性による女性の経験の言語化」を重視し、「男性は男性学をやって下さい」と応じてきた（上野 2018：113）。担い手が女性であることへのこだわりは、女性学がマイノリティによる自己解放の試みとしてあり続けることへのこだわりだったといえる。この立場は上野において、「女性」という概念の構築性や、実体としての女性が多様であり「女性であれば女性のことがよりよく分かる」とは言いえないとする認識と並立していた。このように振り返ってみると、当事者定義でみられた「主観的定義と客観的定義の調停」、あるいは主体性と被抑圧性の橋渡しという課題が、女性学の定義の変奏であったことに気づく。

らずれている。

（2）当事者研究における「当事者」：誰もが「当事者」になりうる

他方、当事者研究を牽引する熊谷と向谷地の当事者解釈は、上に見た上野のそれとは重複しなが

向谷地は当事者という言葉をたびたび用いているが、その用法は極めてシンプルであり、専門家や援助者から区別された「病や障害を持つ人」を示す場合がほとんどである。もっとも、一九七〇年代の学生時代に難病当事者の介護ボランティアや患者会の事務スタッフを経験し、脳性麻痺者の脱施設化運動と出会った向谷地が当事者概念を使うとき、そこには上野が提唱する当事者主権の理念が脈動している。それは、一九七八年に浦河赤十字病院のソーシャルワーカーとして赴任した向谷地が見た「〝囲〟学＝囲い込みの医学」「〝管〟護＝管理の看護」「〝服〟祉＝服従の福祉」という精神医療を基礎づける構造[3]のなかで、「当事者自身が変革の主体となるということの大切さ」（向谷地 2009a：160–161）を刻みつけるものである。

べてるでは、精神障害者は「苦労を奪われた存在」と位置づけられる。専門家や親といった周囲は本人の困難を「何とかしよう」と思うあまり保護・管理し、問題が起こらないよう本人を社会から切り離そうとする。だが、本人には「他者とつながりたい」という思いがあるので、それをしばしば暴力などの苛烈な問題として表面化させてしまう。すると周囲の否定的な評価は膨れ上がり、対応はますます保護的・管理的となり、さらなる孤立へと本人を追い込む、という悪循環が生じる。これに対して、「苦労を取り戻す」とは、当事者が自分の人生の「主人公」となり、病気との付き合い方や日常生活に関する心配、人間関係や仕事についての悩みなど、人間として生きるうえで誰

しも避けては通れない諸課題を「自分のもの」とすることである。

こうした観点から、向谷地は「当事者とは、単なる「精神障害を抱えた当事者」としての理解ではなく、まさしく精神障害という固有の体験をした一人の市民として、自らのニーズを見出し、社会資源の欠乏や不足の改善と充足に向けた主体としての役割を果たすことを期待された個人を意味」する、と論じている（向谷地 2009a：158）。ここには、パターナリズム批判と本人の主体性の評価という上野の当事者概念に込められた関心が明確に共有されている。

しかし、向谷地の当事者概念は上野のそれとはずれる部分もある。そのずれは、当事者運動を継承しつつ、運動の言葉を生活のなかで実感される言葉へと読み替えていった結果として生まれた距離であり、人の「強さ」ではなく「弱さ」に着目する視点に関わっている。

向谷地は、一九八〇年代以降変化していった精神医療における当事者－専門家関係を、①専門家の権威に対抗して「自分のことは自分がわかっている」として当事者の持つ可能性と力に着目する当事者主権の立場と、②とくにアルコール依存症医療にみられるような、専門家がみずからを無力と位置づけて権威性を否定し当事者の力を認める立場によって捉えつつ、べてるにおける当事者－専門家関係のあり方を「第三の立場」と位置づけ、次のように説明する。


それは「自分のことは、自分がいちばん〝わかりにくい〟ことを知っている人」としての当事者（専門家としての当事者）と、「幻聴や被害妄想など、もし当事者と同じような状況に遭遇したら同様に戸惑い困難に陥るであろうことを知っている人」としての専門家（当事者としての専門家）――この二つの「無力」によって支えられている立場である（向谷地 2009b：44）。

このように、べてるの実践が記述される際、パターナリズムの拒否と同時に、当事者－専門家の連続性やパートナーシップが強調されることは特徴的である。こうした位置づけは、当事者研究における当事者が、上野による当事者定義のように非当事者から明確に区分されたものとは異なり、専門家も含めて「誰もがなりうる」ようなものとして想定されることにつながっていく。熊谷は「専門家も多数派も、すぐに妄想にとらわれてしまう脆弱な存在としての当事者なのである」（熊谷 2020：215）と述べ、池田喬は、「当事者とは、一人一人が、当事者研究に触れることを通じて「自分自身で、共に」なるべき何かなのである」（池田 2013：147）と述べる。

ここで改めて、「当事者主権における当事者」と「当事者研究における当事者」を比べてみよう。すでに見たように、上野は当事者／非当事者を明確に区分した。「当事者とは誰であるか」を確定させることは「当事者とは誰でないか」を確定させることであり、社会における強者－弱者関係を反転させた、マイノリティに優位性を認める逆の階層的な差異化の効果こそが、当事者という語を導入する目的そのものであった（上野 2013：39）。こうした設定は、「誰もが当事者でありうる」とする当事者研究の位置づけとは真逆に見える。

当事者研究は当事者運動／当事者主権に深く立脚していながら、なぜこうした一見対立的な当事者定義に着地したのだろうか。当事者研究が当事者運動／当事者主権の立場とずれていくポイントを挙げてみよう。①生活世界のリアリティの重視、②コミュニティ志向による調和の重視、③自己決定の主体としての「十全な個」の弱体化、である。

第一に、当事者研究においては、社会変革のための運動的な言葉ではなく、生活世界における素朴な感覚に適合的な言葉が模索される。困難を抱えた人も多面的で複雑さを備えた一個の人間であり、政治的主張においては親や専門家に保護・管理されることを拒否したとしても、常に強い自己決定の主体であれるわけではない。周囲から「あなたはどうしたいの」と問われれば、「自分で決めたのだから自己責任」という背後のメッセージを読み取って不安になるのが、困難を抱えた人の現実というものである（向谷地・浦河べてるの家 2018：59）。そのように当事者のリアリティに即せば、強さより弱さに着目するという態度になるのはむしろ自然である。

第二に、べてるの当事者研究では、精神医療および地域のコミュニティ作りの観点から、当事者／非当事者の対立より調和が志向されたと考えられる。たとえばべてるでは、地域住民との交流の集いにおいて「偏見・差別大歓迎！　決して糾弾いたしません」というタイトルが掲げられるなど、健常者中心主義をラディカルに批判していく障害者運動とは異なる言説戦略が採られている（浦河べてるの家 2002：52）。

第三に、マジョリティも含んでより一般的に広がる状況として、自己決定の主体としての「十全な個」を想定しにくい時代的な特徴があるように思う。人が自己決定の主体となるうえでは、想像的なものにしろ実体的なものにしろ、何らかの共同性に根ざしていることが必要となる。しかし、個人化（Beck 1986＝1998）が進行する現代ではより多くの人びとが自己を自己であらしめる共同性を欠き、孤立した状態にある。そのように「十全な個」が損なわれた状態では、「あなたはどうしたいか」と問われても世間的によいとされていることを自分の欲求として反復したり、剝奪感から他者を排除することを望むなど、自己は決定の主体となる土壌を欠いてしまう。マイノリティのみならずマジョリティにおいても、他者とともに自己を探求する必要性が生じているといえる。

そのようにみれば当事者研究は、当事者主権の延長に存在しそれと対立するものではないものの、もはや当事者／非当事者を区別する「認識利得」を持っていないことが分かる。熊谷は両者を架橋し、「当事者研究は、運動の中で重視されてきた「自己決定」や「自分を知っている」という状況が可能になるための前提条件にまでさかのぼって、当事者運動の思想を徹底しようとする取り組み」としている（熊谷 2020：24）。

とはいえ、そこでは結果として、上野がこだわり続けた当事者／非当事者の非対称性に対するセンシティビティが犠牲にされていることを自覚しておくことは重要だろう。資源配分の不均衡が決して解消されていないなかで、当事者／非当事者の連続性を強調すれば、結果的にその不均衡を不可視化する効果が生じることを、常に念頭に置いておく必要がある(4)。

3　「不登校の当事者運動」から「生きづらさの当事者研究」へ

以上の議論を踏まえて、当事者研究の定義をめぐる第三の水準、「新たに応用された個々の場における固有の実践としての当事者研究とは何か」という問いに答えていこう。

当事者研究は第一に困りごとを抱えた人びとが集う現場の実践であり、理論や理念は常にそれとの関連のなかで事後的に成立する。だから、雑多な諸実践に共通点を探り「当事者研究とは何か」を確定しようとするよりも、「今・ここ」における当事者研究がどのような特徴を持ち、そこにはいかなる可能性と限界があるのかを、文脈に根ざして確定していく作業が重要である。それは、当事者研究を語る際にしばしば使われる「仲間」「対話」「主体性を取り戻す」といった用語の持つ革新性や「善きもの」という規範性にとらわれず、「実際のところ具体的に何が指されているのか」に目を凝らしていくことにもつながるだろう。

本書が対象とするのは、不登校・フリースクール運動をくぐり抜けた経験をベースとして構想された「生きづらさからの当事者研究（づら研）」である。そこには、いわば「不登校の当事者運動」から「生きづらさの当事者研究」へ、という変遷がある。

づら研は、東京シューレのスタッフや不登校新聞の編集長を経験した山下耕平氏が、大阪で二〇〇六年から運営していた「生きづらさ」を抱える大人のための居場所Gに併設するプロジェクトとして、二〇一一年六月に立ち上げた。もともと居場所Gにおいて持っていた「一つのテーマについて時間をかけて考える時間」を独立させたものであった。

一九八〇年代頃から反管理教育の流れのなかで発展していく不登校・フリースクール運動は、「学校に行かなければろくな大人になれない、就職も結婚もできない」という否定的なまなざしのなかで、「不登校でも問題なく社会に出ていける」と主張し、子どもを無理に学校復帰させるのではなくありのままのその子を受け止めることを重視して、学校外の学び育ちの場を創り出してきた。学校で傷つき不登校となったのち、フリースクールでのびのび過ごし、自分のやりたいことを見つけて自立していく子どもたちの姿は、学校とは何か、学校に行かないだけで存在を否定する「この社会」とは何かを、世に問うものだった。社会学者の米山尚子は、体罰やいじめといった日本の教育の問題点を指摘したうえで、不登校（登校拒否）を「抵抗」と位置づけ、一九九〇年代当時の不登校・フリースクール運動を「現代日本で最も力強い社会運動のひとつ」と描写した（Yoneyama 1999：215）。

だが二〇〇〇年代以降、こうした文脈は変化していく。まず、学校から仕事への移行がリスクに満ちたものとなり、進路が多様化するなかで、「学校に行かなければろくな大人になれない」という主張の背後にある「学校に行って（さえ）いれば問題なく大人になれる」という前提が揺らいでいった。そうしたなか、一九九〇年代には「心の問題」とされていた不登校は、二〇〇〇年代になると「進路の問題」とされるようになり、不登校そのものよりも、進学・就職といった「その後」が焦点化されていった（文部科学省 2003）。不登校ののちに一定の人びとが就学・就職しない状態を経験することが明らかになり（森田 2003）、不安定雇用や無業のリスクは不登校を経験していない人にもあるが、不登校を経験した人ではより大きなリスクに晒されることも分かってきた（文部科学省 2014：貴戸 2018b：84）。他方で、進路は多様化し、不登校後に進学・就職していく「不登校トラック」（山田 2010：94）が出現していった。

新しい時代では、人生の「レール」も「ゴール」も存在せず、不測の事態に対応しながら自分のちからで道を見つけていかなければならない、とされる。そのなかで、「不登校でも問題なく社会に出ていける」という運動の主張の意味は、受け入れられやすくなっている。同時に、かつては既存の制度に対する抵抗の言葉だったこの主張は、新たな状況のなかでは「不登校であっても、本人のがんばり次第でどうにでもなる」という個人化されたキャリア戦略の響きを帯びていく。

このような、「不登校はリスクだが、それ自体が問題ではない」とする位置づけの変化は、不登校の子どもの権利を擁護する動きに、何をもたらしたのか。不登校の権利擁護のために活動してきた人びとの尽力に敬意を払いつつも、この変化を全体の文脈のなかで考えると、「運動の主張が認められるようになった」と手放しで喜ぶことは、私はできないと思う。そこでは、似た境遇の人びとと支え合う共同性のなかで問題を解決するのではなく、個人のちからで何とか問題状況を脱していこうとする傾向が大きくなっていくからだ。「不登校でも問題なく社会に出ていける」としてフリースクールなど多様なオルタナティブを提案していく方向性が、そうした個人化の流れから距離をとるのは、なんと難しいことだろう。

新たな文脈において必要なのは、「不登校でも問題なく働いて自活できる」と言うのではなくて、「不登校経験があり、その後働いて自活するのが難しい状態にある人もいる、けれども不登校経験がなくても、すべての人にとっても、働いて自活するのは難しいプロジェクトになりつつあるのではないか」と、一段掘り下げた視点から問うていくことではないか。そのうえで、足元にある「私」の人生の困難さに光を当て、そこから「あなた」の困難さを想像し、「私」と「あなた」に共通する構造的な要因に目を凝らしながら、具体的なつながりのなかで「いかに生きていくか」を考えていきたい。不登校・フリースクール運動の源流には、「いい学校に行き、いい会社に就職すれば（そういう人の妻になれば）幸せになれる」という一九八〇年代当時の優勢な価値のもとで、そこから漏れ落ちた「学校に行かない子ども」という存在に寄り添い、その子たちが学び育つ場をともに支えながら、前提とされている価値そのものを問い直すという姿勢があった。その運動の至高の部分を、今この時代的な文脈において継承するならば、無業であったり何らかの「傷」を抱えているなど困難な状況にある人に焦点を当て、そこからつながりを立ち上げていくことが重要だ――居場所Gやづら研の立ち上がりには、そうした問題意識があったと私は思う。

そのように、不登校・フリースクール運動の問題意識を継承するなかで、受け継いできたものもあれば、変えてきたものもある。その一つが、当事者という言葉の使い方である。

私はかつて、不登校を経験した若者を当事者と呼び、その当事者の語りに耳を傾けることで修士論文を書いた（貴戸 2004）。しかしその後発見するに至ったのは、「生きづらさ」に向き合おうとしたときに当事者という概念は極めて使い勝手が悪い、ということだった。その理由は、「生きづらさ」を抱えた存在が社会的弱者として「客観的」に同定しうる属性を必ずしも持たない、という点に関わっていた。「男性」「日本人」などマジョリティ属性を持つ者であっても「生きづらさ」は降りかかってくる。それが、現代的な周縁性のあらわれとしての「生きづらさ」なのである。

けれども振り返ってみれば、不登校という概念自体が、属性ではなく状態を表しており、本人は学校に行くことによってこの状況を過去のものとすることができるばかりか、高学歴を取得することによって過去の「汚点」を上書きすることさえ可能なのだった。こうした点は「女性」や「障害者」などの当事者性とは大きく異なっている。「状況から立ち去ることができない者にこそ、当事者の「資格」がある」（中根 2010：118）という指摘に照らせば、このような存在を当事者と呼ぶことは自明ではない。

にもかかわらず不登校者を当事者と呼ぶことに意味があったのは、「学校に行かないこと」がそれだけで「異常」を指示するような戦後日本社会の〈普通〉のあり方と、そのような〈普通〉をめぐる包摂と排除の闘争という文脈があったからである。不登校は前章で見たような「〈普通〉からの漏れ落ち」の典型的な形態とされ、それゆえに「〈普通〉とは何か」を問い直す討議の場となってきた。

しかし、上述したように、二〇〇〇年代以降そうした文脈は急速に失われていった。もはや不登校は、将来にわたって排除される致命的な経験ではなく、個人がみずからの資源を駆使してよりよい進路へと上書きしていくべき一過性の「汚点」にすぎなくなった。同時に、「〈普通〉からの漏れ落ち」は学齢期後も含んで拡大され、ひきこもりや無業、不安定な就労といった状態となってその輪郭を拡散させていった。それとともに、その人の社会構造的な位置という「客観的」な指標によって当事者性を確定することは困難になり、またそうする意味も薄くなっていった。属性や経験を問わず誰にでも公開された場としてづら研がスタートする背景には、そうした文脈があったと考えられる。

不登校・フリースクール運動を経由して、づら研には「漏れ落ちた者の視点から「〈普通〉＝この社会」を問い直す」という視点が継承されている。それは、周囲から「〈普通〉であれ」と強迫され、みずからも「〈普通〉でありたい」と願いつつ「〈普通〉ではあれない」という絶望を感じる、いわば包摂された側の周縁部という境界的な地点から思考する立場だといえる。本書ではその立場を把持し続けるために、不登校から「生きづらさ」へ、マイノリティ運動から当事者研究へ、という射程と方法の更新を試みようとしている。そうした意味で、本書が対象とするづら研は、マイノリティ運動の継承と再編成という点をべてるの当事者研究と共有している。

他方、不登校を出発点としたことにより、次のような独自性がある。

第一に、人間関係、学校、仕事など「他者や社会とのつながり（にくさ）」が基底のテーマとなる点である。かつて不登校は、精神医療において「思春期の病」であるとされ、未熟な子どもが大人として成熟していく過程における過渡期的な不適応として理解された（稲村 1988）。このような理解は、標準化されたライフコースを想定しえた一九八〇年代までの文脈に依拠しており、現代では妥当性を減じている。他方、安定雇用に就き家族を持つといった「成熟した大人」の像に当てはまらない人生経歴が珍しくなくなった現代では、「私とは何か」「社会とは何か」「人とつながるとはどういうことか」という問いが思春期だけのものとならず、その後の長い人生においてずっと貼りついてくる面がある。づら研では、突き詰めていけばこうした「答えの出ない人生の問い」に至るようなテーマについて、それぞれの暮らしに引きつけながら考えている。

第二に、自己の行動や認知を見直すより「〈普通〉とは何か」を問う姿勢を尊重する。第一の点で述べたように実践的というよりは実存的な問いにフォーカスしているため、具体的な困りごとへの対処は直接的な焦点となっておらず、その意味で解決志向より問い志向といえる。

第三に、特定の属性や状態によって参加者に制限をかけていない。づら研には不登校やひきこもりの経験を持つ人の参加が多いが、それらの経験を持たなくても「生きづらさ」を抱えていると自認する人であれば誰でも参加でき、実際に参加している。上述したように、「生きづらさ」をめぐるテーマは今では不登校・ひきこもりの当事者／経験者にかぎらずあらゆる人が抱えるようになっており、属性や経験で参加者を限定することに意味は薄いと考えられたためである。

第四に、医療・心理・福祉の専門家の関与がない。司会の山下氏とコーディネーターの私は、それぞれ著書があり（山下 2009；野田・山下 2017）大学教育に携わっているが、医師や臨床心理士、社会福祉士などの資格を持っておらず、づら研において職業的な専門資格に基づいて仕事をしているわけではない。報酬も場の維持に関するもののみであり、個々の問題関心に基づいて運営されている面が大きく、その意味で参加者と司会・コーディネーターを分かつ制度上の敷居は低い。

これらを踏まえて、不登校・ひきこもりという問題から立ち上がる「生きづらさ」の当事者研究としてのづら研の実践を説明するなら、以下のようになるだろう。

「不登校やひきこもりをはじめとする「生きづらさ」経験を通じて見えてきた「学校／仕事とは何か」「人とつながるとは何か」「自分とは何か」などに代表される実存的な問いを重視し、そこから派生する各々の人生や暮らしに関するテーマを持ち寄り、他の参加者と語り合いながら、「生きづらさ」がどのように生きられているか、どのように対処されているか、「生きづらさ」を生み出す背景や構造はどうなっているかについて、問い続ける営み」

これが、「新たに応用された個々の場における固有の実践としての当事者研究とは何か」という第三の水準の問いへの答えとなる。

不登校・ひきこもりという固有の場から立ち上がる当事者研究の核心となるのは、結論よりも問いに照準する姿勢である。づら研は問いに始まり問いに終わるといっても過言ではなく、四時間の研究会のあとに「こうすればよい」というような明確な結論が出たことは一〇年以上やっているなかで一度もない。

こうした姿勢には、具体的な行動変容を求める参加者から「参加しても何も変わらない、役に立たない」という反応が寄せられることもある。目の前の生活上の困難に直面している場合にまずその困難について対処することは重要であり、づら研がそうしたニーズに応じえない事実には向き合う必要がある。ただ、就労・就学といった目に見える変化や「嫌なことがあっても前を向く」といった「ポジティブ」な態度が要請されがちな時代において、問うこと自体の価値を共有する場には、ことのほか大きな可能性と意味があるように思うのである。

4　まとめ

以上では、「当事者研究とは何か」という問いを三つの水準に分け、それらの問いを当事者研究が広まる過程での手渡す側と受け取る側との関係性のなかで考えてきた。手渡す側は「他の領域にも応用可能な汎用性のある実践としての当事者研究とは何か」という第二の普遍的な水準においてミニマムに定義しつつ、「べてるで生まれた固有の実践としての当事者研究とは何か」という第一の歴史的な水準による定義を併記するという戦略を採ったが、これは当事者研究の広まりを支えた一方で、当事者研究が実際にどのようなものとなっていくかは、実は「新たに応用された個々の場における固有の実践としての当事者研究とは何か」という第三の水準を考える受け取る側にかかっていた。さらに、当事者論と当事者研究論における当事者という言葉の違いをレビューし、当事者／非当事者を明確に弁別し前者を優先するという当事者論の姿勢が、当事者研究の磁場では有効性を減じていること、他方で当事者／非当事者の連続性を強調する態度が構造的な立場の非対称性を不可視にする危険性を持つことを示した。

これを踏まえ、章の冒頭の問題意識に立ち戻ると、何がいえるだろうか。これから当事者研究に取り組むうえで必要なものとは何だろうか。

まずは、「自分たちが行う当事者研究とは何か」という第三の水準についてきちんと考え、試行錯誤しながら何らかの答えを導き出していくことが重要だと感じる。ルーツとなる理念を知りそれに感銘を受けるだけでなく、足元の文脈に合わせて実践をそのつど作り上げながら、その場から立ち上がってくる批判に耳を傾け葛藤から目を逸らさずに、自分たちの実践を語る自分たちの言葉を産み出し続けていくことが大事だと、自戒を込めて思う。当事者という言葉も、その足元の文脈と照らし合わせながら、つねに考えていくしかない。「専門家も当事者だ」と主張する言語行為が、連帯を意味するのか権力関係の隠蔽を意味するのかは、その場の文脈によるし、もっといえば、同じ場を共有していても、個々の参加者によって異なる意味を持ちうるのだ。

つねに、足元から、考え続けていくこと。それは凡庸な結論だが、実際にはとても難しいことだし、いま一度立ち返ることに意味はあるだろう。現場は一定でなく常に変化し続けており、当事者も当事者研究も、現場のなかから立ち上がってきた概念や実践であるのだから。

注

（1）たとえば、上野の次の記述を参照。「ニーズ論の類型にしたがって、当事者のサブカテゴリーを分類すれば、「承認ニーズ」と「庇護ニーズ」の当事者は、第三者によって判定可能であり、とりわけ「庇護ニーズ」の当事者は、主体化の契機を欠いているから「当事者になっていない」と表現することが可能であろう。これに対して「要求ニーズ」の帰属主体として主体化を果たした者だけを「当事者になる」と、中西・上野は呼んだことになる」（上野 2013：40）。

（2）もっとも、上野が「当事者／非当事者」を明確に区分するのは、あくまでもカテゴリーを作るという言語的実践のレベルにおいてであり、個々の人びとがそのカテゴリーをいかに引き受けるかを時間の幅のなかで考えた場合には、境界の流動性についても触れられている。「当事者宣言」の考察においては、「当事者になる」という集団的カテゴリーへの同一化を果たしたあとの「脱カテゴリー」実践の理論的可能性が指摘されており、仲間を得て社会変革のニーズを打ち出したのちに、カテゴリーに回収されることを拒むようになる個々のありようが示唆されている（上野 2021：255）。

（3）「囲学・管護・服祉」という批判についてはたびたび言及されている（浦河べてるの家 2002：42；向谷地 2018：157-158 など）。向谷地（2018：157-158）には、一九七八年の赴任当時、「精神医療の現状とソーシャルワーカーの役割」というテーマで院内の勉強会で発表するにあたり、同僚である医療関係者に向けてみずからの問題意識を語るために提示した言葉だったことが書かれている。

（4）たとえば松田博幸（2018）は、精神障害を持つ人がスタッフとして雇用される「ピアワーカー」について論じるなかで、当事者による進出が制度の変更を必ずしも帰結せず、当事者と専門家の相互浸透と従来の専門家支配が併存する現実に注意を喚起している。

第3章　づら研はどのような場か

本書の調査対象であるづら研とは、いったいどのような場なのだろうか。本章では、づら研の制度的な位置づけや歴史、テーマなどについて具体的に紹介していく。それをふまえ、「生きづらさ」とは何か、「当事者が集う対話の場」では何が起きているのかを探求していく本書にとって、づら研がいかに適切な対象であるかを論じたい。

1　制度上の位置づけ

づら研は、NPO法人F（大阪市）が運営する一八歳以上を対象とした居場所Gのプロジェクトとして、二〇一一年六月に始まった。居場所Gは、「人が「なにものか」であるに縛られることなく、ゆるやかに関係を結び、さまざまな活動をともにすること」（規約第一条）を目的としている。中心的な参加者たちが書いた「趣意書」には、以下のようにある。

Gで大事にしていることのひとつは、人を役割や経歴で見ないことです。たとえば高学歴だとか低学歴だとか、働いているとか、いないとか……。逆に言えば、外からの失礼な「名指し」に萎縮しないことも大事です。「なにものか」レースにうんざりして、道をちょこっとでも外れると、たちまち「不登校」「ひきこもり」「ニート」「発達障害」などなど、専門家を名乗る人たちから、自分が望んだわけでもない名前がつけられてしまいます。世間には、さまざまな名前で私たちを分類し、区分しようとする動きがあります。けれども、その名指しに、自分自身を乗っ取られてはいけない。自分ではない誰かが貼り付けていった名詞を、みずからの代名詞にする必要なんてないのです。そんな名前を返上して、人と人が出会う場所。Gは、そんな場所であってくれたらいいなと思います（居場所Gホームページ「はじめに（趣意書）」）。

私たちは多くの場合、人と出会うときには「学生」「会社員」など相手の社会的な位置づけを確認しながら関係を作っていく。だが、学校や職場など所属のない人は、自己が「社会的になにものか」を示す一般的な会話ができず、関係づくりが難しくなる。この問題に対し、Gは「なにものでもない」ことと「人と出会い関係を作る」ことは、両立可能だと示していくのだ。

それはまた、居場所というものの意味にも通じる。「就労支援」などの目的を掲げれば、どうしても就労の有無によって参加者のあいだに分断や序列づけが起こってくる。しかし、居場所は「ただいる」ことに特化しており明確なゴールを設定しないため、そうした分断から比較的自由でいら

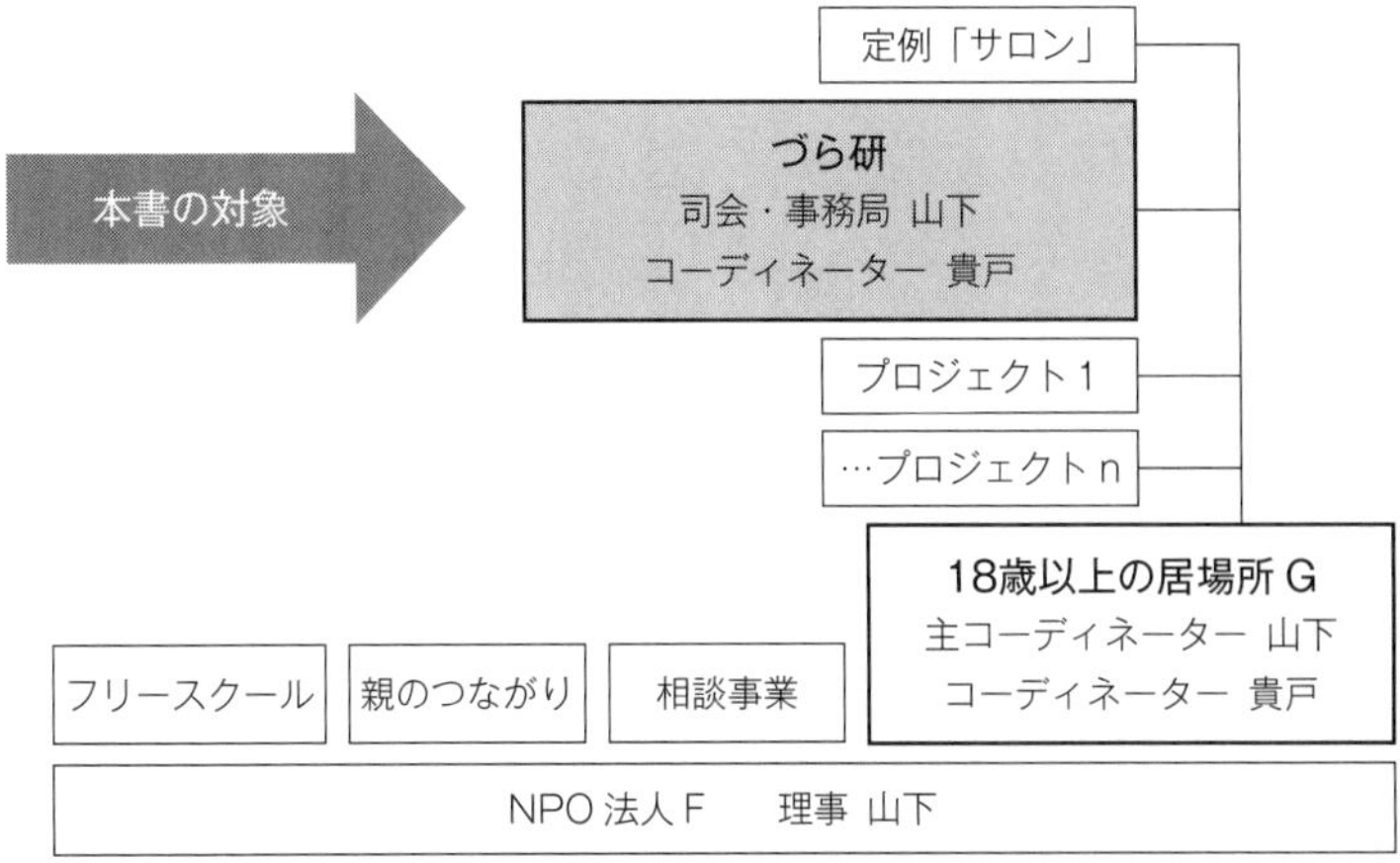

図3-1 づら研の関係団体における位置づけ

れる。Gの「なにものでもなくともいられる場所」という設定は、居場所の特徴をなぞっている。

Gは定例の「サロン」をベースとしながら、参加者の提案に基づいて、インターネットラジオの配信や、茶菓子を持ち寄って「面倒くさいこと」や「生きやすかったこと」などを話す茶話会の開催、ハイキングや美術館への外出、旅行など、さまざまな企画を行っている。本書が注目するづら研は、そうしたGの企画のなかでもっとも古くから長く続いているものの一つである。づら研の関連団体における位置づけは、図3－1のように示すことができる。

づら研の事務局と司会を務める山下耕平氏は、NPO法人Fの理事および事務局長であり、居場所Gの主コーディネーターである。山下氏は、不登校の子どもが集うフリースクールでスタッフをしたり、NPO法人全国不登校新聞社で編集長を務めるなど、不登校・フリースクール運動に関わってきた。貴戸は不登校の〈その後〉を研究テーマとしており、づら研の立ち上げに際して山下氏に声をかけられ、コーディネーターとしてづら研に関わり始めた。その後、居場所Gともつながりができていった。

づら研では、山下氏が事務局としてメーリングリスト管理、ホームページ管理、参加者への連絡、フォローアップ、資料作成、記録作成、予算管理、冊子編集などを担当し、司会として当日の会の進行と議論の調整を行っている。貴戸は主として当日の参加者の発言をホワイトボードに記録するほか、議論の調整や資料の作成も行う。Gのコーディネーターは実質的には山下氏が行っている。貴戸は後述するように、二〇二〇年に役割の見直しをした際、Gにおける役割を明確化するなかで新たにコーディネーターとして位置づけられたのであり、必要に応じて参加者の話を聞くことを不定期に行っているのが実状である。

2 理念

づら研の目的はあくまでも、みずからの「生きづらさ」を他者と共有しながら探ることである。居場所Gの理念を引き継ぎ、就労・就学や症状の改善などの直線的なゴールは設定されておらず、「生きづらさ」を抱えた自己について語り合うことが主な活動内容となっている。

づら研は「生きづらさからの当事者研究会」を名乗っているが、第2章第3節で論じたように、不登校・フリースクール運動を経由した独自の文脈により、精神医療の領域を中心に知られるようになった当事者研究とは異なる特徴を持っている。山下氏によって書かれたづら研の呼びかけ文には、以下のようにある。

人が「生きづらい」というとき、それを本人の問題（発達障害、精神障害etc…）に限定してしまうのは、問題を歪めてしまってます。こんなキツキツの社会で、生きづらくない人なんているのかと思います。しかし一方で、「社会の問題」とばかり言っていても、自分の生きづらさが解けるわけではありません。自分の生きづらさ、抱える「問題」からこそ、〝自分〟を通して見える〝社会〟があり、そこから関係のあり方を模索することができるのではないでしょうか。そこには、自分にしか解けない問いがあるのでしょう。それを「研究」という切り口で、他者と共有していくことができないか。そうした思いから、「生きづらさからの当事者研究会」、通称〝づら研〟を始めます。

ここには当事者研究というキーワードは登場しているが、浦河べてるの家などで使われている「仲間」「自分自身で、共に」などの言葉は出てきていない。その代わり、問題に「個人」と「社会」の両方の観点からアプローチすること、また問題を個人で抱え込まず他者との関係性に開くことに対して「研究」という言葉が使われている。無業やひきこもりといった目の前の問題に取り組むために、当事者研究という方法が導入されている。

またづら研は、興味のある人は誰でも参加できる開かれた場である。誰でも参加できるということは、誰が参加するかわからないということでもある。未知の他者とともに「生きづらさ」について考えるうえで、場を安全に保つため、いくつかの独自の工夫がなされている。

その一つが、会のあいだの言動や姿勢についての明示的なルールの設定である。づら研では以下のような項目が「作法」としてホームページに記載されており、新規参加者がいる場合には原則として会の冒頭で読み上げている。

1．研究は「世のため人のため」ならず。まずは「自分のため」にすべし。
2．生きづらさは自分に閉じこめるべからず、開いて他者と共有すべし。
3．自分にとって痛いことこそ要点なり。
4．他者の表出はていねいに扱うべし。
5．おためごかしは無用のこと。
6．自他を混同しないように気をつけるべし。

ここでは「自分の問題にアプローチする」「他の参加者とともに行う」という当事者研究の基本姿勢が示されている。そのうえで、自己を開示することには痛みが伴うこと、それゆえに他者の言動に十分配慮し受容的に応答することの重要性が確認される。それと同時に、相手の領域に立ち入ることを恐れて表面的な受け答えに甘んじることのないよう、「おためごかしは無用」が設けられている。また、「自他を混同しないように気をつける」は、づら研では普段は語られることの少ない感情や経験が語られるため、参加者が非意図的に相互に共鳴し合い、思いがけない心身の状態に振り回されうることをあらかじめ知らせておくために設定されている。

こうしたルールの設定のほかに、づら研では「カード」が配られている。手のひらほどのサイズの白い紙にイラストとともに「ジャッジは要りませんの」「ひと休みせえへん？」「ズレてます」「発言させておくれ」といった言葉が書かれたものが机に置かれており、「言いたいことがあるが、話に割り込んで話しにくい」というときに掲げることができるようにしてある。実際に使われる頻度は高くはないが、カードが存在していること自体が「人の発言を良い／悪いと価値判断するのは好ましくない」「違和感を差し挟んでもいい」という参加者へのメッセージとして機能しているといえる。

3　会の流れ

づら研は原則として月に一回、月曜日の一三〜一七時に開かれている。開催場所は、公共の会議室や、貴戸の所属先である関西学院大学の教室であることが多い。図3－2は、大阪市内のある会議室で行われたときの参加者と配置である。なお、二〇二〇年四月から二〇二二年には、新型コロナウイルス対策として、感染状況が悪化した場合にはZoomを使用しオンラインで行われた。

もしこれを読んでいるあなたが、初めてづら研にやってきたらどうだろう。以下に、大まかな会の流れを描写してみたい。

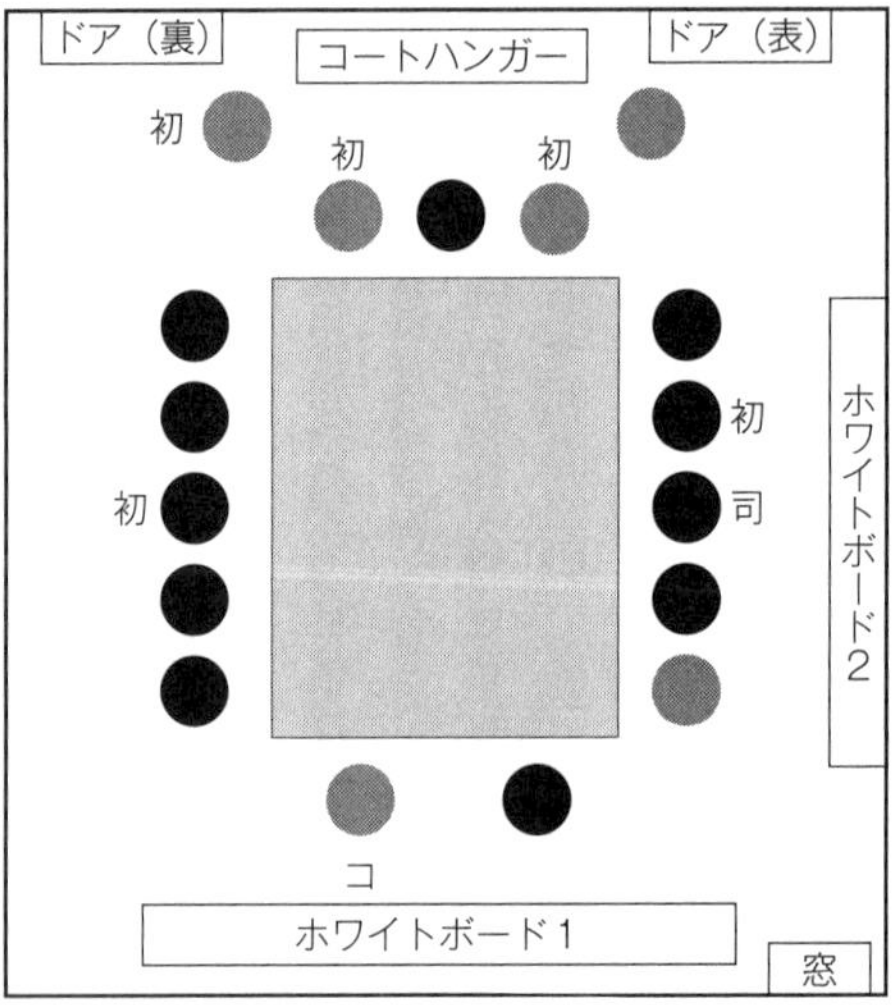

●：女性参加者、●：男性参加者、初：初参加者、司：司会、コ：コーディネーター
参加者：17名（女性6名、男性11名）

図3-2　ある会の参加者と配置

あなたはホームページなどでづら研を知り、メールで参加の意志を伝えて、知らされた会場にたどり着いた。何しろ知人は一人もいない、初めての場だ。どんな雰囲気でやっているんだろう。合わなかったら早めに帰ろうかな……。

ドキドキしながらドアを開けると、「あ、連絡くださった方ですね。どうぞ」と山下氏が声をかけてきた。「どうも」と貴戸も会釈する。机はロの字型で、どこが前かは分からない。「づら研」と書かれたA4サイズの一枚の紙を受け取り、とりあえず入口に近い席に座った。もう開始時刻の午後一時だが、集まっているのは司会、コーディネーターのほかに、自分とあともう一人、二人がいるだけだ。「時間ですけど、もう少し待ってみましょう」と山下氏が言うので、先ほ

ども らった紙を読み始める。呼びかけ、づら研の作法、進行上の留意点、記録に関する確認事項、貴戸の研究について。あんまり読みやすくはないけど、いろいろ決めているんだな。そうこうするうちにだんだん人が集まり始め、「そろそろ始めましょうか」と司会が言ってスタートした。今日は一〇人でやるみたいだ。

「今日は新しい方がいるので、ルールの確認からしていきましょう」。山下氏と貴戸が代わる代わる「づら研の作法」や「カード」について説明していく。説明が済むとカードはテーブルに置かれ、「作法」を印刷した紙はホワイトボードに貼られた。

山下氏がさっそく導入の話を始めた。自己紹介とかはしないんだな。構えていたのであなたは少しほっとする。

「今日のテーマは、「ハリボテの研究」です。以前「イヤの研究」というテーマでやったんですね。不登校なんかだと、「何で学校に行かないんだ」と理由を聞かれることが多いけど、本人としては「とにかくイヤ」という気持ちがまずあって、理由は二の次だったりする。それは「イヤ」という気持ちでバリアを作って自分を守っているんじゃないか、という話からスタートしました。そうしたら、「イヤという素直な気持ちを出すのは難しい」「バリアを作って自分を守るというより、偽りの仮面を付けて本当の自分が見透かされないようにするのに必死」という意見が出ました。だから、今日はそこのところ、「自分を普通に見せようとか、よく見せようとして、つぎはぎなハリボテで覆ってしまう」という問題について考えてみたいと思います」

なるほどそういう流れか、というか、そういうことを話す場なんだな。あなたは納得する。山下氏が「こういう経験は自分もある、という人はいますか」などと発言を促すと、一人の参加者が口火を切った。「自分の場合は……」。貴戸がホワイトボードにその日のテーマを書き、発言内容を簡単にメモしていく。他の人たちは静かに聴いていたり、質問したり、自分の話を始めたり、いろいろだ。内容も、日常の話もあれば、不登校やひきこもりなど普段はなされない話もある。ふうん、そうなんだ。そんなことまで話すんだ。少しテーマとズレているような気もするけど、誰も突っ込まないってことは別にいいんだな……。しばらく聴くだけにしておこう、とあなたは慎重だ。

山下氏は時折介入し、「こちらからも聞いてみますね。答えたくなかったらムリに答えなくても大丈夫です。○○さん、いかがですか？」などと話を振ることもあった。しばらくして、あなたも「どうですか？」と促された。おずおずと思ったことを言ってみる。「なるほど、そうですね」と反応があり、うなずいている人もいた。通じた、のだろうか。不思議な雰囲気にまだ慣れないが、少なくとも「変だ」とは思われていないらしい。話はまた次の人へ流れていく。司会・コーディネーターも、テーマについて自分の経験や感覚を話していた。板書は徐々に増えていき、関連ある発言同士が結びつけられ、キーワードにアンダーラインが引かれていった。

そうこうしているうちに午後三時を過ぎ、一〇分の休憩が差し挟まれる。参加者はトイレに立ったり飲み物を買いにいったり、おしゃべりをしたりして過ごしている。「よかったらどうぞ」。一人の参加者があなたのところにお菓子を回してくれた。

「ではそろそろ始めましょうか」

司会が言って、後半が始まった。会が始まったあとに来た人もいて、気づけば一二人になっていた。前半の振り返りを、山下氏がダイジェストで紹介している。

「今日は初めての人もいるので、自己紹介をしましょうか。名前は呼ばれたい名前でいいです。言えることだけで大丈夫です」

そうか、途中から来る人もいるから、このタイミングで自己紹介をやるんだ。促され、参加者たちは順々に自己紹介をしていった。名前だけの人もいる一方で、少し詳しく話す人もいた。

「過去にひきこもっていた経験があります。ずっと「こうでなければいけない」という自分のなかでの強いとらわれのようなものがありました。ひきこもりから抜け出したきっかけは、インターネットを介して友だちができたことです。外に出ようと思い、デイケアで就労支援を受け、派遣で働き始めました。でも職場では、指示を聞いてパッと状況を判断することが難しく、周りと同じようにいきません。行き詰まりを感じつつも働くのは続けています」

三〇代くらいの男性が話す。

五〇代くらいの女性は、次のように話した。

「大学生の息子がひきこもっています。私も勉強しなきゃと思っていろんな場所に行っています。今は見守る時期だと思っていますが、当事者の気持ちを聞きたいというのと、息子がつながれる場があればと思い参加しました」

「大学生です。山下さんが大学でやっている授業に興味を持って、外部でづら研をやっているという話を聞いて、参加しました。大学生同士のノリを合わせるコミュニケーションやSNSの作法などにしんどさを感じています」

二〇代くらいの女性はそう話した。

「高校のときに不登校になり、海外を放浪しました。外国で仲良くなった人に刺激を受けて大学に進学し、卒業後に会社勤めをしますが、仕事が合わなくて辞め、実家に帰って数年ひきこもっていました。今は貧困支援や就労支援をしているNPOに関わりながら、仲間とシェアハウスに暮らしています。活動はしていますが、仕事とはいえないので、ニートかなと思います」

そう言ったのは別の二〇代くらいの男性だ。

いろんな人がいるなぁ。あなたは自分の姓を少し変えた仮名を名乗り、「ネットで知って、今日はたまたま時間があったので参加しました」と話すにとどめた。

後半の話し合いでは、「今まで出たしんどさの背景には何があるのか」「しんどさをやり過ごすためにみんなどんな工夫をしているのか」など、前半に関連して少し違う角度から話が進んだ。参加者の自発的な発言は増えているように感じられ、あなたも「ちょっといいですか」とおずおず手を挙げて思ったことを言った。ホワイトボードは二枚目、三枚目と進んでいく。

そうこうしているうちに、もう四時四〇分を過ぎた。さすがに疲れてきたな……。あなたが時計をちらちら見始める頃、山下氏が「あとほかに、何かありますか？　なければそろそろ次回のテーマと日程を決めましょう」と切り出した。テーマが決まり、会が終わると、その日の会費五〇〇円が回収された。

終了後は、ホワイトボードを消してゴミを片づけ、机の配置を元に戻した。ホワイトボードを写真に撮っている人もいる。そういえば、初めにもらった紙に、個人的な記録のためホワイトボードを撮影するのはOKであること、個人の感想などをSNSなどに発表することも自由だということが書いてあった。ただし、づら研の場で見聞きした他の参加者のプライバシーはその場だけにとどめること、プライバシーというほどでなくとも具体的な発言について発表する際にはメーリングリストに事前に告知して許可をとることがルールらしい。飲み会などはなさそうで、そのまま解散になった。

これが、二〇二二年三月現在のづら研の流れである。人数はたいだい一〇～一五人であり、男女比は三～四：七～六で男性のほうが多い。二〇～四〇代がメインだが、より年配の人も参加している。その後、会費が三〇〇円に引き下げられたり、次回テーマ決めと振り返りに割く時間を増やしたりといった変更はあったが、概ねこのように進んでいく。

4　テーマ、やり方

づら研の開始から二〇二二年八月現在までのテーマを列記したものが巻末（付録）の「「生きづらさからの当事者研究会」テーマ一覧」である。

これらのテーマは、人が他者や社会とのつながりまたはその不在のなかで経験する、さまざまな生きづらさに関わっている。その内容を、「個人」に関わるもの・「社会」に関わるもの・「関係」に関わるものという三つの方向性のなかに配置してみると、図3－3のようになる。

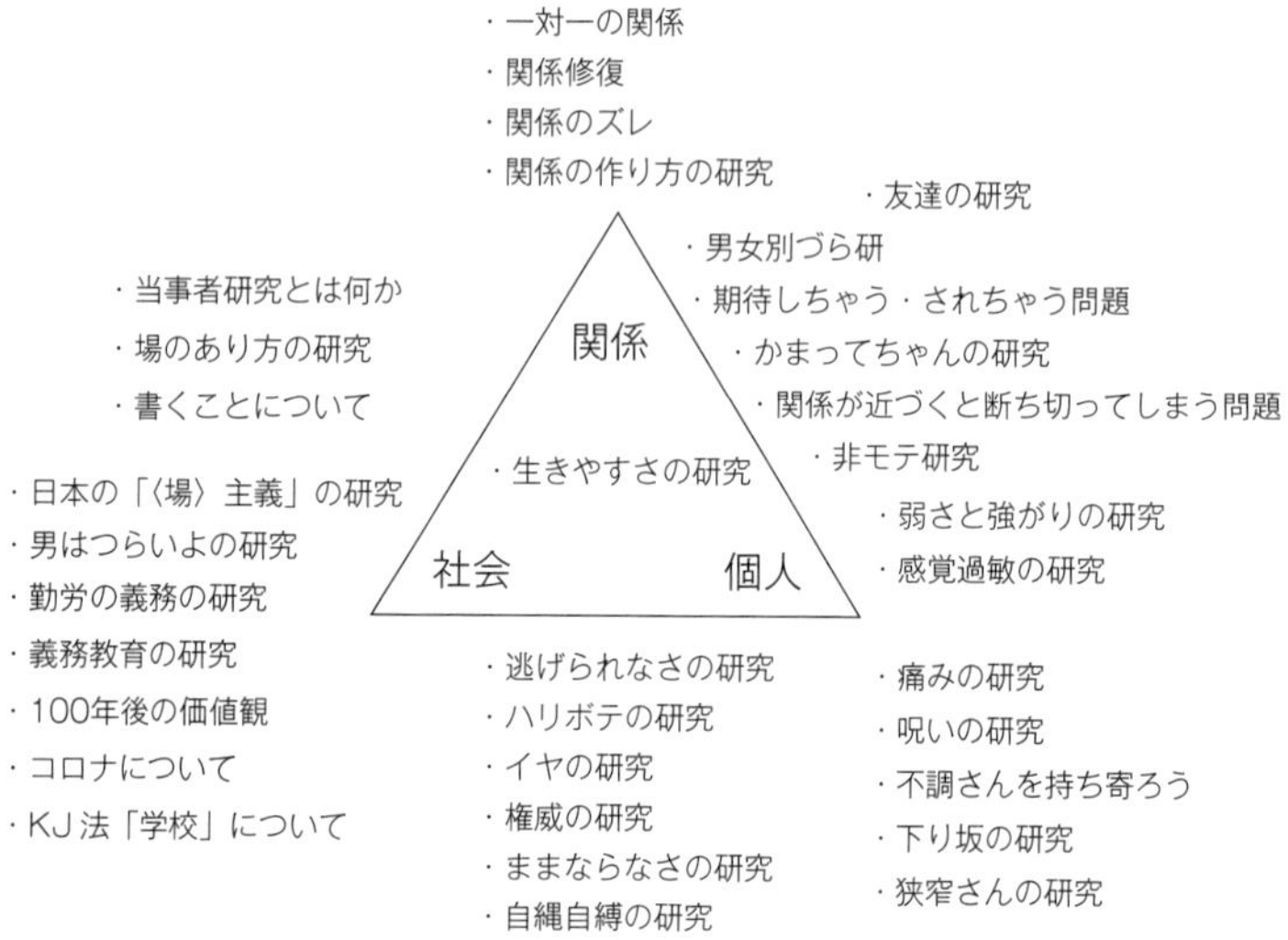

図3-3　づら研のテーマ・内容別の配置

「個人」に関わるものとしては、「感覚過敏の研究」「痛みの研究」など個々の身体性に着目したものや、不登校・ひきこもり、親との関係など個人史にフォーカスした、多様なテーマの個人レポートなどがある。「関係」に関わるものでは、「関係の作り方の研究」「一対一の関係」「関係修復」「関係のズレ」などが行われてきた。「社会」に関わるものは、「勤労の義務の研究」「義務教育の研究」「一〇〇年後の価値観」「コロナについて」などがあった。

また、それぞれの中間に配置される研究もある。「個人」と「関係」のあいだには、「かまってちゃんの研究」「男女別づら研」「期待しちゃう・されちゃう問題」「関係が近づくと断ち切ってしまう問題」などがある。「個人」と「社会」のあいだにあるのは、「ハリボテの研究（社会で求められる姿に見えるよう仮面をつけることについて）」「イヤの研究（社会で求められる在り方がどうしてもイヤであることについて）」「呪いの研究（「こうでなければばならない」と思わされていることについて）」などである。「関係」と「社会」のあいだには、「場のあり方の研究」「当事者研究とは何か」といったづら研という場自体を問い直すようなテーマや、「男はつらいよ」「書くことについて」など個別の関係性と社会構造の両方にまたがるようなテーマが配置される。

このように、づら研のテーマは、個人の解釈や行動だけでなく、それが生じる背景となっている居場所や当事者研究について反省的に問い直したり、「働いて自活すること」を人らしく生きるための唯一の道だと錯覚させる社会の構造について考えたりできるよう、複層的に設定されている。

やり方は、これまで、「個人レポート」（発表を担当する参加者が自分の「生きづらさ」についてレポートを書き、それをもとに話し合う）、「テーマトーク」（「逃げられなさの研究」などその日のテーマを決めて全体で話し合う）、「KJ法」（「学校」「働くこと」などさまざまなテーマについて思いついたことをカードに書き、模造紙に広げて内容を分析する）、「ミニ講義＋トーク」（貴戸がジェンダーや教育格差などについて簡単に講義し、話し合う）、「出前づら研」（他団体から声がけがあった場合に有志参加者が現地まで「出張」し、づら研を行いつつ交流する）、「ゲストを招いた公開づら研」（不登校・ひきこもりなどのテーマに関するゲストを招き講演会や対話を行う）などがあった。二〇一六年以降はテーマトークが主流となり、先の「会の流れ」の記述はこれに基づいている。

5　づら研の歴史

二〇二二年現在、づら研の歴史は四つほどの時期に分けて捉えることができる。

第一は、二〇一一年から二〇一二年にかけての「草創期」である。居場所Gのプロジェクトとしての側面が強く、参加者はもともとGに通っている二〇代のメンバーが中心であった。そうした参加者たちのあいだには関係性の蓄積があり、その信頼をベースに主として個人レポート形式がとられていた。また、貴戸や山下氏の大学での授業を通じて知り合った学生の参加もあり、彼ら・彼女らも個人レポートを書くことがあった。この時期には他にもさまざまなやり方が試され、KJ法、ミニ講義＋トーク、出前づら研、公開づら研などが出てきた。この時期のテーマは、個人レポートによって個人史が焦点化されたこともあり、親との関係やジェンダーなどが一定の割合を占めた。

第二は、二〇一三年から二〇一五年頃の「発展期」である。個人レポートを基本形としながらも、それまでとは異なり、貴戸や山下氏が一人の当事者の立場からレポートを書いたり、テーマトークを行ったりする回が出てきた。居場所Gのメンバー以外にも、他の団体から紹介されたりホームページを見たりして来た新規参加者のなかから定期的に参加する人が現れ始め、参加者の多様化が進んだ。そうした参加者の背景は、所属を持たない人だけでなく、大学院生や支援者のような人もおり、年齢の幅も広がった。この頃レギュラー参加するようになった人たちは、初期参加者とともに、現在のづら研を形づくったといえる。この時期には、「自意識過剰」「評価」「自信のなさ」「怒ること・怒られること」など第三期に引き継がれていくテーマが現れていく。

また、他団体からの声がけを受けて出向く出前づら研もたびたび行われるようになり、当事者研究をしている団体として少しずつ知られるようになってきた。当事者研究に注目する時代的風潮もあり、毎日新聞や朝日新聞の記者が取材のために参加することもあった。

さらに、貴戸は二〇一四年四月から二〇一六年三月まで南オーストラリア州のアデレード大学に留学し、その間づら研には季節の逆転した南半球からSkypeでの参加となった。二〇一五年九月にはづら研の有志メンバーがアデレードに滞在し、ともに現地のオルタナティブ・スクールなどを訪れた。このときの経験をベースに二〇一五年一〇月の定例会ではオーストラリア訪問の報告が行われた。

第三は、二〇一六年から二〇一七年にかけての「成熟期」である。第一期からのレギュラー参加者と第二期からのレギュラー参加者が混在して議論が充実し、貴戸も帰国して、「山下氏による司会と貴戸による記録」という役割分担ができていった。

テーマは「(視野)狭窄さん」「逃げられなさ」「分極さん(「白か黒か」と極端な考え方になってしまうこと)」「等身大」「イヤ」「ハリボテ」など、日常的な経験を独自の視点から切り取り、議論が深まることも増えてきた。二〇一六年には、立命館大学の学生が映像作品のテーマにづら研を選び、づら研に定期的に参加しながらビデオ撮影していくこともあった。

第四は、二〇一八〜二〇二二年の「再構築期」である。この頃になると、居場所Gの参加者でもあるづら研の初期参加者がおおむね三〇代となり、自分なりの仕事を見つける人や、家庭を持つ人、障害者手帳を取得し作業所に通う人などが現れ、徐々にGやづら研から距離を置き始めた。第二期以降のレギュラー参加者を中心に新規参加者に開かれながら運営していくなかで、当初は存在していたGの参加者にのみ通じる話で盛り上がる内輪受けのようなやりとりは減少し、普遍性が高まっていった。

二〇二〇年から二〇二二年にかけては新型コロナウイルスの影響を受け、緊急事態宣言中に一回休会したほか、オンラインで開催した会が七回、リアル・リモート混合の会が一回あった。非対面では司会の負担が増加するほか、「司会と個人のやりとり」が増え参加者同士の相互作用が減り、偶発性が生じにくく、づら研のよさは数割減であった。

このように振り返ってみると、居場所Gに付属するプロジェクトとしてスタートしたづら研が、その時どきの参加者の課題や社会的課題に取り組みつつ、他団体と緩やかに協働するなかで、精神医療の領域を中心に知られる当事者研究からも、居場所Gからも距離を置く、独自の「生きづらさについて語り合う場」として成立するようになっていったことが分かる。

6　なぜづら研なのか

以上に見てきたように、づら研は、不登校の子どものフリースクールや生きづらさを抱えた大人の居場所に併設された当事者による対話の場であり、背景には不登校・ひきこもりの居場所づくりの思想がある。それと同時に、公開の場であり、趣旨に賛同する人なら属性や経験を問わず誰でも参加でき、多様な「生きづらさ」を抱える人が集まるという特徴を持っている。また、一〇年以上の歴史を持ち、試行錯誤のなかでやり方が模索され、さまざまなテーマが設定されてきた。これらの点を併せ持つづら研は、「生きづらさ」に関する厚みあるデータを収集するのに適した対象だといえる。

第4章　「生きづらさ」とは何か

本章では、まずは、づら研において「生きづらさ」が実際にどのようなものとして語られているかを、フィールドデータから見ていく。ここから見えてくるのは、本人の主観的世界において認識され、言葉にされた「当事者にとっての生きづらさ」である（第1節）。次いで、そうした主観的な「生きづらさ」がいったい何であるのかを、既存のカテゴリーを使いながら一般にも理解可能なものへと再解釈していく（第2節）。

目指すのは、「生きづらさ」を感じながら生きている人びとと、「自分には関係ない」と感じている人びととのあいだに橋をかけることである。

本章のデータは主として、ホワイトボードおよびオンラインの回のホワイトボード代わりのメモの記述と、冊子『づら研やってます。』vol.1～4、参加者へのインタビューである。資料の詳細は序章第2節（2）を参照してほしい。

1　現れる「生きづらさ」

づら研において語られる「生きづらさ」は、大まかに（1）個人の特性や状態によるもの、（2）関係によるもの、（3）制度や社会構造によるものに分類することができる。これらは相互に関連しており問題を経験する個人にとって切り分けできるものではないが、ここでは「生きづらさ」とひとくくりにされているものがどのような特徴を持つかを理解するために、あえて上記のような側面から分節化してみたい。

（1）個人の特性や状態によるもの

第一の個人の特性や状態によるものには、病や障害による心身の症状をはじめ、コンプレックスが強い、理想を求めすぎてしまう、将来を悲観してしまうといった内的な状態や、「自分とは何か」「生きるとは何か」といった実存的な問いなどがある。また、疲れて起き上がれない、どもってしまう、動悸がするといった身体状態も含まれる。

①実存的な苦しみ

引きこもって鬱々と毎日を過ごしていた時期に、いつも死ぬことだけを考えて過ごしました。来月までに死のう、来年までには死のう、そんな風に考えて過ごしました。でも結局死ねませんでした。死ぬのはなかなか大変だなと実感しました。それから「死ねないのだから死ぬまで生きるしかない」と考えるようになりました。[…] 高校受験のとき、時間は進学のためにありました。働いているとき、時間はお金のためにありました。進学やお金はそんなに大切なことだったのでしょうか。自分にはよく分かりません。よく分からないけど、今でもその価値観に縛られて時間を過ごすことが不自由に感じることがよくあります。自分の生きづらさは時間です。（二〇一二年『づら研やってます。』vol.1、一八頁）

これは参加者のJさん（二〇代男性）による「レポート」からの抜粋である。Jさんは、高校受験のために必死に勉強したあと、入学後に学校に行かなくなり、ひきこもる生活となった。上の語りにみられるJさんの「生きづらさ」は、「物理的に時間がたくさんあっても「〇〇するための時間」という価値に縛られて自由に過ごせない」ということだった。

ひきこもり経験者へのインタビュー研究では、当事者がしばしば「自己とは何か」「生きるとは何か」という実存的な問いに出会っていることが指摘されている（石川 2007；関水 2011）。づら研の参加者においても、こうした問いを持つ人は少なくない。実存的な問いは人間という存在の前提を問うが、そうした問いを持っていること自体が、その前提を自明としながら回っている現実の社会関係をぎくしゃくさせてしまう面があり、「生きづらさ」の感覚につながっていく。

②個々の身体性についてのしんどさ

何らかの発達特性を思わせる身体感覚の過敏さについての語りもある。

小さい頃は子どもの「醸す」身体性がすごく苦手だった。幼稚園くらいに周囲の園児たちのむんむんした空気が怖かった。その後、言葉を覚えるようになると世界が安定した。「田んぼに行って楽しむ」とかが分からない。いろんな感覚が襲ってきて気持ち悪くなる。そんな自分をどうかと思うこともある。外に出るときはイヤホンをして外界をシャットダウンする。仕方がないけど、それってどうなんだろう、とも思う。(「コロナについてPart2」ホワイトボード(以下、WB)代わりのメモ、二〇二〇年)

ここでは、周囲には理解してもらえない感覚過敏と、それに対応するためにやむをえず「外界を遮断する」という方法をとることでいっそう周囲とのコミュニケーションから遠ざかってしまうことへの懸念が語られている。

さらに、統合失調症の診断を受けているKさん(二〇代男性)は、「怒られるのが怖い問題」というテーマの回で、自分の身体感覚について以下のように書いている。

K(自分)の場合は、まず怒られた瞬間に、心臓部分が急激に縮みあがり、体温がグッと下がる感覚になる。文字通り血の気が失せて青ざめて行く感じだろうか。[…]そのとき、とっさの判断力も鈍ってしまうのだ。だからイエス、ノーにだけ小首を揺らすだけで、何も言えなくなる。ただ相手の怒りのインパクトに身をドコドカ打たれている感覚だけが、身体にこだましてる状態だ。とにかく、怒られた瞬間に、Kの場合はまず身体に急激なショックが走り、ひどい場合だと意識がクラクラする。目の前がチカチカする。(二〇一九年『づら研やってます。』vol.4、三〇頁)

ここでは、怒られるという経験が、何に対して怒られているのか、その怒りが正当か不当かといった問題に先立って、身体的な衝撃として降りかかってきていることがわかる。

また別の回では、身体感覚の固有性について下記のようなさまざまな発言があった。


人の話が聞き取れない。聴力には問題ないのに、聞けるときと聞けないときがあり、よく怒られて困ってしまう。物心ついた時からずっとそうだった。音は聞こえるが、意味がとれない。

息子は音に敏感で、「聞こえる」と言うが、他の人には聞こえない。病気ではないかと不安になる。息子は匂いにも敏感。皮膚感覚も敏感で、風呂に入るのも大変。

疲れると物の輪郭が光って見える。

くもの巣が、すごいきれいな造形物でおもしろいと思っていたのに、全然知らない人の顔のように見えて怖くなった。

（以上「感覚過敏の研究」WB、二〇一八年）

こうした身体感覚の特徴は、学校や職場、支援現場などでは話題になりにくいが、しばしば圧倒的な質量で本人のしんどさを規定している。

③社会規範の内面化と自己否定

家庭、学校、職場、支援現場、友人関係などさまざまな場面で、「このようにすべきなのだろう」と他者の期待を読み、「それができない自分はダメだ（と思われているのではないか）」と怯える。そうした他者のまなざしの内面化からくるみずからの抑圧は、よく語られる「生きづらさ」の一つだ。

たとえば、ある回では、自分の言動や気持ちを縛る「呪い」となっている世間的な価値として、次のようなことが挙げられた。

人に頼ってはいけない。

人並み／普通でいなければならない。

収入がなかったり少なかったりすると、生産性のない人間だと思われているような気がする。

うまいこと言わなければいけない。

周囲によく「楽しんでる？」と聞かれるので、明るいテンションでいなければならない。

（複雑な経歴について）分かりやすく話さなければならない。

（以上「呪いの研究：出張バージョン」WB、二〇二〇年）

これらは、自立や自己責任を強調する抑圧的な社会通念や、対人コミュニケーションにおける「暗黙の了解」であり、参加者たちは「そうすべき」と迫る周囲のまなざしを内面化している。だが、規範を内面化しているからといって実際にそのように振る舞えるわけではない。

（「普通に働くこと」などを）周囲から求められても、自分はできないし、したくない。そのことが苦しい。（「呪いの研究：出張バージョン」WB、二〇二〇年）

自分と「理想とする自分」とのギャップがある。現実の身体を持つ自分が、理想の〈ジブン〉と違うので、いじめちゃう。「弱音を吐くな」「動くべき」などと語りかけてくる「できねばさん」がやってくる。「今を逃したらダメ」という強迫観念があって、心臓がバクバクしたり、胃がキリキリしたりする。（「場のあり方の研究」WB、二〇一九年）

このような「不器用さ」を持ちながら学校や職場に身を置き続けるとき、しばしば行われるのが、自己を分裂させて対処することである。

「本当の自分」と「発泡スチロールでできた自分」がいる。（「ハリボテの研究」WB、二〇一七年）

昔はがんばって周りに合わせていたけど、もう止めた。今は自分と周りのあいだに「壁」を作っている。ウィークデイは普通に仕事に行くが、休みの日は「みんな死んでしまえばいい」と思ってひきこもっている。（「身体性と言葉」WB、二〇二〇年）

複数の自己を持ちその場に応じてふさわしい自己を現出させることは、多くの人が日常的に行っている。上記の発言もその延長上にあり、質的に断絶したものではない。だがここでは、自己を使い分けることの本人にとってのコストが、通常の場合に比して極端に大きくなっていることに注意する必要がある。それは、休日をひきこもって過ごさなければ埋め合わせられないほどの、大きな負担となりうるのだ。

このように学校や職場で生きるコストが増大する背景には、それまでの人生におけるさまざまな経験のなかで、本人が「周囲は自分を評価せず、不可解なもの、異質なもの、一段劣ったものと見なしているのではないか」と感じさせられていることがある。

自己肯定感が低いので何か言われると「指摘された」「自分を否定された」と思えてきてしまう。

「見捨てられたらどうしよう」と思い、つい相手に「今、不機嫌になった？」などと聞いてしまう。

（以上「呪いの研究：出張バージョン」WB、二〇二〇年）

そこでは、学校や仕事との接触場面で培われた不安がさらに学校や仕事との接触のハードルを上げる、という負の循環構造が生まれやすく、「生きづらさ」の感覚につながっていく。

（2）関係によるもの

第二の「関係によるもの」には、恋愛、家族、職場、学校、自助グループや支援機関などさまざまな場での人間関係をめぐる「生きづらさ」が含まれる。それはコミュニケーションの問題である場合もあるが、虐待やいじめなど暴力が関与している場合もあり、その両者の線引きが本人にも曖味であることも少なくない。

①親子関係

親子関係については、身体的な暴力を伴う明らかに虐待的な関係性が語られることがある。以下は、Lさん（二〇代男性）の「レポート」からの抜粋である。

母親の教育熱は加熱していた。当時、私が通っていた中学校では、中間・期末テストの成績には学年での自分の順位が記載されていた。もちろん母親はそれを執拗に気にした。わずかな順位の上下に彼女は一喜一憂していた。順位が下がったり、点数が低かったりしたら、母親は激昂し、わめき散らしながら私を叩きまわした。しかし、この時点で、私は、母親の私の成績へのこだわりが異様であるということに気づいていなかった。ただ、成績が低ければまた叩かれると怯え、母親にわめかれ叩かれても泣きながら許しを請うだけだった。（二〇一三年『づら研やってます。』vol.2、三二頁）

ここにみられるのは、息子の学業成績が悪いと暴力を振るう母親の姿である。類似した語りは少なくなく、子のほうは自己を抑圧して親の期待に応えた結果燃え尽きてしまったり、思春期を経て力関係が逆転したことを契機として子による暴力が生じる場合もある。

暴力的な家族関係の背後に、貧困があるケースもある。第5章第1節に登場するAさん（四〇代女性）の家は父親がギャンブルやアルコールにのめり込んで働かず、生活は苦しかった。父親は母親を殴っており、母親はAさんに暴力を振るった。暴力から逃れるため、中学になると家出をして友人宅を泊まり歩くようになった。当時の様子を、インタビューでAさんは次のように語っている。

私すごく耳がよくて、母親と父親の足音とか自転車の止め方とかで帰ってきたことが判断できるんですよ。そのとき（友人宅の）二階に住んでいたんですけど、一階の自転車の止め方、「キキーッ」っていうのでもう「母が来た」っていうのが分かるんです。それで、そのときも、恥ずかしいから友人たちにベランダに隠れてもらって。で、母親が来るんですけど、一方的に殴るんですよ。そのときに、初めてベランダに隠れている友達が見るわけなんですよ。今までは家族だけで、みんなが麻痺した暴力のなかにいたのに、初めて友達がそれを見てびっくりするわけなんですね。「いつもあんなのされてたの？」みたいな。私にはそれがむしろびっくりで。「え、みんなされてないの？」みたいな。（Aさん、インタビュー、二〇一九年）

暴力のなかで育ったAさんにとっては、親の足音や自転車の音は危機を知らせるアラート音であり、暴力を受けることは日常の延長だった。

他方で、分かりやすい暴力はないが、緊張感を抱えた家庭もある。Mさん（二〇代男性）の父親は「真面目な勤め人」だったが、酒を飲むと「狂気のような怒り」にとりつかれた。

いつ、どんな理由で怒りを爆発させるかわからない父親だった。私も私の母も姉も、家にいる時は父の機嫌を最優先に行動しているかのようだった。それでも父が何かをきっかけに物凄い剣幕で母を怒鳴り始めると、私はまるでこの世の終わりのような気持ちで、気まぐれな父の怒りが治まるのをただ待っている事しかできなかった。これが私の家の日常だった。（二〇一五年『づら研やってます。』vol.3、一九頁）

そうした状態のなか、Mさんは「両親に対する無力感と、自分の人生に対する諦念」を育てていき、高校時代に学校に行かなくなったのをきっかけに、ひきこもるようになっていく。

さらに、家族関係が安定していても、そのときの本人の心身の状態との関連において、家族をめぐる「生きづらさ」が抱えられることがある。Nさん（二〇代女性）は、家庭の事情やいじめ、学力不振など明確な理由はなかったが、学校という空間へのなじめなさを抱えて小学校から不登校となった。以下は、学校に行かず仕事をしていない状態のNさんが雑記に綴った母親との関係である。

自分の内側で、何かがはじける音を聞いた気がする。気がつけばほとんどパジャマに近い家着のまま、上着だけを羽織って家を飛び出していた。［…］車で迎えに来た母に、私はそれでもまだ「家に帰りたくない」と泣きながら駄々をこねた。母の折衷案で、自宅のガレージまで帰り、それでも家には入らずに車の中で母と話した。想いは、幾重にも絡まって、いつもうまく言葉にならない。言葉になったとしても、それは母へは届かない。［…］「私はお母さんに復讐したいのかもしれないよ」「そうだね。貴方はお母さんに傷つけられた分を傷つけ返してるんだね」あれ。また違う意味で伝わってしまった。「お母さんは精一杯やってるのに。お父さんに、お前が甘やかすからいけないと言われながら、それでも貴方のことを理解しようと精一杯やってきたのに。これ以上どうしろっていうの」母は泣き崩れて車から飛び出し、一人我が家へと帰っていった。（二〇一二年『づら研やってます』vol.1、五〇―五一頁）

ここでは親は暴力的ではなく、子に関心を向け、受容的であろうと努めている。だが関係はうまくいかない。家族以外の社会関係を持ちにくい状態の本人にとって、受容的な家族はときに唯一の「思い」をぶつける相手となり、バランスの悪い関係が反復されることは、しばしば起こることである。

また、親の立場の参加者からの発言もしばしばみられる。

七歳の娘が殴ったり蹴ったりする。「その行為は嫌、でも存在は全肯定」と伝えている。内気で大人しい娘。周囲は「家庭に問題がある」と言う。親としてしんどい。（「ままならない波の研究」WB、二〇一七年）

（不登校の）中一の息子との親子関係が、閉じた二者関係になっている。（「身体の受容の研究」WB、二〇一八年）

大学を休学している息子がいる。大学生は恋愛話が多くて苦しいという。（恋愛の話についていけないことが）自己否定に結びついてしまう。被害妄想的になっているようにも思える。自分のほうも、嫉妬がうつって、うまくいっている子の母に嫉妬してしまう。（「渦中のやり過ごし方について」WB、二〇二〇年）

親の立場の参加者は母親が多いが、父親もいる。子どもとの関係性において親自身も「生きづらさ」を抱えていることが共有されていく。

②同年齢集団との関係

同年齢集団との関係のなかで、孤立感が深まるケースもある。以下は、高校時代に学校に行きづらくなり保健室登校をしたのち進学した大学生（二〇代男性）の、大学での友人関係における生きづらさである。サークルやアルバイトにいそしみ恋人もいる一見何の問題もなく見える大学生活でも、ふとしたきっかけで自己が不安定になり、人間関係が途切れてしまうことがある。

他人に頼らないようにしようと、我慢しようと、押さえつけようとしても無理だった。頭が割れそうなくらい、脳みそが内側から壊されていってるんじゃないかというくらい痛かった。世界が歪んで見えた。大げさかもしれないがそのくらいつらかった。苦しかった。そのあとやってはいけないと思ってはいたが、抑えきれずにその気持ちをＳＮＳで吐きだしてしまった。案の定サークルの先輩からおもいっきり叩かれた。余計しんどくなったし、つらくなった。痛みは増すばかりだった。そして何もできない状態になった。そのためバイトもみんな休んで実家に帰ることになった。一週間ほどして持ちなおったが、またしんどくなった。被害妄想や死にたい気持ちでいっぱいになった。そしてまたオーバードーズしてしまった。それがきっかけで何もできなくなり、信じられなくなり、当時の友だち、サークル、バイト、大学入ってつくりあげたすべての人間関係が切れた。というより自分から切ってしまった。自分はいない方がいい人間なのだと感じた。自分なんて他人と関わらない方がいいし、みんな自分のことを嫌っているんだと考えていた。（二〇一三年『づら研やってます。』vol.2、四二—四三頁）

友人、サークル、アルバイトといった人間関係をつくりながらも、不安定な自己は、ふとしたきっかけでしんどさを抱え、関係を壊すように行為してしまう。

また、学校における同年齢集団は、しばしば「いじめ」という暴力的な関係を帰結することがある。

中学校の前半はいじめを受ける日々が続いていた。初めは言葉での冷やかしが多かったが徐々にエスカレートし、一時期は殺されかけるくらいの暴力を毎日のように振るわれた。（二〇一三年『づら研やってます。』Vol.2、一一六頁）

小学校五年生のときに、林間学校の風呂場でいじめを受けた。性的なものがからんだ。［…］小学校六年生の修学旅行に行く前夜に、親に林間学校のときに性的ないじめを受けたことを打ち明けた。母親は、「強くなりや」と泣いた。結局、修学旅行には行った。そのときは何もなかった。それ以来、親とその話はしていない。（二〇一九年『づら研やってます。』vol.4、四七頁）

また、同年齢集団の関係性のなかで傷ついたとしても、それを「いじめ被害」と定義できるかが曖昧な場合もある。「呪いの研究」では、次のような発言があった。

小一でいじめにあった。父親は「イヤならイヤと言え」と言った。だが「これは被害なのか？」と自分の感覚に自信が持てなかった。

明確な被害体験ではない「いじり」「からかい」は語りにくく、くすぶりやすい。

（以上「呪いの研究」WB、二〇一九年）

このような、友人関係を相互性のあるものとしてではなく、自己が一方的に馴染まなければならない何かと捉えることは、同調圧力が強い日本の学校空間における適応の一形態という側面もあるだろう。そうしたなかでの漫然とした傷つきは、明確な被害−加害の関係を伴わないことも多い。

③恋人との関係

恋人をめぐる「生きづらさ」には、大きく分けて「関係が苦しい」というものと「関係の不在が苦しい」というものがある。はじめに「関係が苦しい」とする語りを見てみよう。精神不安を抱える恋人と共同生活を送っていた、自身もひきこもり経験や精神障害を持つ二〇代男性のケースである。

> 順調だったのは最初の数カ月だけ。たがいに暴力、リストカット、ODなんでもありだった。［…］相談相手はなく、メンタル面の不安定さは彼女にすべて向く状況。彼女は彼女で、母親からのメール一通で過呼吸になるような状況。「あなた以外人間に見えない、人は信用できない」って言われたときは複雑だった。頼られることへの、依存関係に浸れることへの安心感半分、自分が彼女のネガティブな感情もぜんぶ抱え込まなきゃいけない負担感へのげんなり感が半分だった。（二〇一九年『づら研やってます。』vol.4、四九頁）

歪みを抱えていると気づきながらも、互いに離れられない閉じた関係性の苦しさが語られている。

また、第5章で取り上げるひきこもり経験を持ち非正規で働く四〇歳男性Eさんは、無職だった頃に同棲していた恋人との関係を以下のように語っている。

僕、「働いてない」っていうのが自分のなかにあって。鬱がひどくて仕事できない体調で。向こうも見切りをつけたじゃないですけど。いろんなことが悪いほうに行って。［…］向こうが言うことに対して何も答えられなくなってしまって。向こうも苦しかったと思う。僕、あきらめちゃうんですよ。ひきこもっているあいだに、何でも人生あきらめたし。結婚も仕事もあきらめてきたから。あきらめないとひきこもれなかったから。それが、今仕事してても、彼女との恋愛でも出てくる。（Eさん、インタビュー、二〇二一年）

大切な関係であっても継続のためにエネルギーを使えないという「あきらめ」の気質が、ひきこもり経験と関連づけられて解釈されている。

他方で、づら研においてより多く出てくるのは、「関係の不在」すなわち「恋人ができないことが苦しい」というシスヘテロ[1]の男性の語りである。

「恋人のいる人がうらやましい、ねたましい」という思いとともに、そうした思いを持つこと自体が苦しいという感覚が吐露されることは稀ではない。また、ある個人レポート（発表当時二〇代、社会的に男性性を付与された人による）では、「最近身近な人が恋人が出来たり結婚したりしており、それに嫉妬してしまい苦しい。通りすがりのカップルにも嫉妬してしまう」「単なるカップルへの羨ましさではなく、社会的な怒りや悲しみの矛先がカップルに向いてしまい〈誤爆〉してしまう傾向がある」（「渦中のやり過ごし方について」二〇二〇年）という記述があった。ここで書き手本人によって〈誤爆〉と分析されているように、「恋人が欲しい」という思いは、たとえば無業であること・精神的な病を抱えていることといった「生きづらさ」や、そうした状態を放置したまま回り続けるこの社会への怒りから目を逸らすための置き換えである面もある。

また、四〇代以上の事例では、「老後」という新たな局面を見据えて、「孤独に老いたくない、自分を否定しないでいてくれる女性と人生を共にしたい」という切実な願いが語られることもあった。

④職場の関係

職場の人間関係では、「生きづらさ」を抱えた自己をどう明かすかという問題が浮上する。「自分は（経歴を）水増しできない。ありのままを受け入れてくれる職場を探した」（「どこまでが当事者なのか問題」WB、二〇一八年）という発言にみられるように、ひきこもりや長期無業、発達障害といった自己の経歴や特性を明らかにする道もあれば、「発達障害があることを明かさずに仕事をしてきた。理解は求めていない」（「どこまでが当事者なのか問題」WB、二〇一八年）という態度のような、情報を伏せる道もある。前者では職探しは困難になるがそれなりの配慮を受けられるのに対し、後者では就職したあとも自己を偽り続けなければならず、「『普通の人』を模倣したがほころびが出た。パニック障害を起こしたが職場で言えず」（「ハリボテの研究」WB、二〇一七年）、「発達の特徴があるが職場ではあまり言っていなかった。上司が見抜いて『どうして先に言わなかったんだ』となった」（「まなざしについて」WB、二〇二〇年）などの語りに代表されるように、持続可能でない場合も多い。

それは、「一人の人間であること」と「特定の役割を担う労働者であること」を具体的な人間関係のなかですり合わせられないという、ある種のコミュニケーション上の不器用さに関わっている。

ひきこもりから脱して派遣バイトをしていた時、「続ける」と言ってしまったのを翻せず、やめたいのに続けてしまった。相手は何の権限もない派遣の先輩だったが、すり合わせができなかった。

同僚から友人になることがない。構えてしまう。「こんなこと言って大丈夫かな?」と不安になる。

（以上「場のあり方の研究」WB、二〇一九年）

これらの語りからは、職場の人間関係に対してフランクに臨めないぎこちなさがうかがえる。

他方で、職場の雰囲気が社員に「体育会系のノリ」を要求するものであったり、「精鋭」でない社員につらく当たる雰囲気があったりなど、職場側の理由によって続けられなくなるケースもある。第5章に登場するBさん（四六代男性）は工業高校を卒業したのち大手小売業の正社員として就職したが、そこは「休日に職場の人とソフトボールをやらされる」「上司の酒が飲めないのか、と飲酒を強要される」という、スポーツもアルコールも苦手な彼にとって「きつい」職場だった。厳しい職場環境についていけず、Bさんは一年未満で退職し、その後は非正規の職を転々とすることになる。

余裕のない職場で、そこでの人間関係がハラスメントやいじめの様相を呈することもたびたびある。ミスをするたびに上司が怒声を浴びせる、同僚が嘲笑する、ハラスメント加害の疑いをかけられるといったエピソードも聞かれた。

⑤支援の場での関係

支援の場は、「生きづらさ」を抱えた人を場や制度につなげ、ポジティブな変化を呼び込む契機になる一方で、それ自体が「生きづらさ」を生み出す場にもなりうる。

たとえば、以下は就労支援を受けて違和感を持ったという語りである。


就労支援では「次のステージへ」という圧力がかかる。担当の支援者から「危機感を持て」と厳しく言われたが、相手の枠組みに乗れず、もやもやする。（「呪いの研究」WB、二〇一九年）

複合的な事情を抱えて無職、失業、不安定雇用を繰り返しているようなケースでは、就労支援は必ずしも「職業適性を知り、職業訓練を受け、求人に応募し、就職する」というように直線的には進まない。個別の事情を勘案しながら自分のペースでやっていくしかないわけだが、そうした事情が理解されない場合は多く、上記の語りでは支援者‐被支援者のコミュニケーションは「もやもや」のなかで途絶している。

支援－被支援の固定された関係性のなかで、違和感を覚えるとの語りもある。

支援者の人ってひきこもり当事者の人を「何にもできひん人や」とか、支援が必要な人ばっかりだと思ってるのかもしれないけど、俺の周りの当事者は、能力的には高い人のイメージ。自分もどっちかというとそっち系だと思う。そういうところで支援者の人とのギャップは感じる。ひきこもりって何なんやろうなぁって。「支援者の気に入るひきこもり」だったら、俺はたぶんちがう。（Eさん、インタビュー、二〇一五年）

また、支援の質に問題があり、ハラスメントが生じている場合もある。詳細は引用できないが、「ひきこもりの自立支援」を掲げる民間支援のなかには「子どもが部屋にひきこもっているなら、親や支援者は実力行使で踏み入るべき」などとする暴力的な方針を掲げている場もあり、傷つけられた経験が語られることもある。支援を求めるなかで傷つけられた経験は、その後の人間不信や支援不信につながりやすく、関係性の信頼を回復させるためにさらに時間がかかることも少なくない。

(3) 制度・構造

第三の「制度・構造によるもの」には、就労支援制度が抱える矛盾や日本的雇用慣行が生み出すさまざまなハードル、貧困、ジェンダーなどがある。

①就労支援制度の使いにくさ

就労支援制度をめぐる矛盾を見てみよう。誰の目にも明らかな障害があるわけではなく、これまで一般就労で働くことを展望してきたものの、結果的にそうはならなかったいわば「グレーゾーン」に位置する人にとって、「一般就労か、無業か」という二者択一のほかに、精神障害者保健福祉手帳（以下、「手帳」）を得て「障害者」として働くという選択肢がある。だが、それが問題の解決になるとは限らない。

「グレーゾーン」に位置する人にとって、手帳を得て「障害者」として働くあり方は、現実には二つに分けられる。一つは障害者雇用促進法に基づく障害者雇用であり、企業や自治体などが設ける枠に応募し必要な配慮を得ながら働くものである。もう一つは、障害者総合支援法に根拠を持つ就労継続支援であり、これはさらにA型事業とB型事業に分けられる⑵。づら研の参加者が「手帳をとって仕事をしている」とする場合、総体としてB型事業所を指す場合が多い。B型事業所は「作業所」とも呼ばれる。

非「作業所」利用者：「作業所」に行くことは考えていない。行くには認定を受けなければならないし、B型だと時給五〇円の安さ。面倒くさい。自宅で何かできれば、と思う。

「作業所」利用者：「作業所」に行っている立場として、同意する。でもそれは制度の問題であって、現場の作業所の人に言ってもしょうがないな、と思う。時給が安いのに「就労支援」と銘打っている矛盾はある。「世間では通用しないよ」と言われても、「いやいや、この時給自体が世間では通用しないのでは？」という感じ。

ここでは「作業所を利用するか・しないか」という選択以前に、その土台である制度がはらむ根本的な問題が示唆されている。

制度を利用するまでのプロセスの困難について、下記のように語られたこともあった。

生き延びるための障害年金なのに、その取得のために努力させられるのは、生きるために努力させられる感じがする。行政とのバトル。結果（障害年金を）取れたが、それは自分に努力できる余力があり、いろんな人のちからを得て通っただけだから、偶然、たまたまのこと。しんどい人にこんな努力をさせる社会はおかしい。（「努力について」WB、二〇一九年）

制度があっても、必要な人のもとに行き届くまでにはいくつものハードルがあることが指摘されている。

さらにいえば、主体的に受けたいと思える支援が民間NPOなどによって制度的基盤がないなかで運営されている場合、利用料が月四〜五万と高額であったり、支援自体が経営難でつぶれてしまうなど、支援を受け続けられないこともある。また、居場所などの民間支援は都市部に集中しており、遠距離であることや交通費の高さから参加が制限される状況もある。

②日本的雇用の制約

広義の制度に含まれるが、日本的雇用慣行が「生きづらさ」を生じさせている場合もある。

履歴書問題がある。空白をいろいろ水増ししてつぶしていく。（「どこまでが当事者なのか問題」ＷＢ、二〇一八年）

学校に紹介された職場でイヤだと言えず、イヤという思いを自傷行為で表現していた。（「イヤの研究」ＷＢ、二〇一七年）

氷河期世代で周囲のまなざしもきついし、経済的にも割を食っているのに、重ねてコロナがくる。他の世代よりも虐げられていると思う。（「まなざしについて」ＷＢ、二〇二〇年）

これらの語りからは、在学中の就職活動によって卒業後の就職先が決まり、「履歴書の空白」がないことを評価する新卒一斉採用や、学校と企業のあいだで新卒者をやりとりする「実績関係」などが今も影響していることが示唆される。また、不況時に企業が新卒者の採用抑制によって雇用を調整する仕組みが、いわゆる「氷河期世代」「ロストジェネレーション」と呼ばれる世代を生み出したことも指摘されている。

③貧困

経済的困難としての貧困は、つねに大きな問題である。づら研参加者によって語られる貧困は、出身家庭の貧困と現在の暮らしの貧困の二つがあり、それらは重なっている場合もある。

出身家庭の貧困は、づら研の場で語られることはあまりないが、インタビューにおいては、上述した父親がギャンブルやアルコールにのめり込み働かず、風呂なしの家に暮らしていたケース（Aさん）や、町工場を営んでいた実家が九〇年代のバブル崩壊後に立ちゆかなくなって家族が離散したケース（Bさん）などがみられた。

現在の貧困については、づら研でもしばしば言及される。

> いまの私には、収入がまったくないのです。親に生活費を負担してもらいながら、貯金を切り崩す毎日。（二〇一五年『づら研やってます。』vol.3、三〇頁）

> お金がないと変な隣人や合わない仕事から逃げられない。その結果メンタルがやんでいく。「お前はいいよな、私だけがつらい」とひねくれていく。あげくは「何のために生きているんだろう、死のうかな」となってしまう。お金がない→人と会えない→家にずっといる→不安が増幅、のループにはまってしまう。（「不安の研究」WB、二〇一九年）

貧困状態は精神を追い詰め人間関係を絶たせ、ますます「働いて自活する」という道から本人を遠ざけていく。無業の状態から「働いて自活する」ことを目指し、わずかな発達特性やメンタル不調のために職場で排除され、結果的に不調をこじらせ、それを繰り返すうちに年齢を重ねていく――。少なくない参加者が、過去にそうした経験を持っている。そうした人たちにとって、「働いて自活する」ことはもはや現実的ではなく、「将来の生活保護」に向けて腹をくくり準備することが、もっとも地に足のついた将来展望となっている現状がある。

季節の変わり目にうつがひどくなる。生きづらさを抱えていると仕事ができず、生活保護が重要になると思っているので、いまは「住宅費を除いて六万七千円」という生活保護基準で生活するようにしている。夜八時ごろにスーパーを二軒はしごし「おつとめ品」をチェックする。カット野菜で炒め物など、毎回自炊している。(「『暮らしをする』ことについて」WB、二〇二一年)

④ジェンダー

ジェンダーも「生きづらさ」を生み出すものとして言及される。男性の語りにおいては、ひきこもりや無職の状態について、「中年の男性」であることによりいっそう否定的にみられる、という点を指摘するものが散見される。

「クビ」になって失業保険で食いつないでいたとき、「平日の昼間に男性が歩いている」と周囲が奇異な目で見るような気がした。「変人」と見られることに慣れていたはずだが、ショックだった。

（中年になって正規職に就かず独身でいると）昔は「あの人はいい年こえて遊んでいる」だったが、今は「不審者」扱い。特に男性はきつい。

（以上「まなざしについて」WB、二〇二〇年）

ここには、中年男性に対する「働き盛りの一家の大黒柱」というステレオタイプと、そこから外れた者への偏見、そして本人がそうした偏見に苦しみを覚えていることが示されている。これと関連して、「ひきこもる男性は、女性よりも家族から理解されないような気がする」「男性のほうが家にいることを問題化されやすい」（「弱さと強がりの研究」二〇一九年）など、男性のほうが社会参加の期待が大きいために、社会から撤退した際のスティグマも大きくなる点が指摘されることもある。第5章の語り手であるBさん（四六歳男性）やEさん（四〇歳男性）は、掃除などの家事スキルが高く、「女性に生まれていたら主婦として生きられたのに」という内容を語っていた。「主婦」は近代家族の性別役割分業体制の下で家事労働を搾取される存在だが、賃金労働に携らなくともこの社会のなかで与えられた役割を全うする存在として、「中年男性ひきこもり」の立場からは、ある種の羨望対象にもなりうる。

また、感情の抑制や沈黙といった「男らしさ」をめぐる生きづらさについても語られる。

男性が泣くと「女々しい」と言われてしまう。

「男の子なんだから泣いちゃダメ」と子どもの頃言われた。周りであまり「弱音を吐いてる男の人」がおらず、男性が泣くというモデルがない。

（以上「弱さと強がりの研究」WB、二〇一九年）

「生きづらさ」について経験を共有するには、まず自分が「生きづらい」ことを認め、それを言葉にする必要がある。しかし、「男性」として社会化されるということは、自己のうちにあるそのような弱さを否認することにつながる（伊藤 1993：多賀 2006）。そこでは、男性というジェンダーゆえに、生きづらさが個人に閉じ込められやすくなり、対応されないまま無化されてしまう可能性が示唆される。

他方で、女性としての語りでは、社会的に求められる「女性」という位置に違和を覚える語りが散見された。

女子グループやトイレ友達が気持ち悪かった。私の友達は男子ばかりで、中学ではセーラー服でサッカーをやっていた。でもある時、（男子の友達は）仲間に入れてくれなくなった。「坊主になったら入れてやる」と言われた。でも「自分は変」とも思っていなかった。（「身体の受容の研究」WB、二〇一八年）

中高時代は女性としての自分の見た目に自信がなかった。いわゆる「女子力」を持っていると思えなかった。クラスで「ボーイッシュキャラ」を求められているような気がしていた。そしてだんだんと男性が怖くなっていった。（「まなざしについて」WB、二〇二〇年）

「男性か、さもなくば女性」という性別二元論のもとで「女性であること」に違和感を持てば、「男子に混じる」「ボーイッシュキャラを演じる」など男性に寄るかたちで女性性と距離をとるしかない。しかしそれをしても男子の集団から「仲間」と認められることはない。あるいは男性が自分の女性性を値踏みする存在であることに気づき、否応なく「女性」として社会化されざるをえない現実に直面することになる。

さらに大人になれば、「養ってくれる男性を見つけて〈妻〉となることで生活を安定させればよい」と、既存の男性優位なジェンダー秩序の反復をゴールと見なされることも少なくない。具体的な日常場面においては、「女性」としてこの社会に位置づけを得るために「身なりに気を配らなければならない」という抑圧に晒される。

女子大に入学して初めて化粧した。でも三日後にはすっぴんにもどっていた。今は職場でTPOで化粧するだけ。

人生で化粧したのは二回だけ。一回目は美容院で一方的に押しつけられた。これはしんどかった。二回目は妹の成人式で、自分からやった。このときは納得してやった。やってみて初めて「手間暇かかってる！」と分かり、「すっぴんでいいや」となった。

（以上「ハリボテの研究」WB、二〇一七年）

また、女性らしい装いが無自覚に求められるのは、職場や学校だけでなく、「生きづらさ」を覚える人が集う自助グループにおいてもそうだという現実もある。

化粧したら（自助グループで出会った知人に）「足の裏だったのが人間の顔になるね」と言われた。その価値観どうなの？

居場所でも「スカートはく女子」について（肯定的に）言われることがある。

（以上「ハリボテの研究」WB、二〇一七年）

女性に対するハラスメントは、職場でも起こっている。図書館で有期雇用の職員として働いていたある女性は、以下のような経験を綴っている。

この間カウンターでまごついていると、利用者の方に「これだから女は」と怒鳴られてしまった。思わず泣いてしまう。館長や周りの職員さんに迷惑かけてしまった。情けない……。もう働き出して何ヶ月かたつのに、いまだにカウンターに立つのが怖い……。（二〇一二年『づら研やってます。』vol.1、一二頁）

ここでは「仕事が遅い」ということに対するクレームが、「これだから女は」という女性性への攻撃となって発せられている。

さらに、性暴力被害についても語られている。

以前、バイト先で盗撮されたことがある。でも上司に相談できなかった。「女性らしくない私なんかが盗撮など性被害にあうことは恥ずかしい」という思いが、自分の行動を制限してしまった。（「まなざしについて」WB、二〇二〇年）

この語り手は、職場で盗撮の被害にあった。しかし、上司に被害を訴えることはなかった。被害は恥だという感覚がそれを阻んだという。語り手において、「自分の女性性が攻撃の対象とされた」経験は「自分は女性らしくない」という自意識と齟齬をきたす。女性性が攻撃されることも、「女性らしくない」と思わされることも語り手に責任はないにもかかわらず、それを恥として、個人のうちだけに抱えさせられる構造がある。

職場でのハラスメント被害を受けるのは女性とは限らない。個別インタビューにおいては二〇代男性による以下のような語りがあった。

同僚と飲み会したりするとしんどい。ひたすらいじられたりとか。そんななかでもいやなのは、しぐさが女子っぽいとかで、「ほんまは女子やろ」っていじられて。笑いながらも「ほんまいややな」って。社内でも「おまえホモやろ」みたいな会話が飛び交ってて、大学でセクマイ（セクシャルマイノリティ）の勉強もしたし、「ここにいたくないなー」って。（Oさん、インタビュー、二〇一五年）

また、仕事をめぐっては、「生きづらさ」を抱えていても就きやすい仕事が、実質的に性別によって制限されている現実もうかがえた。不器用さから一つの職場への定着が難しかったり対人不安があったりする男性では、住み込みの派遣やウーバーイーツの配達員といった選択肢があったが、女性の場合ではそうした仕事はハードルが上がるだろう。第5章で取り上げるウーバーイーツの配達員であるEさんは、インタビューにおいて次のように語った。

（女性だったらウーバーイーツは）怖いと思いますよ。バイクや自転車は生身なので、そのぶん、運転も怖いし、お客さんの家で「このままひきずりこまれたらどうしよう」って。実際に危ない目にあったという話をチラホラ聞くこともある。僕でも怖いし。（他の職場でも）女の子はそれなりに話しかけられたりして、変な手紙とかもらったりして、それだけで怖いって人もいる

し。（Eさん、インタビュー、二〇二一年）

2 「生きづらさ」の構成要素

(1) 語られるもの・語られないもの

前節では、づら研において語られた「生きづらさ」について述べてきた。以下では、そうした本人の主観的世界における困難がいったい何であるのかを、「生きづらさ」を構成する要素を抽出することで記述してみたい。

本書では「生きづらさ」を「個人化した「社会からの漏れ落ち」の痛み」と定義してきた。「生きづらさ」の背景には、多様性や選択の自由が増幅する一方で構造的な矛盾が見えにくくなり、個人が問題を抱え込まされる現代的状況がある。だが「生きづらさ」という言葉は、個人の困難に照準することで、構造的要因についてはとりあえず脇に置いてしまう。「不平等はなかった」と語る人が必ずしも不平等を被っていないわけではないように、「生きづらさ」という言葉は、「生きづらさ」を生み出している諸要因については語らない。これは本人の主観的現実から出発することのもっとも大きな制約である。

この制約を乗り越えるために、以下では語られた言葉に基づきながらもそこから一定の距離をとり、構造的要因についても記述しながら、「生きづらさ」の構成要素を取り出すことを試みる。「生きづらさ」は本人の主観的意味づけであるが、それが何を指示しているのか、何が困難をもたらしているのかを、分節化して記述してみたい。そうすることで、「生きづらさ」への理解は、「当事者の主観的現実に寄り添う」ことによってだけではなく、記述された困難性に直接アプローチすることを通じても、達成されるようになるだろう。

「生きづらさ」の構成要素として、具体的には以下の一〇点を挙げてみたい。**①無業および失業、②不安定就労、③社会的排除、④貧困、⑤格差・不平等、⑥差別、⑦トラウマ的な被害経験、⑧個々の心身のままならなさ、⑨対人関係上の困難、⑩実存的な苦しみ**である。これらの詳細は次項で見ていく。なお、この一〇項目はあくまでも私がづら研というフィールドに依拠しつつ見いだしたものであり、暫定的で不十分なものである。それでも、批判に開かれた第一歩として示してみることには意義があると考える。

これらは、基本的には前節で見た「語られた生きづらさ」に基づいている。「実存的な苦しみ」はそのまま⑩実存的な苦しみに、「個々の身体についてのしんどさ」「社会規範の内面化と自己否定」は⑧個々の心身のままならなさに、「親子関係」「同年齢集団との関係」の一部は⑦トラウマ的な被害経験に、「同年齢集団」「恋人」「職場」「支援の場」などにおける関係は⑨対人関係上の困難に、「制度」「日本的雇用」は③社会的排除に、「貧困」は④貧困に、「ジェンダー」は⑥差別に、それぞれ対応したり含まれたりしている。

他方で、①無業および失業、②不安定就労、⑤格差・不平等は、直接「生きづらさ」としては語られることのなかったものである。意外なことに、づら研の参加者は、無業であることや仕事が不安定であること自体を「生きづらさ」として語ることは少ない。むしろ「無業・不安定就労を周囲に非難されることが苦しい」「かつての同級生と会うと自分だけ働いていないので肩身が狭い」というように、周囲のまなざしや自己評価の低さといった承認の問題として構成しがちである。もし本当に承認の問題なのであれば、無業や不安定就労の状態を周囲が肯定するか、あるいは自己が受け入れれば問題の大方は片づくことになるだろう。だが、決してそうはならない。直接語られることは少なくても「一人前に自活できる仕事を得て離家し、自分の家族を持ちたい」という願いは深いところで存在しており、無業や不安定就労それ自体が「生きづらさ」を構成していることは疑いない。こうした事情を踏まえれば、「生きづらさ」とは何かを考えるとき、「語られたもの」のみに照準することはできない。語りはむろん重要であるが、同時にその周辺にある「明確に語られないが示唆されたもの」「ほとんど語られなかったもの」「語られたが語り手の意図とは異なる意味を持ちうるもの」などを含み込んで掘り下げることが必要になってくる。

また、「貧困」「差別」など本人によって部分的に語られたものであっても、「生きづらさ」の構成要素においては、語られなかったが重要だと思われるものも含め、抽象度を上げて再構成する。できるだけデータと照合しつつ、それができない部分があることを積極的に認め、当事者の主観的現実に表現されない部分についてはフィールドにおける私の経験・感覚や関連する公刊物を頼りにしつつ、分析を進めてみたい。

(2) 一〇の項目

では、一〇の項目それぞれについて見ていこう。

第一に、無業および失業である。無業とは「職がないこと」を指し、失業は「無業でありかつ職を探していること」であるためイコールではない。だが、職を探していても見つからない状態が長く続けば職探しという行為をしなくなるのは当然の流れであり、実際には連続性がある。失業状態では、自尊心を失ったり、メンタルヘルスに疾患を抱える割合が増加することが分かっている（Banks & Ullah 1988 : Rutter & Smith eds. 1995）。長期の無業状態は「どうしたらよいかわからない」状態を帰結し、就労支援につながりにくくなることも指摘されている（工藤・西田 2014）。

第二に、不安定就労である。づら研で言及される働き方は、雇用保障のないパート・アルバイトや派遣などが多く、仕事内容は倉庫整理、さまざまな工場労働、障害者介護、スーパーやコンビニなど小売店のレジや品出し、インターネットを使った商品の転売、郵便局のはがきの仕分けや宅配、ビル清掃、リゾート地での食事・宿泊つきの接客業や農産物の箱詰めなどの作業、食品の出前、図書館のカウンター、企業の事務職、非常勤の支援専門職などが語られた。こうした不安定な仕事や短期の仕事では、就業と就業のあいだに失業・無業を繰り返すことになる。時給は一定のスキルを必要とする派遣事務や資格専門職、夜間勤務を含む過酷な職場などでは一〇〇〇円を超えるが、他は八〇〇〜九〇〇円台であることが多く、昇給はほとんどない。また、働くことによる心身の疲労が激しく週二〜三日ほど働くのが精一杯であるケースも多いため、収入は離家して自活できるには程遠いものとなりがちである。

第三に、社会的排除である。総じて教育、医療、福祉、労働といった各領域の狭間に落ち込み、制度的な救済の対象になっていないケースは多くみられる。前節で見たように、就労支援は「これまで障害者として扱われたことはなかったが、通常の仕事はこなすのが難しい」という人たちを取りこぼしている。仕事をしようとするがさまざまな事情から続かず、精神的に病んだり発達障害の診断を得るなどして「手帳」を取得するが、障害年金の受給はハードルが高く、「B型事業所」に通うも先の見通しが立たない、といった状況にある人びとは少なくない。若者サポートステーションやハローワークといった就労支援サービスは複合的な「生きづらさ」に対応できないことも多く、「窓口の担当者が上から目線だった」「説教された」など対応した職員の専門性の低さを連想させる語りも複数あった。また、不登校であったり高校や大学を中退しているケースでは、いわゆる新卒一斉採用のチャンスに恵まれず、キャリア教育や職業訓練の機会が大幅に狭まっており、移行が困難になりやすい。さらに、精神障害などに苦しんでおり明らかに働くことが難しいにもかかわらず、障害年金を取得するだけの「元気」もサポートもないため制度から漏れ落ちている場合もある。「本人の心身の特性への配慮を得つつ継続して働く、賃金と社会保障の組み合わせで自活する」というモデルが実質的に存在しないため、実家が頼れるあいだは実家資源を活用し、それが尽きたところで生活保護に移行するというコースが現実にもっともありうる道になっている。

第四に、貧困である。づら研では、経済的に困窮した家庭で余裕のない親が虐待をしたり、事業の倒産によって一家が離散し実家が頼れない状態になった事例などがみられた。そうしたケースでは否応なく「自活」するほかなく、過酷な経験の後遺症に苦しみながらも、とにかく就ける仕事に就かねばならない。そうした「「溜め」のなさ」（湯浅 2008）がさらに精神状態を悪化させ、就ける仕事の幅をますます狭めるという負のスパイラルがある。就労が難しくなれば、生活保護を受給することになる。実家に暮らしている場合であっても、親が年金暮らしなどで余裕がなければ「光熱費を節約するために夏と冬は家族が同じ部屋にいなければならず、逃げ場がない」「親もお金がないので働けというプレッシャーが強くなる」など、経済的な逼迫からくる関係の悪化が問題になっていた。また、携帯電話の通話料や交際費なども切り詰める必要があり、「お金がないと居場所に行けない」という声も聞かれた。経済状況の悪化はメンタルヘルスや人間関係をも脅かし、孤立を生むのである。

第五に、格差・不平等である。出身家庭の経済状況、学歴、居住地などによる格差が存在している。先にも述べたように、制度的支援が限定されているなかで、実家のバックアップがあるかどうかは、本人の暮らし向きを大きく左右する。経済面のみならず文化的な側面も、親自身が不登校・ひきこもりといった子どもの状態を適切に理解し対応できるか、「子どもの側の言い分を聞く」といった丁寧な言語的コミュニケーションをとりうるかといった点に影響してくる。高卒や大卒の学歴は、応募できる職種の幅を広げたり、職業資格の取得や「自分の問い」の探求のために進学するという選択を可能にするが、義務教育卒業であればそれは難しくなる。言うまでもなく、本人の学歴は親の学歴や経済状況、居住地域の影響を受ける（松岡 2019）。地域による格差としては、非都市部では居場所や自助グループが少なく、情報も限定されているので仲間を得にくいこと、価値画一的でありひきこもりや無業であることへの否定的なまなざしが大きいことなどが挙げられる。

第六に、差別である。女性、ＬＧＢＴＱ、在日コリアン、障害者などマイノリティ属性を帯びた集団への差別がある。づら研のなかでマイノリティ属性がカミングアウトされたり被差別経験が直接語られたりすることはあまりないが、コミュニケーション全般のなかで推察されることはある。無業、非正規雇用にもまして、差別は直接的に「生きづらさ」として語られにくい。しかし、さまざまな調査研究は、特定の集団的カテゴリーに対する差別がそれに属する個人に不利益をもたらし苦痛を引き起こしていることを指摘している(3)。

第七に、トラウマ的な被害経験である。生まれ育った家庭のなかで身体的・心理的・性的な暴力に晒されたり、学校でのいじめや職場でのハラスメントにあった経験は、その出来事から数十年経ったあとも、精神疾患や根深い人間不信をもたらし本人を苦しめる(Takizawa et. al. 2014)。他者との関係がうまく作れず仕事を転々としたりひきこもりがちとなることの背後に、こうした被害経験があることは稀ではない。支援における関係性も例外ではなく、何らかのトラウマ的体験から人間不信が強いために居場所や自助グループでも排除されたり、支援者と信頼関係を築けないケースもある。自傷や自殺未遂などにつながることもある。

第八に、個々の心身のままならなさである。これはいわゆる病・障害を含む。づら研では、発達障害、統合失調症、うつ病、社会不安障害、双極性障害、パニック障害、アルコール依存症、摂食障害、強迫性障害、睡眠障害、自己臭恐怖といった診断名が語られた。精神科や心療内科で薬物療法やカウンセリングなどを受けているケースも多く、精神科病棟への入院経験が語られることもある。他方で、診断されたことはなく病・障害とはいえないものの、個別の心身のままならなさが存在しているケースもある。たとえば、他者によって自己の人生を決められ続けてきた経験は、自己決定する主体としてのちからを奪う。長期間におよぶひきこもりの生活は体力や気力を萎えさせ、

「電車に乗る」「人に会ってしゃべる」という事柄を、それをした翌日は一日ぐったりして寝込むほどの大仕事に変えてしまう。また、人間関係に関する感覚の繊細さは、コミュニケーション上のすれ違いや、相手のちょっとした粗野な態度、官僚的な冷たさなどに敏感に反応し、被害感や自己否定感を持つことを帰結する。こうした特徴は、病や障害とは言えなくとも、本人が自分の人生を思うように生きることを困難にし、制約の感覚をもたらす。

第九に、対人関係上の困難である。上述してきたさまざまな要素が、最終的に「人間関係がうまくいかない」というかたちで自覚されることは多い。語られた「生きづらさ」においても、関係性によるものはもっとも厚みがあった。具体的には、精神的な病により対人関係全般に苦手意識がある、いじめ被害や家族に受け止められなかった経験などにより人間不信が強い、対人コミュニケーションに固有の「くせ」があり通じにくくトラブルになりやすい、周囲に合わせて表面的に付き合うことはできるが「素」が出せない、無理をして関係を作っても疲れてしまって持続できない、などである。これらは問題としては些細に見えるが、結果として支援の場に居づらくなったり、進学した学校で事務や教員とトラブルになり単位が取れなくなるなど、本人のキャリアにとって甚大な影響を与えることがある。また、関係性がうまくいかないことは、「自分は価値のない存在だ」「生きていたくない」という極めてつらい感情を本人に抱かせることにもつながる。

第一〇に、実存的な苦しみである。ひきこもりを研究する社会学者の石川良子は、ひきこもり当事者の語りを分析し、A・ギデンズを引用しながらそこでは自己に関する自明性が揺らぎ、「なぜ働くのか?」「自分は価値ある存在なのか?」という〈実存的疑問〉が生じているとした（石川

2007：222)。このように、トラウマ的体験や貧困など「生きづらさ」を構成する明確な要因とはある程度独立して、「なぜ生きるのか」「自己とは何か」といった根源的な疑問を抱いてしまい、身動きがとれなくなることがある。多くの人が社会生活を送るうえで自明の前提としているこれらについて反省的に考えることは、哲学的な思索につながりうる一方で、結果として自己と他者や集団とのあいだのスムーズなコミュニケーションを阻害することにもなりがちである。「なぜ自分はこんなことをごちゃごちゃ考えてしまうのか」と自責に近い思いを抱く人も少なくない。づら研はある意味では、そうした問いを持つのは自分だけではないこと、問う価値のある問いであることを確認し合う場でもある。

(3)「生きづらさ」の構成要素を確定する利点

以上に「生きづらさ」を構成する一〇の項目を見てきた。もちろんこれらは相互に関連し合っており、個別に取り出せるものではない。ただ、個々の「生きづらさ」は、これらの項目の固有の濃度や絡まり合いのなかで独自に存在している。このように構成要素を見定めることで、ある人の「生きづらさ」について一般的に理解可能な仕方で記述することが可能となる。

たとえば「出身家庭が貧困で、親から虐待を受け、発達障害もあり、人間関係がうまく築けず、働くことが怖くひきこもりがち」という人の「生きづらさ」は、「貧困」「トラウマ的な被害経験」「病・障害」「無業」などの複合体として理解できるだろう。また、「出身家庭に特に問題はなく学業不振やいじめなどもなかったが、言いようのない馴染めなさから学校に行かなくなり、仕事も

「なぜ働くのか」と考えてしまって踏み出せず自分を責めている」という人の場合は、「実存的な苦しみ」「無業」などが前景化する事例だといいうる。「セクシャルマイノリティであり、新卒で入った職場でアウティングされてメンタル不調になり退職、その後は非正規雇用を転々としている」というケースなら、「差別」「不安定就労」「病・障害」の要素が強くなる。

このように「自分の「生きづらさ」は何からできているのか?」「あの人の「生きづらさ」はどういう側面が強いのだろう?」と問い、先に挙げた一〇要素の組み合わせによって記述することで、「生きづらさ」という漠然とした言葉に一定の輪郭が生まれてくる。こうした記述は、複合的な困難を抱える個人と、それをとりまく社会環境とのあいだのコミュニケーションを回復させることに役立ち、いくつかのポジティブな効果を持ちうる。

第一に、複合的な困難を抱える個人が適切な支援を探索していく一助となりうる。若者就労支援では、特に長期無業のケースにおいて、支援ニーズが明らかでなく「何から始めたらいいか分からない」状態にある人が多いことが指摘されている(工藤・西田 2014)。支援ニーズがはっきりしなければ「とにかく助けてほしい」というような曖昧な欲求となりやすく、支援は挫折しがちとなる。「生きづらさ」を分節化することは、支援ニーズを明確化することにつながる。貧困や社会的排除の問題であれば、利用できる制度的支援を探すことが課題となる。無業・失業や不安定就労については、就労支援サービスや教育を利用するという道が考えられる。トラウマ的な被害経験や病・障害であれば、医療や心理の専門家の助力が必要である。実存的な苦しみや低い自己評価ならば自助グループや居場所が助けとなるかもしれない。並行して、この社会に存在する格差・不平等や差別といった構造的な問題に対して意識的になることで、「つねに自己を省察し自立に向けてみずから動く」ということのみを焦点化せずにすみ、自己責任論から距離をとれる。

これは、支援の受け手が自分の「生きづらさ」を総合的に理解し、自分自身が支援のコーディネーターとして支援関係に主体的に参与していくことに関わっている。支援という営みが支援の担い手‐受け手の関係性の産物だとすれば、いかに「よい」内容を持つ支援であっても、それが有効であるためには支援側の実践だけでは完結せず、受け手側の主体的なコミットメントを必要とする。支援関係をめぐる当事者の語りでは、「仲良くなったスタッフ」「たまたま相性がよかった訪問カウンセラー」など支援者の個別性に言及するものが散見されるが、これらの発言は、支援の受け手が個々の支援者を信頼し能動性を発揮するコミュニケーションのなかで支援が成立していくことを示すものだろう。

「生きづらさ」への着目のもっとも重要な点は、制度ではなく個人の主観的現実から出発することで、個人が主体となって「どのような支援が必要か」「いかに支援を受けるか」を考えられるようになることである。医療、心理、福祉、労働、教育といった各分野の枠組みから出発して「どんな人を支援対象とするか、支援のゴールはどこか」と考えるのではなく、困難を抱えた個人から出発して「自分のニーズは何か、どのような支援であればそれを満たせるか」と考えていくのである。上記のような「生きづらさ」を構成要素から記述していくことは、このための一つの方法となりうる。

第二に、「生きづらさ」を特別な事情を抱えた人だけの問題とするのではなく、濃淡はあれ現代社会に生きる多くの人に関わりのある事柄として捉え直すことが可能になる。メンタル不調や一時的な無業・不安定就労などは多くの人が経験することであり、自己否定感や実存的な苦しみなどは、誰もが多少なりとも持っているものだろう。格差・不平等や差別など構造的な問題とは、みなが無縁ではありえない。「生きづらさ」を抱えている人といない人は質的に断絶しているのではなく、連続線上にある。

づら研では「生きづらさ」の内容を事前に特定することはなく、みずから「生きづらい」と感じる人は誰でも参加できる。不登校やひきこもりの経験を持つ人が多いが、そうでない人もおり、無業の人もいれば学生や教員、支援専門職、会社員などさまざまな立場の人もいる。そうした多様な状況にある人びとが「生きづらさ」を通じて出会い、それぞれの立場性に根ざしながらも平場の関係のなかで語り合うことで、個々の「生きづらさ」への向き合い方は、「自分がどのように生きていくか」という自尊心ある人間としての普遍的な構えを持っていく。そうした越境的なコミュニケーションの基礎として「誰もが生きづらくなりうる」という共通の前提を置くうえでも、「生きづらさ」の一〇の項目を参照し、「今の自分に関わりのある要素はどれか」と考えられることには意味があるといえるだろう。

注

（1）シスジェンダーとは性自認と出生時に割り合てられた性別が一致していること、ヘテロセクシャルとは異性愛を指す。

（2）A型事業は「雇用契約に基づく就労が可能である者」が対象とされ、工賃には最低賃金が適用されるが、当初合意した契約に基づいて労働しなければならない。B型事業は「雇用契約に基づく就労が困難である者」が対象とされており、工賃は最低賃金が適用されないものの、自分のペースで働くことができる。ちなみに、令和元年度における賃金・工賃は、A型事業所で月額平均七万八九七五円（時間額八八七円）であり、B型事業所では月額平均一万六三六九円（時間額二二三円）である（厚生労働省 2019）。

（3）ひきこもりUX会議が行った調査（2021）は、セクシャルマイノリティであることやそれに伴うハラスメント・暴力被害がひきこもりの原因・きっかけとなっているケースが一定数存在することを示唆している。朴希沙（2019）は在日コリアンであることが「生きづらさ」にさまざまなかたちで関わっていることを示す。

第5章　つながりの喪失・回復はいかに起こるか
――インタビューを通じて

前章では、「生きづらさ」が指示する内容を一〇の項目によって説明した。しかし、これらの事柄が本人にとってどのような意味を持つか、その意味づけがいかに産み出され変容していくかは、個人史の文脈に差し戻してみなければ分からない。そこで以下では、づら研の参加者へのインタビューをもとに、「生きづらさ」が一人の人間の個人史においてどのように抱えられているかを示す。特に「ある人がどのように他者や社会とのつながりを失い、また回復させていくのか」という観点から、事例を描いていく。

資料は、二〇一五年一月のインタビューと、二〇一九年八～九月のインタビューに基づくが、個人情報に配慮し、分析に支障のない個人の背景に関して一部改変している。事例は、私の経験に照らして、今回取り上げない他の事例にも当てはまる典型性を有し、かつ相互に重複しない多様性を備えていることを重視しながら、ケースレポートの掲載の了解のとれた五例を挙げた。ジェンダー構成は女性二名と男性三名、本人の学歴は中卒一名、高卒二名、大卒二名である。年齢は三〇～四〇代と、本人の仕事との向き合い方がある程度「決着」を見る、「若者」ではなくなりつつある人びとを取り上げた。年齢表記はインタビュー当時のものである。複数回インタビューした人は、直近のインタビュー時の年齢を記載している。出身家庭の状況は、小規模の工場を営む自営業の家庭が二名、高卒ブルーカラーの父と専業主婦／パートの母の家庭が一名、大卒ホワイトカラー管理職の父と専業主婦／パートの母の家庭が一名、大卒専門職（医師）の父と専業主婦の母の家庭が一名である。現在の本人の状況は、独立して非正規で働き自活する人が二名、実家の経済的援助を受けつつ非正規で働く人が二名、非正規の仕事と障害年金を組み合わせて生活する人が一名となっている。四名がひきこもりを、二名が義務教育時代に不登校を経験している。

1　個々のケースから

(1) 不登校、精神障害から精神保健分野の専門家へ：Aさん（四〇代女性）の事例

Aさん（四〇代女性）は現在、福祉施設で非常勤の精神保健福祉士として働いている。施設を訪れる人の「生きづらさ」に耳を傾け、相談に乗るのが仕事だ。Aさん自身が、これまでの人生でさまざまな困難を経験し精神の不安定さを抱えてきた。

Aさんの家は、父、母、弟の四人家族だった。自宅の一階で小さな工場を営んでいたが、父親はギャンブルと酒にのめり込んで働かず、母親だけが働いていた。生活は苦しく、自宅には風呂がなかった。父親は子どもたちには手を上げなかったが、母親を殴っており、母親は弟には振るわない

暴力を、Ａさんに振るった。殴られながら仕事も家事も引き受ける母親を見て、「女は奴隷なんだな」と感じていた。

中学一年の夏休み明けから、いじめを受けるようになった。親友だと思っていた女子生徒を含むグループに無視され始め、やがて休み時間にトイレなどに呼び出されて集団で「殺すぞ」などの暴言を吐かれるようになった。当時は八〇年代半ばであり、学校の管理は強く、教師による体罰や生徒間の暴力が横行していた。Ａさんの中学校は、「男子は丸坊主、女子はおかっぱ」など校則が厳しく、少しでも違反すると教師は「いきなりビンタする」状態だった。教師はいじめを知っていたはずだが、対応は何もなかった。

いつ暴力を振るわれるかと怯えて過ごす日々が続いた頃、学校でパニック発作が起きた。「今でも覚えているんですけど、心が完全に崩壊したような感覚、がたがたがたがたって、音を立てて崩れたような感覚があったんですね」とＡさんは話す。すぐに家に帰り、学校に行けない日々が始まった。

親は味方ではなかった。

何をどう伝えたらいいかが分からないから、とりあえず「おなか痛い」って言って休むんですけど。三日くらい休んでると、だんだん母親も「これはおかしいぞ」ってなってきて、力尽くで「学校行け！」ってなるので。今でも覚えてるんですけど、鞄をぱーんて外に放られるんですよ。捨てられて。「早く行け！」みたいな感じで。でも行けなくて。家と家のあいだに一

人だけ入れる路地みたいのがあって、そこでずーっと隠れて。（Aさん、インタビュー。以下、省略）

どうすればよいか分からなくなったAさんは、電話帳で知った子ども電話相談室にかけ、相談員から精神科を紹介された。精神科医は「学校に行かなくていい。家にいてゆっくり休め」と言った。安堵した反面、学校に行かないことによる不安と恐怖は消えなかった。「当時一番つらかったのは、孤独と、人生のレールから外れてしまったという感覚」だったとAさんは言う。

一三歳で、なんかみんなと同じ人生が歩めなくなるんじゃないかっていう不安。学校って当然のように通わないといけないわけで、だから勉強ももちろん遅れるでしょう。そういうのももちろんそうだけど、「今後どうなるの、私就職できたりとか結婚できたりとか、そういうの、どうなるんだろう」っていう。誰も言ってくれないし、誰もそこらへんを話そうとはしない。

不登校状態のなかで、不眠や拒食の症状が出始めた。「人が怖い」と強烈に感じ、家に閉じこもった。「とりあえず行けないことは確信しているんですよ。怖すぎて行けない。だから、ほんとに行かなきゃいけないんだったら死ぬしかないんじゃないかみたいに、追い込まれていくんですよね」とAさんは語る。閉じこもっているあいだに症状は悪化し、外出できなくなった。

Aさんの不登校が始まってから、両親はその責任をめぐって争うようになり、家庭内の暴力は悪化した。やがてAさんの身体の傷に医者が気づき、病院から母親に指導が入った。母はそのあとから弟には配慮するようになったが、Aさんへの暴力は変わらなかった。
中学三年になると、症状はやや落ち着き、保健室登校をするようになった。保健室で同じ不登校の同級生と一緒に過ごすのは楽しい時間だった。そのように外に出られるようになるにつれて、いっそう家が耐えがたい空間に感じられ、Aさんは家出を繰り返すようになる。同年代の仲間にまぎれ、アルコールやシンナーを覚えた。「でもそこで出会うのは、本当の意味での安全なつながりじゃなかった」とAさんは想起する。親や学校で暴力を身近に見てきたAさんは、仲間たちがいつか豹変するように思えて怖かった。
同時に、成長してちからが強くなったAさんは、家では母を殴り返すようになっていた。

いつだったか、殴り返したら殴り返せちゃった、みたいな。うまく言えないけど。暴力を使えたんですよね。親に対して暴力を使うなんて、という思いと同時に、「殴れた」みたいな感覚のほうが強くて。そこから自分が攻撃、というか、殴り合いがはじまるっていうか。［…］もともと母親も武器持つんですけど、ハンガーとかね。昔、木のハンガーってあったでしょ。ああいうので殴られたりするんですよ。それで、エスカレートしていくうちに、「殺すんじゃないか」っていうくらい、母親に対して敵意が募っていくんですよ。

自分の母親に対する暴力衝動が怖くなったAさんは、一五歳のときにアパートで一人暮らしを始めた。地元の仲間も集まるようになり、Aさんのアパートは一緒にシンナーや飲酒をするたまり場のようになっていった。高校は高等専修学校に入学したが、学校の雰囲気になじめず、緊張が強くパニック発作への怯えもあり、まもなく中退した。

その頃、父親が借金を背負ったまま行方が分からなくなった。Aさんは「働かなければ」という思いから仕事を転々とした。最初に就いた仕事は喫茶店のウェイトレスだったが、「緊張が強く震えて、ホットコーヒーが半分こぼれる」という状況ですぐに辞め、年齢を偽りながらスナックや派遣ホステスなど水商売をやっていた。酒は飲めたが接客にはストレスを感じ、昼の仕事を探した。一〇代後半から二〇代の頃は、企業の事務や整骨院のアルバイト助手など「パートの仕事を転々としていた」という。自殺願望は強く、拒食と過食を繰り返す摂食障害があり、アルコールへの依存もあった。「痛み止めで飲んでました。自分の心が苦しいから、飲んで麻痺させるっていう飲み方でしたね」。

そうしたなか、Aさんは自分の精神的不調と向き合い、治療を模索していく。

なかでも大きかったのは、二四歳のときにPという精神科医と出会ったことだった。Pは精神医学の専門知で患者を治療するというより、患者に自己との向き合い方を伝え、患者の主体性を強化することを重視していた。それまで「自分が悪い。どこが悪いのか」とみずからを責めるばかりだったAさんは、「症状は生き延びるためにある。あなたたちは症状によってこの社会を生き延びてきた」というPの言葉に驚き、救われた。自分の内面と向き合い、心身の声に耳を澄ましながら自分を理解していくことをAさんは学び、それはその後の人生の指針となった。「人間には限界がある」と学んだAさんは、その後、時間をかけて「親にも限界があった。私の親は子どもがやってほしいことはできない親だった」と思うようになっていく。

だが、回復は直線的には進まなかった。言葉が与えられたことでフラッシュバックが起こり、希死念慮や妄想などで精神状態は悪化し、結果的にPのもとを去ることになった。

その後、Aさんは恋愛関係にあった男性と同居するようになり、二人は結婚する。しかし結婚は救いにはならなかった。夫はギャンブルや高級車が好きで、借金を抱えていた。お金の話をしようとすると逃げる一方で、Aさんを束縛した。結果的に、三年後に離婚した。

治療の模索はその間も続いていた。フェミニストの女性カウンセラーQとの出会いは、Aさんの人生に具体的な変化をもたらした。QはAさんの感覚を徹底して尊重し、「学んで社会に参加したい、働きたい」という希望をサポートしてくれた。「治療は生活の場でするもの。行きたいところにはどこでも行けばいい」「やりたいようにやればいい。あなたの人生だから」。それがQの方針だった。他の精神科医は、離婚に際して「若いうちにもう一度結婚して生活を安定させたほうがよい」とアドバイスしたが、Qは女性の社会参加をエンパワーするフェミニスト的立場から、「専業主婦はしんどい。働きたい」と望むAさんを支持した。女性カウンセラーとの治療的関係のなかで、Aさんは過去の母親の暴力や女の同級生のいじめによる「女性が怖い」という思いに決着をつけていった。

そして、三〇代で通信制の高校に入学し卒業。その後通信制の大学に進学し、精神保健福祉士の資格取得を目指した。

大学に行こうと決めたときに、「自分のこれまでの経験は精神の病気しかない」と。病気にどっぷりつかって生きてきた。だからこそ私は、精神の病気の支援者のほうに行きたい、それしかないと思ったんですよ。で自分がどうなったらよくなってきたかっていうプロセスも自分のなかで自分は知っているので、「提供できるものがあるんだったら提供したい」っていうふうに、けっこう思ったというか。あと、医者たちにいやなことを言われて希望をそぎ落とされた感覚が強かったので、そういうのを、目の前にいる仲間たちには経験してほしくないと思ったことですかね。

Aさんにとっては「漢字から勉強した。レポートってどうやって書くの？　って。最初は泣きました」という状態からのスタートだったが、大学の授業内容は知的刺激に満ちていた。

　一番びっくりしたのは社会学。涙出ました。貧困問題って昔からあって、イギリスでは社会調査までしていた。それを読んだときにはすごい泣いた。社会のなかではなかったことにされていると思っていたんで、貧困というのが。でも、取り上げている人がいたんだって。で、もっと勉強したいと思った。福祉や制度についても。当事者が声をあげて制度を変えてきた歴史を学んでは、一人で泣いて。泣いて泣いて感動して、っていう繰り返しだった。そういう意味では学べてよかったです。

当事者性を持つ専門家となることには、ハードルもあった。大学では実習担当教員に「当事者なんかいらないよ、この世界」と言われ実習先の紹介を一時停止されるなどのパワハラを受けた。Qや自助グループの仲間、大学の事務室に相談し、担当教員を替えてもらって実習を終了し、国家試験にも無事合格した。四〇代半ばとなっていた。

現在、Aさんは福祉施設で精神保健福祉士として面談を行うかたわら、電話相談でさまざまな「生きづらさ」の相談に乗っている。

自分にできるのは、経験を伝えることと、自分の仕入れたトラウマ治療（の情報）を提供すること。それをしたいって思ったんですよ。私は心理士ではないのでカウンセリングはできない。でも情報提供ならできる。だから押しつけないし、「やりたければやってください」っていう姿勢で。今までなかなか手に入れられなかった、自己決定であったり自己選択であったり、それを伝えていきたい。希望を育ててほしいんですね。「無理だ」とすぐ言いたがる専門家はいるので。「こんなことやりたい」って言われたら、それを育てたい。

その一方で、「当事者でありながら支援者でもある」という立場には困難も付きまとう。当事者として困難を生き延び、治療や社会とのつながりの回復に向けて懸命に走ってきたAさんは、専門職としてのスタートが四〇代だった。一般的な就職は「新卒」「経験あり」のいずれかであり、年齢と業務経験が比例しないAさんには厳しい。「あなたの経験を買う」と採用されても、時給はアルバイト程度だが「難しい相談」を任されるなど、矛盾は大きい。

また、精神的な不安定さはかなり薄らいだものの、人とつながる恐怖からくるフラッシュバックが消えたわけではない。しかし、「自分のなかで言葉にできてきていたので。何が起こっているのか自分が自分に説明できるんですよ。だから激しく混乱はしない」とAさんは言う。当事者性を持つ専門職となったAさんは、矛盾に直面しつつも、その固有の立場から自分の経験と専門知を融合させて、独自の支援的視角を獲得していた。

(2) 氷河期世代、不安定な職を転々：Bさん（四六歳男性）の事例

Bさんは四六歳の男性である。「第二次ベビーブームの頂点で、氷河期世代・ロスジェネ世代のはしりです。本当に損ばかりや」と語るBさんの経験からは、しんどい職場経験を軸に、実家への頼れなさや、非都市部居住という地理的な条件、男性としての抑圧などが重なる困難な状況が見えてくる。

Bさんは不登校の経験はないものの、「学校に行きたくない」という気持ちを抱き続けてきた。勉強やスポーツが得意ではなかったBさんは、小学校高学年頃から「周囲についていけない」というしんどさを感じるようになった。

中学に入ると、そうした感覚は強まった。人口が多かった世代のBさんの中学は、一クラス四八人・一学年八クラスと大規模であり、テストの点数で生徒を序列化する管理的な雰囲気が強かった。中学二年のとき、いじめ被害にあった。靴を隠されたり、暴力を振るわれたりする状態が三ヵ月ほど続いた。

Bさんの家族は、自宅に紙製品の工場を持つ父親、それを手伝う母親、二人の姉、祖父母の七人だった。父親のBさんへの態度は厳格だった。学校に行かないことは許されず、無理やり連れていかれており、それはいじめの被害が明らかになったあとも変わらなかった。

高校は、親・教師に勧められた公立の工業高校に進学した。高校でも「悪ガキども」から使い走りをさせられるなどのいじめは続き、「昼休みはご飯をかき込むように食べて図書館に逃げ、授業終わってすぐに帰る」ような状態だった。

そのように高校生活をやり過ごしたBさんは、三年生の秋に大手小売り業に就職の内定を得る。当時はバブル景気の末期であり、学校推薦を受けて一人一社制のもとで選考を受ければ、多くの場合正社員として就職できる状況があった。

高校卒業と同時に仕事が始まった。入社後の新人研修は、一週間会議室に「かんづめ」にされて社歌やお辞儀の練習をさせられるなどハードなものであり、脱落してそのまま辞める者もいた。Bさんは研修を耐えたが、店舗に配属され実際に働き始めるときつさが迫ってきた。

Bさん：仕事もきつかったし、体育会系で、上司や事業所の関係もきつかった。休みでも出勤もあったし。何がきつかったって、スポーツいうのをやらされるのが。ソフトボールやら。体育苦手やったんでね。酒飲まされたりもして。あとは、品出し・発注は時間内にしなければだめで、ちょうど仕事を教わるときに、正社員の人が関東方面に転勤になるからって、「三ヵ月で全部覚えて」って言われて。覚えられるわけなくて。

山下：ミスして怒られたりしたこともあったんでしょうか。
Bさん：ああそうですね。やっぱり、時間内にしないといけないので、できないと上司にいろいろ言われますしね。精神的にまいってしもうて。

（Bさん、インタビュー。以下、省略）

ストレスから仕事を続けられなくなり、一年未満で退職した。

退職後は一年ほど自宅の自室に閉じこもり、ほとんど外出せずテレビを見るなどして過ごした。「ひきこもりって言葉はなかったんでね。就職を失敗した、という挫折感ですね」。一九九三年当時、自宅に閉じこもる学齢期を過ぎた存在を問題化するカテゴリーはBさんの身近にはなく、家族も「怠け」という認識で、支援につなぐという選択肢はなかった。

そんななか、父親が怪我をして入院することになり、働くことが難しくなった。もともと仕事が減っていた家の工場は、立ちゆかなくなっていった。

「正社員にならなければ」と考えたBさんは、二一歳のときに地元の印刷会社に正規職員として入社した。朝八時から夜七時くらいまでの週五日の勤務で、月収は一五万円程度だった。仕事は輪転機のオペレーターで、複雑な作業ではなかったが、決められた仕事量を期間内にこなすことが難しかった。まもなくBさんが印刷した製品は営業担当者から「質が悪い」と言われて輪転機の担当を外されるようになり、半年で解雇通告を受けた。雇用期間が短く、失業保険はほとんど出なかった。

その後、二〇代から三〇代にかけては、過酷で不安定な仕事を転々とした。エアキャップを製造する工場での三交代勤務、コンビニのアルバイト、パチンコ店店員、大手パソコンメーカーの組み立ての寮つき製造業派遣、液晶ガラスの研磨の機械のオペレーターの出稼ぎ派遣、スーパーの品出しの日払いアルバイト、大手加工肉メーカーの工場勤務、ビル清掃の派遣などである。「正社員になりたい」という思いからリフォーム会社の営業職に応募したものの、ノルマが厳しい「ブラック企業みたいなところ」であり、結局入社しなかったこともあった。

辞めるきっかけはさまざまだった。工場の三交代勤務では、「八～一七時」「一六～二四時」「二三～八時」の三つのシフトを一週間ごとに交代で担当しながら二四時間工場を稼働させるため、生活リズムが乱れる過酷さがあった。パチンコ店では「正社員募集」だったのにアルバイトでしか採用されず、「対応が悪い」と時給を下げられたうえ「対応の悪さが店に損害を与えている」と店長から退職を促された。製造業派遣は朝八時から夜八時まで一二時間、週六日働く激務であり、過酷さに耐えて一年ほど続けたところで派遣契約が終了した。出稼ぎ派遣やスーパー、ビル清掃は、「仕事ができない」という感覚があったり「動きが遅い」と職場の評価が低かったりして結果的に辞めることになった。加工肉メーカーの工場では、自転車での通勤中に接触事故を起こし、労災は出たものの休職後に働きづらくなり、辞めた。

給料は時給九〇〇～一二〇〇円、日給一万円などであり、Bさんは親の家への入金や寮費に充てた残りで生活していた。

この間、実家も揺らいでいた。両親が離婚し、母親が家を出ることになった。二人の姉はすでに結婚していた。Bさんが住み込みの仕事を探したのはこのときだ。しかし、住み込みでは退職と同時に家を失う。その後は母親が一人で暮らすアパートで同居することとなったが、そこは公共交通機関が少ない不便な土地にあり、周辺には仕事がなかったため、Bさんは自転車で小一時間かけて通勤するほかなかった。原付バイクで通おうとしたが、「訓練はしたけど乗れなかった」。加工肉メーカーの工場を辞めるきっかけとなった事故の背景には、長時間労働のうえに長時間の自転車通勤をしていたBさんの事情があった。

その後、二〇〇四年頃からの自身の生活を「ほぼひきこもりですね」とBさんは語る。最後に派遣として働いたのは、二〇〇六年。Bさんは三四歳になっていた。仕事内容は金属の配送・運搬だった。

　年も食ってたし、体力的にも厳しくて。ミスもやっぱり、あったんで。詳しく教えず、「見て覚えろよ」いうところやったんでね。たいがい。一〇日で解雇になって。解雇の理由は「元気がないから」という、それだけの理由。同じ派遣会社の別の部署に「時給下がってもいいんで、移させてもらえませんか」と言ったんですけど、「ダメや」と言われて。派遣元が「紹介できん」と。それで紹介された別のところが、また車で通わなあかんところで、無理で。そこからは、ほぼひきこもり。当時はまだ、ひきこもりいう言葉は知らなかったですけどね。

事後的に当時の状態を「ひきこもり」と語るBさんだが、母親の家を拠点に自室で過ごしていた二〇〇〇年代後半の時期も、「競取り（せどり）」と言われる方法で収入を得ていた。安価に仕入れた品物をネットなどで販売し、利益を得る。平均で月に一〇万程度、多いときには五〇万ほども得ることがあった。とはいえ収入は安定せず、働いていない・働き続けられないことにしんどさを抱えてもいた。

二〇〇〇年代後半、折しも三〇代になったロスジェネ世代が書き手となりつつあり、フリーターや若者の不安定さが注目されていた。雨宮処凛の『生きさせろ！――難民化する若者たち』（2007）、赤木智弘による「「丸山眞男」をひっぱたきたい――三一歳、フリーター。希望は、戦争。」（『論座』二〇〇七年一月号）といった論考を、Bさんは次々に手に取った。

「ああ、俺や」「生きづらいのは貧困のせいなんかなぁ」。そんな思いがわき上がった。それまで「怠け」「自分の努力が足りない」と感じてきたことが覆され、「すべて自己責任というのは間違いだ。周りにそう言われ続けて〈洗脳〉されていた面もあった」という気づきを得た。

それから、貧困支援や若者支援の場に顔を出すようになった。Bさんには「男の生きづらさ」を考えたいという問題意識があり、最初に訪れたのは、そうしたテーマを設定しているNPO法人の運営するひきこもり支援の場Rだった。

男って損してるかなぁと思って、それで（Rに）行ったんですよ。その支援団体は、「男の生きづらさ」みたいなことをやってたから。「姉さんたちは嫁さん行けて、なんで俺だけこんな状況なのやろ」思うて。

Rを訪れたことをきっかけに、芋づる式に情報を得、づら研の母体でもある居場所Gやさまざまなイベントに行くようになった。自分をきちんとした一人前の存在として扱ってくれる自助グループでの時間は貴重だった。支援団体のイベントを通じて知り合った四〇代のひきこもりの男性と仲良くなり、ひきこもり系のイベントの開催日時の情報交換をはじめ、支援のあり方や社会問題などについて語り合うようになった。

Bさんは三年ほど前に母親の家から離れ、現在は一人暮らしをしている。生活は厳しいが競取りで収入を得つつ、貯金を頼りに生活している。当面の生活は回るが、将来的な不安は常に付きまとう。

今後の展望について考えるとき、一般就労は「無理」という感覚が根強い。

Bさん：仕事はあっても、低賃金、ブラック企業、通えるところじゃない、のどれか。状況的には、年々やっぱり、厳しくなっているのは肌に感じますね。一般就労は無理。キャリアを求められるし。頑張ってもアルバイトですよね。正社員だったらもうちょっと楽なものもあるけど、アルバイトで中高年で男だと、肉体労働必須ですわ。

山下：そうすると、中長期的にやっていけるような仕事は……。

Bさん：ないですね、はっきり言って。

加えて「老後」という新たな局面を考えるとき、Bさんを滅入らせるのは「孤立」である。

一人やったら、何とかいけるとは思うねんけど。貯金を減らしつつ。でも、先がきついかなーと。六五くらいになったら一番きつい。親も死んどる可能性高いから。やっぱり六五くらいになって、親が亡くなって、六〇代っていうのが一番きついかなって。「このままずーっと田舎で一人暮らしして、ずーっとパソコンいじりながらやっていくのかな」とか思ったら。その頃には今行ってる居場所も、運営厳しいとこはあるかどうかわからんから。

Bさんには「結婚したい」という思いがある。「妻子を養う」ことは無理だと感じるが、「自分を否定しないでいてくれる女性と人生を共にしたい。自分は在宅で働きながら家事もやるので、パートナーには自身の生活費をまかなうぶんの収入を得てほしい」と考えている。Bさんは、料理や掃除など一通りの家事を日常的にこなしており、ペットボトルを買わずに水筒を持参するなど、細々した節約術も身についている。「僕、卵焼き作りますよ。母親に飯作ってもらってるわけじゃないもの」。しかし、このささやかに見える望みさえ、叶えることは容易ではない現実がある。

Bさんは、「氷河期世代（ロストジェネレーション）の男性として、一番損している」と感じている。

最近は政府が氷河期世代の雇用を三〇万人増やすって言って、自治体が四四歳まで正職員採用するっていうけど、それにすら該当しないからね、僕は。年齢でアウトじゃんって。僕らがこないなって、制度が追いつくと、僕らはもう外れてて。だから、制度が全部後追いなんですよ。こぼれまくりよ。

二〇代の頃は、経済不況や正社員雇用の切り崩しのあおりを受けたうえに「怠け」という否定的なまなざしを向けられた。理解や支援が追いつく頃にはすでに「若者」ではなく、今では「ひきこもりの中高年」という、再び制度から外れる問題に直面している。「社会が変わるには時間がかかる。一〇年経ったら僕は六〇近い」。そう語るBさんは、「これからはひきこもり当事者のなかにも格差が出てきてさらに広がってくると思う」と漏らした。

(3) 不登校から自助グループを経て就労へ：Cさん（三二歳女性）の事例

Cさんには二〇一五年と二〇二一年に計二回インタビューをさせてもらっている。二六歳のときの語りは別の論考で言及している（貴戸 2018a：193-197）。だがこれは「居場所やづら研を経て参加者がどのように変化するか」という観点からまとめており、また紙幅の制限もあったため、内容は限定されたものとならざるをえなかった。今回は三二歳になったCさんに改めてインタビューを行い、前回のように「居場所に出会うことで生きづらさがこのように変化した」というストーリーに還元されないかたちでまとめ直していく。

Cさんは九歳のときに不登校となった。小学校時代は勉強が得意で教師の信頼も厚く、いじめなどもなかった。しかし、学校の同調圧力や序列化に対して根本的な違和感を持っていたという。

「みんなと同じでないと責められる」っていうのがすごくつらかったっていう思いがあって。自分は責められたらしんどいから何とかレールに乗ってたし、こぼれ落ちないように頑張っていたけど、幼稚園の頃から「なんでみんなと同じにできないの」って叱られてる子を見るのがすごくつらかった。そういうふうに先生が接すると、周りが「ああ、あの子はちゃんとできないから馬鹿にしていいんだ」って思うことがすごくつらかったですね。[…]そういうことをするのは、実は人間の尊厳に関わる大事なものをすり減らしていることで、（自分の不登校は）そういうものに対するノーサインだったんだろうなって。（Cさん、インタビュー、二〇一五年。以下、インタビュー年のみ記載）

Cさんの家は、当時は専業主婦の母親と大手メーカーに勤める大卒の父、妹の四人家族だった。学校に行かなくなったCさんに、家族は一定の理解を示した。母親は不登校を考える親の会に顔を出すようになり、Cさんの不登校を尊重してくれた。父親は「そろそろ学校行かないのか」と母親に漏らすことはあっても、Cさんを責めることはなくおおむね受容的だった。

不登校の時期は、基本的に家で過ごした。小学五年のときに適応指導教室に通い、友人もできたが、学校に戻ることはなかった。中学一年のときには休みがちながらも学校に行ったが、値踏みし合うコミュニケーションになじめず、やがて行かなくなった。

つらさや孤独を、Cさんはたくさんの小説や漫画を読むことでやり過ごした。

現実には自分の考えに共感してくれる人はいなかったけど、小説のなかにはいたんですよ。命綱みたいな感じで読んでいた。「こんなに本が売れている人が言っているんだから、自分の考えは間違っていない」と思ったり。すごく不思議だった。家族より、会ったことのない誰かの言葉に共感できるなんて。（二〇一五年）

こうした読書体験は、Cさんに学びを提供するとともに、のちにフリーライターとして文章を書くようになる基礎となっていく。

高校はいくつか見学に行ったものの、最終的には行かないことに決め、Cさんはその後も学校に行くことはなかった。

しかし、一〇代後半を所属なしで過ごすことは簡単ではなかった。時代は二〇〇〇年半ばであり、ひきこもりやニートが「意欲のない若者」の象徴としてバッシングされているのを見て苦しくなった。「息をするのもつらかったり、電車やバスに乗れないとかいうのがあって、一番しんどい時期だった」とCさんは語る（二〇一五年）。

そうしたなか、一九歳のCさんは居場所Gに出会う。経緯は「自分のことばかり考えるのに飽きちゃって、でも学校には行きたくなくて、大人のフリースクールはないかと思って探した」（二〇一五年）というものだった。コーディネーターである山下氏をはじめ、不登校やひきこもりの経験を持つ仲間と出会い、自分の体験を言葉にしていったことは、Cさんにとって転機となる経験だった。

他方で「仕事をしなければならない」というプレッシャーは感じ続けた。Cさんが初めて仕事をしたのは、一九歳のときの郵便局の葉書の仕分けの短期アルバイトだった。仕事自体はこなせたものの、他の高校生アルバイトたちとの会話を苦痛に感じ、最終日に早退するというかたちで辞めた。また、二一～二二歳の頃には、ショッピングモールのフードコートで清掃のアルバイトをした。しかし、それはCさんの身体特性と合わない仕事だった。


私、耳から入ってくる情報を（処理するのが苦手で）、話しているときにテレビがついていたらテレビのなかの情報も入ってきて、取捨選択するのにすごく脳内で疲れる。だから、ショッピングモールのバイトとかってすごい音がいっぱいで、アナウンスとかしょっちゅうかかって、頭のなかがそれだけでしんどくなる状況、みたいなところに（加えて）、覚えなきゃいけないことがあって。それはもう、抜けてっちゃう、耳から耳に。でも「メモ取らせてください」とも言えなくて。（二〇一五年）

仕事をしていると混乱し、二週間で辞めた。

その一方で、居場所Gに継続的に通い、づら研にもスタート時から参加していくなかで、自分の「生きづらさ」を見つめ直していった。

初期の頃は、わりと、自分のせいだと思っていたんですね。自分の責任、自分が原因、生きづらいのとか、全部。でも、づら研に関わったり、いろんな言葉を学ぶうちに、自分の「生きづらさ」って、本当に「ああこれ、自分は悪くないや」って思えた。社会的な問題というか、「この仕組みじゃあ苦しいと思ってしまう人はいっぱいいるよな」って。世の中の仕組みとか、本を読んだり人の発表を聞いたりして、なんとなく、「構造的なものなんだな」って、自己責任（という発想）から移っていった。私は「学校に行けなかったのは自分が悪い」と思っていたんですけど、その根本にあるシステムの部分に拒否反応があったんだって。適応するっていう方向性よりも、「どういう社会だったら自分が生きていけるか」っていうのを探すほうが、私には楽っていうか。〔…〕「生きづらさ」って自分にとっては可能性だなって思うようになりましたね。今の仕組みではやっていけない人たちがいて、その人たちと集まって、じゃあどんな仕組みだったらやっていけるのかって、生息していけるエリアを見つける。生存戦略っていったら変だけど。（二〇一五年）

仕事との向き合い方も変化していった。「とにかく働かねば」というプレッシャーから動くのではなく、「どのような仕事ならできるか」と具体的に考えるようになった。「自分は視覚的に情報を得るほうが向いている」と気づいたCさんは、二五歳のときに再び郵便局のアルバイトをした。仕事をするしんどさはあったものの、居場所の仲間たちに愚痴を聞いてもらい、励まされながら、このときは契約期間を全うすることができた。

その頃、づら研に参加していたコミュニティ新聞の編集者から声をかけられ、経験や考えを綴る連載記事の執筆を依頼された。本が好きで「文章を書く仕事がしてみたい」と思ってきたCさんにとっては、「夢」が叶う嬉しい事態だった。これをきっかけに、Cさんは雑誌や書籍、ウェブなどに文章を発表するようになっていく。

書く仕事によって自己を表現する場を得たCさんは、その後、父親が定年を迎えたことをきっかけに「どのように収入を得て生きていくか」という経済的な問題を考えるようになった。地域若者サポートステーションや社会福祉法人を訪れたのち、一〇代から通っていた精神科で「双極性感情障害」という診断を受けて障害者手帳を取得し、就労継続支援B型の作業所に通うことにした。「作業所に行くため」という目的を持って取得した障害者手帳だったが、「自分は障害者になるのか」というショックがあり、「ショックを受けるのは障害者を差別しているからではないか」とさらに落ち込んだ。それでも、居場所Gや家族に思いを語るなかで、Cさんは次第に事態を受け入れていった。

いくつかの作業所を見学したあと、Cさんが選んだのは、高齢者施設に併設された知的・精神・身体の障害を抱えた人が集まる施設だった。スタッフリーダーの受容的な態度に、「この人にならしんどいときに相談できる」と感じたことがポイントだった。清掃やパン・菓子の手作り、コーヒー豆の選別やパッキングといった作業があり、工賃は時給に換算すれば一〇〇～三〇〇円ほどだった。週に二～三日、一回二～四時間ほどの作業に継続的に通うようになった。

それとともに、居場所Gやづら研に参加する頻度は少なくなっていった。その理由を、Cさんは次のように語っている。

自分がGに行くとどうしても作業所の話をしてしまうんですよね。で、作業所の話をしてしまうと、人によっていろんな捉え方があるんですよね。当時は行くのに精一杯で、「自分がどう思ってるか」っていうのもちゃんと確立していないなかで、たとえば「それは良いように使われてるんじゃないの」とか言われると、自分が揺れちゃうんで。揺れちゃうと、しんどいところがあるので。それは、気が済むまでGに行ったし、今はこっち（作業所）のほうで、気が済むまでというか、ある程度「いいや」って思えるまでやってみようっていう（思いがあった）。

（二〇二一年）

仕事は難しくなかったが、困難を抱えた人たちが集まる職場では頻繁にトラブルが起きた。知的障害がありずっとしゃべっている人もいれば、脳機能の障害で怒りっぽい人もいる。Cさんは戸惑いつつも、いつしかスタッフのちからを借りながら、同僚たちを理解する職場の調整役を担うようになった。居場所Gで他の参加者たちと関わってきた経験が活かされているという実感があった。

作業所で働いたことで、Cさんは「賃金だけで自活するのは現実的ではない。制度を使おう」と思うようになった。みずから調べて社労士や医師に依頼し、障害年金を受給するようになった。

ちなみに、年金申請時に受けた発達の偏りを測定するテストでは、高い言語能力に比して空間認知が顕著に低いなど著しい偏りがみられ、医師には「バランスをとるのにずいぶん苦労していたでしょう」と驚かれた。しかし、Cさんは医師の診断よりも自己の状態をみずから把握することが重要だと考えている。

診断名（双極性感情障害）も本当のところは分からないなぁって思います。人によって見方は変わるので。自分のなかでは、発達にでこぼこがあって、いろんなことに、過敏性というか、何でもキャッチしてしまうアンテナを持っていると思うので、それゆえに調子を崩しやすくなってしまう。病名というより自分で工夫していく問題だなって、わりと割り切っていますね。

（二〇二一年）

作業所での仕事を一年半ほどしたのち、Cさんは働きぶりを認められ、一般のパート労働者に混じって働くようになった。仕事は高齢者施設の食堂の厨房であり、時給は八五〇円と、一般パートの九〇〇円に比べれば安いものの、飛躍的に上がった。そうして二年が過ぎた頃、作業所は「卒業」して一般パートとして非常勤契約をすることになった。

小学校時代に不登校となり、一〇代を一人で考え悩み、二〇代を居場所の仲間とともに過ごしてきたCさんは、三二歳となった現在「障害年金と無理のない範囲での一般就労を組み合わせる」というかたちで暮らしの設計を立てている。そうしたなかで、「生きづらさの当事者性」が変化してきたとCさんは語る。

「自分自身を知っていく」っていうのはすごく大きかったなって思います。づら研とかで、「自分自身を知ること」と「人を知ること」は、本当に表と裏のようにくっついていて。たとえば「作業所に行く」とか「働く」っていうのは、最初は「自分と異なる世界」にあったものなんですけれど、でも今は自分を軸にして、「生きづらさの当事者性」っていうものと、まぁささやかながら「働く」ってことを何とか両立できるくらいには、交じり合っていると思うので。その「交じり合ってる感」は以前まではなかったものだなって思いますね。(二〇二一年)

「生きづらさを抱えた自己」と「就労を目指す自己」は、初期の頃には対立していたが、現在では「生きづらさを抱えつつ働く」というかたちで両立している。

その一方でCさんは、インタビューの最後には「自分の話がある種の自己責任論みたいにされるとつらい」として、「支援を経て就労へ」という単純な個人のがんばりのストーリーに回収されることへの警戒感も表してくれた。

(4) ひきこもりを経てバイトと趣味の活動を楽しむ:Dさん(四六歳男性)の事例

Dさんは四六歳男性。現在はアルバイトをしながら自助グループに参加し、趣味を兼ねた研究活動やパソコンソフトの開発などを楽しんでいる。有名国立大学を中退したあと、計一五年ほど自宅にひきこもって暮らしていた。

Dさんの家は、工場勤務の父親と専業主婦の母親、妹の四人家族だった。父親は一九五〇年代後半に中学卒業と同時に地方から関西の大都市に移り、働きながら夜間定時制高校を卒業した。母親も地方出身者で同じ高校だった。Dさんは物心ついたときから親に「うちはお金がないから」と言い聞かせられ、同級生が持っている漫画などを買ってもらえなかった。また、親自身の「学歴がないと苦労する」との思いから、「勉強して学歴をつけろ」と言われてきた。成績はよく親の期待は大きかったが、それが「自分のしたいこと」かどうかは分からなかった。「そもそも「自分のしたいこと」という概念は親が持たせたがらなかった」とDさんは言う。父親はあまり言葉でコミュニケーションをとるタイプではなく、母親はDさんの話に耳を傾けなかった。

Dさん：基本的に私の話聞いてないので。
貴戸：聞いてない。聞いてないというのは、どういう感じなんですかね。
Dさん：あの、前言いましたかね、たとえば食事のときに「これ食べへんか」と（母が）聞いて「食べん」と答えたら、「何で食べへんの、食べろ」という言い方をするんです。選択肢があるようにみせて実はない、っていう。そういうのが、食事に限らずだいたいどんな場面でもついてくる。

（Dさん、インタビュー。以下、省略）

小中学校は地元の公立だった。成績はよかったが、学校生活は苦痛だった。友達の輪には入っていたが、嫌なあだ名でからかわれる、持ち物を汚されたり壊されたりするなどのいじめもあった。

それでも「学校に行かないという選択肢はない。行かなければ社会的に死ぬ」という感覚があり、学校には通い続けた。中学になると教室は荒れており、生徒の話し声がやまず授業にならない状態だった。Dさんにはそれが苦痛であり、教室のなかで周囲に対して「うるさい」と主張することもあった。教師も怒鳴って叱るなどの対応をしていたものの問題は解決しなかった。苦痛な学校生活について「相談すれば受け止めてもらえる」という感覚はなく、親も教師も「勉強ができれば問題はない」という対応だった。

当時の様子を、Dさんは次のように振り返る。

(勉強以外の)他のことに興味を持つ機会そのものもなかったので。ここから先「自分で道を切り開く」って何をどう切り開くっていうのもなかったし。「お金がない、あれもしちゃだめ、これもしちゃだめ、勉強だけしてろ」っていう話になると、まったく先が見えない。

高校は進学校である男子校に進んだ。高校でもクラスメイトとの関係は良好ではなく、しんどさを抱えていたが、学校には通い続けた。「中学以降の登校は、自分は親や先生の言う通りにしているだけだ、という誠実さの証明のための自傷行為だった」とDさんは振り返る。大学受験においても、Dさんには「自分の希望で選ぶ」という発想はなく、教師と親の「学力の範囲で一番偏差値の高いつぶしのきく大学・学科に行くように」という希望に添って関西の有名国立大学の工学部に入学した。

だが、大学では行き詰まりを感じるようになった。大学の授業は忙しく、加えて親の「教職をとれ」という意向を汲み履修授業を増やしたため、ついていくのがやっとだった。最初の二年間はぎりぎりで通ったものの、三年目からは大学から足が遠のくようになった。

（他の学生は）一応、曲がりなりにも自分が希望した大学に来ているわけですから、ある程度そこそこの将来のビジョン持ってましたよね。で、当時バブル崩壊して、みんなが本気で真剣に将来を考え始めたっていうのがあったんですけど、私はそういう話にはついていけず。で、授業は授業で身に入らず。だんだんそういうのが受け入れられなくなってくると、授業に出て、一番前の席にいても寝ちゃうんですよ。頭に入ってこなくて。とにかく「自分の意志がどこにも反映されていない」っていうことに、身体が先にアウトになった感じですかね。

一年の留年を経て、入学から五年目にDさんは大学を中退することを決意する。「初めて自分の意志が出せた。意志を出したら退学するしかなかった」とDさんは語る。所属研究室には「何も聞かずに辞めさせてください」と伝えた。「説明すれば分かってもらえる」という経験がなく、その気力もなかった。そんなDさんに対して、教員たちは「自分の意志がなさすぎる」「君は人間じゃないな」と言った。

親の反応は「どうやったら続けられる?」という、Dさんの意志を無化するものだった。しかし話し合いや大きな葛藤はなく、Dさんは退学した。

退学後は、人と付き合わず仕事もしないひきこもりの状態になった。大学時代に新聞配達のアルバイトをして貯めた金で興味のあったパソコンを買い、さまざまなサイトを見たり、自分が必要だと思うソフトを開発するなどして「遊ぶ」ようになった。

当時は九〇年代後半であり、「ひきこもり」という概念が人口に膾炙し始めた頃だった。Dさんはインターネットを介してさまざまな情報に接するなかで「自分はひきこもりである」と思うようになった。

あんまりそのときのことは覚えていない。自覚としては、「周りの大人の言うこと全部聞いてやったけど、何も解決しなかった」っていう。ま、いうたら被害者意識ですね。その派生というか、その結果の一つとしてひきこもりというのがあるんだという感じですかね。

コンビニに行く程度の外出はするが、大半は自宅で過ごす。そうした生活が六年ほど続いた頃、NHKの「ひきこもりサポートキャンペーン」で保健所がひきこもり対応を始めたことを知り、みずから決意して保健所を訪れた。家にこもる生活のなかで「世の中のお金の流れを知りたい」と簿記二級を取得していたDさんは、支援窓口でその資格を買われ、ある社会福祉関係の施設の事務のアルバイトを紹介された。まもなく正社員となり、三年ほど勤めたが、職場の人事や会計のトラブルに巻き込まれるかたちで退職することになった。三三歳になっていた。

その後は、当時の貯金を頼りに自宅でひきこもる生活になった。ひきこもりのイベントや自助グループに顔を出し、「波長が合う」と感じた場には継続して通うようになった。また、地元の図書館の本を紹介するイベントへの参加を始めると、本が好きだったDさんは主催者とのつながりができ、イベントへの定期的な参加を依頼されるようになった。

九年ほどそうした生活を続けた頃、いよいよ貯金が底をつき始めたため、「自助グループや図書館のイベントに通うための交通費を稼ごう」と思うようになり、再度就労支援の窓口を訪れた。そこではカウンセリングや職業適性検査のようなものを受けた。当初は「簿記やコンピュータ関係の仕事があれば」と思っていたDさんだったが、地元のスーパーがアルバイトを募集していたため、「月に二〇〇〇円くらい稼げればいいや」という思いで試しに応募したところ、採用が決まった。ひきこもりの経験についても正直に話したが、店側は「ひきこもりは関係ない、仕事さえしてくれたらいい」という対応だった。

貴戸：ひきこもっていたということをDさんから話したってことなんですか？

Dさん：はい。履歴書にもそう書いてました。空白を埋めるとか無理なことはしなかったです。ひきこもり支援で「適当に（履歴の）前と後ろ詰めて」とか「履歴をでっちあげて」とかいうアドバイスってありますよね。でも、そういうところで嘘をつき始めて、最後まで嘘を突き通す自信がないというか、そういう気持ちの負担を感じるのが自分でちょっと嫌だったんで、そこは初めから全部、事実通り。

貴戸：おもしろいぐらい健やかですよね、そういうところが。

Dさん：そういうところであれこれやるとね、つぶれちゃうから。

一日四時間、週三〜四日ほど働き、現在も続いている。一〇〇〇円でスタートした時給は、五年経って一一〇〇円になった。立場はアルバイトであり雇用保険はない。「それについての不安はあるか」という問いに、Dさんは次のように答えた。

そのへんはね、「何歳まで生きるつもりなん」とかいう話なんで。今の時点では私は、「将来どうこう」っていうのは、今やらないほうがいいのかもと思っていて。大学まで親や先生の言うような「将来のこと考えてどうのこうの」っていうのが、全部失敗しちゃってるんで。死ぬ前に「あれもやりたかった、これもやりたかった」というのはできるだけなくしたいというのはありますね。

Dさんには、興味のあることを突き詰めて探求していく集中力がある。気になったことを徹底的に調べて本を出版したり、パソコンソフトを開発・販売したりして、結果的にわずかな収入を得ることもあった。「それが、母や父がすごく嫌うところなんですよね。勉強させたのも、余計なことを考えさせたくなかったんだと思います」とDさんは語る。

Dさんのひきこもり生活は、大学中退後から事務職員になるまでの六年間と、退職後からスーパーで働き始めるまでの九年間をあわせて一五年になる。「自分のしたいことを自由に心ゆくまでやる」という経験は、Dさんにとって、ひきこもりによって初めて可能になったものだった。

現在、父親は退職して身体も弱ってきているものの、介護が必要な状態にはまだ間があり、母親もまだ元気で運転や家事などを引き受けている。Dさんは、アルバイトをしつつ趣味に打ち込み自助グループなどに通う生活を、当面は続けていく見通しだ。

(5)「医者になれ」というプレッシャーから対人不安、ひきこもりを経て仕事を始める：Eさん(四〇歳男性)の事例

Eさん(四〇歳男性)には二〇一五年と二〇二一年の二回インタビューをさせてもらった。Eさんは安心感のない家庭に育ち、対人不安を抱えひきこもった経験がある。

Eさんの家は医師の父、専業主婦の母の三人家族だった。両親はともに大卒で学力面でのプレッシャーは強く、幼い頃から「医者になれ」と言われていた。父親は「一〇〇点とって当たり前」と言い、母親は「おまえが医者になれないと親戚に責められる」と言っていた。家庭は厳格を通り越して過酷であり、病気になっても「甘えだ」と言われ耐えることが当然とされていた。

小学校時代から土日も塾に通う休みのない生活だったが、中学までは白衣を着けて働く父の姿を尊敬していた。他方で、母親からは「トップ高に進学できなければ家を出ていってもらう」などの抑圧的な言葉が日常的にかけられ、ストレスは大きかった。

高校は親の希望通りの進学校に進んだものの、母親の要求は際限なく大きくなった。高額納税者のリストを見せられ、「高学歴の金を稼ぐ医者になれ」と言われることもあった。次々に高いハー

ドルが出てくることに絶望したEさんは、がんばることができなくなり、成績は落ちた。医学部は受けたが不合格となり、浪人したあと、私立大学の理学部に入った。大学時代には、周囲とのコミュニケーションによって徐々に「家のおかしさ」に気づかされていった。

普通の子は、普通に勉強してるんですよね。でも俺は、何かを背負って勉強してたから。他の子もそうだと思っていたから「みんなようやるな」と思ってた。大学に行って、医学部に行った友達に聞いたんですよ。「何で医学部に行ったの」って。そしたら「だって自分はサラリーマンになりたくなかった。だから医学部に行ったんや」って。「えっ」てなって。お父さんやお母さんの意志や気持ちが出てこなかった、そいつからは。「自分がこう思って、こうしたかったから大学に行った」ってそいつは言った。親から条件突きつけられて、そのためにがんばって医者になったんじゃないんだ、って。うちと違うって。（Eさん、インタビュー、二〇一五年。以下、インタビュー年のみ記載）

だが、親の影響は根深かった。大学入学とともに実家を出て一人暮らしを始めたこともあり、次第に昼夜逆転でひきこもる生活になっていった。大学には行かず、食事は数日分を買いだめし、それがなくなると夜だけ外出する。そんな生活が一年半ほど続いた。うつ状態であり、「自分は怠けている」という自己否定感が大きかった。

それでもEさんは何とか大学に戻り、五年半かけて大学を卒業した。「自分には会社に雇ってもらう資格はない」という感覚があり就職活動はできなかった。

卒業後は、鍼灸師の夜間の専門学校に入学した。「もうひきこもってはいけない」と思い努力した。恋人はでき、勉強も進んだ。だが、人間関係がうまくいかなかった。Eさんのコミュニケーションの仕方には家庭の価値観が色濃く反映されており、周囲からは奇妙な目で見られた。


しゃべっとって周りと違うんですよ。何が違うんかな。僕にとってはうちの家庭が社会の基本やから、僕は「自分やったらアウトやけど、家庭を基本にしたら専門学校でもなじめるかな」と思ったんだけど、それを取り入れながらやると軋轢が生まれる。僕に言いはしないけど、周りが感じるみたいで、「この人おかしい」って。「僕がおかしいのか」「何か親に関係があるのか、こっちは自立しようとしているのに」ってこのときはまだ抵抗していた。でも、年齢が上がるにつれて、ほんまにしんどくなってきた。（二〇一五年）

次第にストレスから肌が荒れ、人と会うと身体が震えるようになった。国家資格はとったが「燃え尽き」を感じ、資格を活かす仕事には就かなかった。

ウェブサイト制作会社でアルバイトを始めたものの、そこでも周囲とのギャップに苦しんだ。「自分には能力がない」と思うあまり必死でウェブ制作技術の勉強をしたが、褒められると「嘘だ」と感じてしまう。自己否定感を強化するためにわざわざ自分を否定する人を求めるなど、対人関係は不安定だった。仕事は半年ほどで辞めた。精神科を受診すると「気分障害」「社会不安障害」と診断された。

その頃祖母に介護が必要となり、祖母との関係が悪かった母親の意向で、Eさんが実家に戻って家事と介護を担うことになった。Eさんは家事スキルが高く、洗濯や掃除、アイロンがけなども苦なく行っていた。「掃除とかコツみたいなのがあるんですよね。自分のスキルを使えて喜んでもらったら嬉しい」とEさんは語る。

三年後、祖母は施設に入った。ぽっかりできた時間のなかで「自分は何者なのか」と考えるようになったEさんは、「ひきこもり」「AC（アダルトチルドレン）」という言葉に出会った。三一歳になっていた。

「俺って何者なんだろう、ニートでもないしってな」って、本を探したんですよ。そしたらひきこもりっていうのが出てきて、めちゃしっくりきた。「これだ」って。それで、近くのひきこもり相談に電話したら、「こういうのがあります」って場を紹介されて。場に行ったら別の場を紹介されて。そんななかで、今行ってる自助会とか紹介されて、広がっていった。ACもそうなんやけど、自分を説明してくれてる気がした。自分は基本的に人から理解されない人間だと思ってるから、人に話も聞いてもらえないし、気にも留めてもらえない、この机の上についている埃くらいの（存在だと・笑）。そんな思考で。でも、ひきこもりにしてもACにしても、自分のことを書いてくれていた。嬉しかった。（二〇一五年）

Eさんは、ひきこもりの自助グループで自分の話をするようになった。「つらい」「悲しい」という感情を表に出すと、話が通じ、対人関係もうまくいくようになった。

自助グループではただ集まって話し、二次会からは酒を飲んだり恋愛の話をすることもあった。「みんなひきこもったり不登校しているから青春がない。自助会で青春をやり直しているみたい」。当事者同士の関係性の大切さを実感したEさんは、関わっていた自助グループが閉じたことをきっかけに、自分でも場を企画するようになった。ひきこもり当事者を無力な支援対象だと捉えることには違和感があり、当事者の経験や趣味、特技などを活かすという主旨で活動を始めた。

Eさん：ひきこもり経験は人に語りにくい。語ったところで「それはこうだよ」とダメ出しされる。でも僕からしたら、人のひきこもり経験て「聞いてよかった」みたいなことってあるんですよ。「あるある」みたいな。「俺だけちゃうかったんや」みたいな。

貴戸：そういうのが一番ですよね。

Eさん：そういうのを、集まって意見を共有したりできるのはええんちゃうかと。友達にもネガティブな人おるんですけど、二人でしゃべっとったらどんどん出てくるんですよね。何か、ほんまに気にするんで。たとえば学生時代やったら、僕ら男子で、向こうのほうで女子が「キモイよねー」とか言うと「絶対俺や」と。

貴戸：「絶対」なんだ。「かも」じゃなくて（笑）。

Eさん：「絶対俺や」と。で傷つくとか。駅で切符入れたら、「ひきこもりダメ」ぴしーって扉

閉まりそうとか、話してます（笑）。（二〇一五年）

否定的な自己イメージも、似た経験を持つ者同士で語り合えばユーモアのある会話のネタになる。当時は「ひきこもりUX会議」などの当事者活動が全国的に発生していく二〇一〇年代半ばであり、「ひきこもり経験を活かす」というEさんの発想はこうした動きと連動していた。

だが、自助グループの主催は長く続かなかった。訪れる人が徐々に増えると、対人不安を抱えるEさんは負担を感じるようになり、徐々に距離をとるようになっていった。

当時は実家に暮らしており、仕事はしていなかった。両親との折り合いは悪く、友人の家に居候をしたり、自助グループで知り合った恋人と一緒に暮らしたりした。だが、対人関係が苦手なEさんは、いずれも一～二年ほどでしんどくなり、実家に戻らざるをえなくなった。精神状態は悪かった。

体調が悪いし、外に出ていこうという気持ちにならない。朝起きてお風呂入ってYouTubeとか見て一日が終わって、それを繰り返すことはできるんですけど、じゃあ今から仕事行こう、自助会とかハローワークとか行こうっていう気持ちにぜんぜんなれんくて。ただ生きてる。それはできるんですけど、それ以上の社会的な活動っていうのができない。（二〇二一年）

そうしたなか、実家ではEさんの将来について親族の話し合いが持たれた。関係が悪かったため

Eさんは参加しなかったが、結果的に母親は距離を置いて接するようになり、父親はEさんのために「年金受給までの生活費」として一定の金額を振り込んだ。「それで正直楽になって。楽になると、不思議なもんで、別のことを考えられるようになるんですよ。親父にお金をもらって、母親も一応いろいろ言わなくなったし、俺も何かしなきゃと」。

Eさんはウーバーイーツの配達員として働き始めた。Eさんにとって、対人接触が極限まで少ない配達員は魅力的な仕事だった。

僕は一番、「(これまで) 何してたん?」とか見下されたりすることが怖いんで、一番怖いところが省かれていた。普通の会社なら面接とか手続き踏んで「採用します」って感じですけど、ウーバーの場合は、会社の人に会っていないし、スマホで登録したら「あなたは今からウーバーの配達員できます」みたいなメッセージが来て。で、配達員用のアプリのスタートボタン押したら、依頼が来る。スタバならスタバに取りにいって、店員さんに注文番号を言ったら商品を渡されて、ウーバーのバックに入れて届ける、みたいな。お客さんもコミュニケーションとりたくない人が多いんで。スマホのスタートボタンを、押したら仕事。したくなかったら押さんかったらいい。楽なんですよ。タイムカードないし。いつ終わるとか、やっぱり職場やったら周りの目を気にしちゃうけど。(二〇二一年)

一時期は、一日に三〇~四〇件ほどの配達をこなし、月に五〇万円ほどの収入を得ていた。収入が目当てというよりは、「世間的には働いていたほうがいいし、僕も働いていたほうが精神的に楽やし、時間もつぶれる」という理由からだった。

しかし、半年ほど経った頃、配達中に事故にあってしまう。Eさんに非はなかったが、骨折とむち打ちで一～二ヵ月仕事ができない状態になった。労災とは認定されなかった。上司も同僚もない単独でできる仕事は、トラブルを「自己責任」で処理するしかない仕事だった。

現在、Eさんは実家を出て一人暮らしをしながら、以前よりはゆっくりしたペースで配達員の仕事を続けている。しかし「ずっとできる仕事ではない」とも感じている。

自助グループで人間関係ができたり仕事を始めたりしても、それが「ゴール」ではない。インタビューの最後に、Eさんは次のように語った。

> 周りからしたら、俺はもう「(ひきこもりを) 抜けたやん、回復したやん」って思えるかもしれんけど、そんなふうには自分は思ってないから。まだ何も終わってなくて。働き出したら終わりです、ではなくて。今たまたまウーバーしてるけど。このあいだインタビュー受けたときは、たまたま自助会で「今こういうことしてる」と言ってたけど、何にも続いていなくて。ひきこもりから出たあとでも、たぶんみんなすごい不安を抱えてるやろうなって。ひきこもりの人って、ほかの人に分かってもらえないそのへんのこと抱えてんのちゃうかなって、最近すごい思いながら生きてます。(二〇二一年)

＊＊＊

以上では、さまざまな「生きづらさ」を抱えてづら研に集う人びとの語りから、人がどのように社会からの漏れ落ちを経験し、それをいかに意味づけているかを見てきた。各々の人生の物語は固有で多様な経験によって構成され、語りつくされうるものではない。それを踏まえたうえで、取り上げた人びとがどのような「生きづらさ」を抱えていたかを、前章で検討した「生きづらさ」の構成要素を用いながら、あえて単純化して記述してみたい。

Aさんの事例では、幼少期の困窮した暮らしと親からの虐待被害があり、弟との差別的な扱いなど女性差別を受け、その後精神疾患に苦しんだことが語られた。これは、④貧困、⑥差別、⑦トラウマ的な被害経験、⑧個々の心身のままならなさの複合として理解できる。

Bさんにおいては、繰り返される無業と失業、不安定就労、団塊ジュニアという世代的な問題や地方在住であること、実家に頼れないことなどさまざまな格差の問題、そして福祉・労働・教育・医療の狭間に落ち込み制度的救済がなされないことなどが前景化していた。ここでは、①無業および失業、②不安定就労、③社会的排除、⑤格差・不平等が組み合わさっていると考えられる。

Cさんの場合は、出身家庭は大卒サラリーマン家庭で親も支援的であり、居場所に出会って人間関係を築き、制度も利用していた。他方で、情報の取り入れ方に特性があること、「生きるとは何か」「学ぶとは、働くとは何か」といった人生の問いを考え続ける態度が結果として就学や就労との結びつきを複雑なものにしていた。ここでは⑧個々の身体のままならなさ、⑩実存的な苦しみが前景化しているといえる。

Dさんは、大学時代までは自分の意志が無化され続け、その後ひきこもるなかでやりたいことに取り組む生き方を取り戻し、現在はスーパーでアルバイトしつつ趣味を楽しんでいた。Dさん自身の語りにおいて特定の「生きづらさ」が焦点化されることはあまりなかったが、自分の意志を尊重されなかった結果として自己を主張できず人とうまく関われなかった経験（⑨対人関係上の困難）や、ひきこもり期の長期無業（①無業および失業）、雇用保障や年収保障のない現在の仕事（②不安定就労）といった事柄と無縁ではなかったことが推察される。

Eさんは、子ども期を通じて教育虐待ともいえる扱いを受け、その後対人関係がうまくいかず、精神障害を抱え、結果として職場の人間関係が存在しない臨時的な仕事に就いていた。Eさんの語りからは、②不安定就労、⑦トラウマ的な被害経験、⑧個々の心身のままならなさ、⑨対人関係上の困難などがうかがえる。

2　分　析①――いかに困難になるか

以下では、「いかに他者や学校・仕事との関わりが困難になっていくのか」また「いかに他者や学校・仕事との関わりを回復させていくのか」という観点から、これらの事例を分析してみたい。「生きづらさ」に明確な原因はなく、「こうすれば対処できる」という分かりやすい対策も存在しない。だが、個別の事例を重ね合わせていくと、他者や集団とのつながりが切断されたり回復されたたりするプロセスが見えてくる。

（1）親による「子育ての不適切さ」とその後の「生きづらさ」

家庭という外部の目から閉ざされた空間において、子どもは圧倒的な弱者である。子どもは親に衣食住を依存しなければ生きていくことができず、親がどれほど一般的には「不適切」と見なされうる子育てをしたとしても、親の言動に適応し家にとどまらざるをえない。人生の初期のそうした経験は、その後の自己イメージや対人関係を規定していく。

前節の事例では、子育ての不適切さが「生きづらさ」を生み出す原因になっているかに見えるものが少なくない。同時に、複雑な個々の人生において「不適切な養育を受けたから生きづらくなった」という単純なストーリーにまとめえないことも見えてくる。

①Aさんの場合

本章の語り手のうち、もっとも複合的な困難を生き延びたのはAさんである。幼い頃から心理的・身体的暴力に晒されてきたことが、のちに長いあいだAさんを苦しめる精神疾患に大きく影響していたことは疑いない。

だが、Aさんの語りから分かるのは、家族だけでなく、一九八〇年代当時の管理的な学校環境や陰湿ないじめなどが当時の苦しみを生み出していたということである。実際に、インタビューでは「家族の話ができるようになったあとも、いじめの話はしていなかったですね。たぶん自尊心に直結するというか」と語られており、いじめ被害のインパクトの大きさが推察された。「生きづらさ」の要因としてどちらが大きいという問題ではなく、「不適切な養育」の重大さは疑いえないが、個人の困難が単純な因果で語れないことが分かる。

また、子どもが養育環境から逃れるために主体性を発揮しうることも、Aさんの事例は示している。みずから電話帳で「子ども電話相談」の番号を探して相談する。暴力的な親子関係から逃げ出すために中学三年で一人暮らしを決行する。そうした行動はもちろん、不登校や精神症状、母親への対抗的な暴力行使さえも、環境に対するできるかぎりの個人の抵抗と解釈することが可能である。

こうした個人の抵抗を下支えしている背景もある。Aさんのケースでは、人間関係は家庭と学校のみで閉じられてはおらず、地域の子ども集団とも一定のつながりを持っていた。たとえば小学校の頃、Aさんは街外れの公営住宅に住む貧しい子どもたちのもとへよく遊びにいっていたという。一〇世帯ほどが身を寄せ合うように暮らす彼ら・彼女らは、仲間意識が強く、純朴で優しかった。おそらくネグレクトに近い状態だったのだろう、彼ら・彼女らは学校を休みがちであり、不登校になっている子どももいたとAさんは記憶している。

家の前で座ってしゃべってるんです。年上のお姉さんみたいな人たちがいて、その人たちと話して。お姉さんたちも（学校に）行ってなかった。不登校の理由は聞いていない、教えてもらっていない。（不登校）だからといって卑屈でもなく、すごく明るかったのが印象に残っている。（Aさん、インタビュー）

Aさんは自分が不登校になったとき「学校に行かなければ人生が終わる」と感じたというが、学校の外部にいる人びとと具体的な交流を持った経験は、明確に意識されずとも「この社会は多様である」という実感をAさんに与えたのではないだろうか。

また、一人暮らしのAさんのアパートは地元の友人たちのたまり場となっていた。シンナーを吸い悪事自慢や恋愛の話をする仲間たちは、ときに過酷な家庭環境を語り合うこともあり、「反抗の裏には被害の経験がある」とAさんは気づいていく。

家庭や学校以外の視点としては、精神科の医師が身体のあざを発見して親に注意するなど、専門家の関与もあった。

それに加えて、父親の出奔により一〇代のうちから働く必要に迫られたAさんは、良くも悪くも早期のうちに、学校と家庭という「子ども」の世界から、働く「大人」の世界へと参入させられていった。二〇代になると積極的に治療を探し求め、人生の転機となる精神科医Pとの出会いを果たしていく。

このように、Aさんの事例においては、家庭環境は過酷でありAさんが抱える困難の重要な要因の一つでありながらも、必ずしも決定的ではなく、Aさん自身の主体性や外部の世界との出会いなどによって相対化されていったことがわかる。

②Eさん、Dさんの場合

他方で、Eさん、Dさんの事例では、学校と家庭が一体となって子どもの世界を埋め尽くしているように見える。

Eさんのケースは、親から医者になることを強要され、身体的暴力こそなかったものの、暴言を浴びせられたり病気のときに適切にケアされないなど「教育虐待」「心理的虐待」「医療ネグレクト」とも言いうる状況があった。Eさんにとっては家庭内で伝達される価値がすべてであり、それに依拠すると人間関係がうまくいかず、追い詰められていった。

Dさんの語りでは、明確に「虐待」といえるようなものはなかったが、親は漫画やテレビ番組といった子ども文化を禁止し、勉強にしか価値を認めなかった。「興味を持ったことを突き詰めて探求する」という長所であるはずの性質は疎まれ、主体的に自分の人生を生きることができない苦しみが募っていった。

Eさん、Dさんのケースでは、子どもを学力パフォーマンスではかる点で学校と家庭が結託し、その価値観に子どもを囲い込んでいる。Eさんは高学歴専門職家庭、Dさんは高卒ブルーカラー家庭だが、いずれもテストの点数は気にしても、子どもが同年齢集団のなかでどんな関係性を生きているか、本人がどう感じているかを気にかけない。子どもはそうした家庭と学校のあり方に適応し、その結果、自身の意志や感情と同年齢集団との関係が犠牲にされていく。学齢期には本人の懸命な努力によって覆い隠されている。だが問題は深刻であり、大人になったあとで表面化してくる。

具体的な問題としては、対人関係の軋みがある。Eさんは、大学を卒業して専門学校に入った頃の人間関係について「僕にとってはうちの家庭が社会の基本」「それを取り入れながらやると軋轢が生まれる」と語っていた。Dさんは大学中退を所属研究室の教員に伝える際、「何も聞かずに辞めさせてください」と言い、教員の反応は「自分の意志がなさすぎる」というものだった。これらの語りからは、「自分の思いを言葉で伝え、相手の思いを聞き、すり合わせる」という対人コミュニケーションの基本がうまく成立していないことがうかがえる。

精神疾患やひきこもりの原因に親の「不適切な養育」を指摘するのは簡単である。しかし、同時に強調しておきたいのは、「親の養育の適切さ」が子どものメンタルヘルスや対人関係を規定するような、一人の子どもの養育環境に占める家庭の比重の大きさであり、家庭と学校の価値が結託して子どもの人生を覆い尽くす外部のなさである。虐待が許されないのは当然だが、すべての親に「適切な子育て」を求めることもまた非現実的であるだろう。子どもを受け止めないことがあったり、ある種のゆがみを持つ価値を押しつける親は一般的であり、むしろ、それをまったくせずに子どもを育てることは不可能だ。そうであれば指摘されるべきなのは、「不適切な養育」とともに家庭と学校の外部の喪失、すなわち家庭を相対化する雑多な人間関係や価値の喪失であるといえる。

(2) いかに学校から漏れ落ちるのか

本章で取り上げた五名のうち、Bさん以外の四名には学校から撤退した経験がある。Cさんは学校の同調圧力やテストの点数による序列化などを受け入れがたいと感じ、小学三年時に学校に行かなくなった。Aさんは中学一年のとき、家庭の暴力と学校でのいじめ被害から精神疾患になり、不登校となった。Eさん、Dさんの場合は高校までは本人はしんどさを抱えつつも通い続け、大学入学後に、負荷をかけられ続けた綱がすり減ってちぎれるように、授業に出られなくなっている。Bさんは勉強やスポーツに「ついていけない」感覚を持っており、中学・高校ではいじめ被害にあうなど学校には行きたくなかったが、厳格な父親に無理やり登校させられていた。

事例を横断して見てみると、ある一時点で不登校であるかどうかは、その後の「生きづらさ」という観点からは必ずしも大きな分岐点ではないことが分かる。学校に行かなくなることで、本人の「問題」は周囲の目に明らかになる。だが本人にとっては「問題」はしばしばそれ以前から生じており、不登校はそのことの一つの帰結にすぎない。「問題」が不登校になって初めて生じ、学校に行けば解消されるように見えるのは、本人ではなく周囲にとってでしかない。逆にいえばBさんや中学・高校時代のEさん、Dさんのように、不登校でなくとも「問題」を抱えており、それが見えなくなっているケースもある。「問題」があるにもかかわらずそれが本人の努力によって隠されている状態は、ある意味では「問題」が表面化している状態にもまして深刻である。

(3) いかに「非正規雇用」「無職」になるのか

インタビュー対象者のなかで、賃金労働を一度も経験したことがないという人はいなかった。だがそれは非正規の仕事がほとんどである。BさんとDさんには正規雇用の経験があるが、いずれも長期間とはいえず、退職後は無職や非正規雇用になっている。

もっとも多様な職を経験し、長い期間働いてきたと考えられるのはBさんである。Bさんは新卒で正社員として入社した会社を一年未満で退職し、その後は工場や清掃、コンビニやパチンコ店の店員などさまざまな職を転々とした。実家の援助をあてにできなかったため、働くことには常に経済的な動機づけがあった。

Bさんの語りにおいて、仕事のきつさは多様な側面を含んでいる。それは、「休日に会社のソフトボールに参加させられる」ような日本的企業としての言わば「昭和的」な側面であったり、「決められた仕事量を期間内にこなせなければ解雇される」ような市場競争に晒されて余裕を失った職場という「平成的」な側面であったりする。

とりわけ「使える人間」でなければ勤め続けられない不寛容さの問題は大きい。職場の期待通り早く正確に仕事をこなすことが難しい人は、容赦なく責められ怒られ、辱められて職場を去るように仕向けられる現実がある。Bさんが二〇代から三〇代だった二〇〇〇年代は「労働ビッグバン」といわれるなかで雇用の規制緩和と劣化が進んだ時代だった。ほんの少しの「不器用さ」が受け入れられないためにどこにも定着できず、「働く貧困層」となる。明確な障害があるわけではなく、生活は何とか回っているため福祉的な救済の対象とはならないが、安定した雇用を得ることは現実的ではない。何らかの予期せぬ不運やトラブルがあれば暮らしは揺らぎ、生活保護の受給が視野に入ってくる——こうした状況に直面している人は、Bさんにかぎらず少なくない。実家の経済的援助がなく貧困が顕在化する場合もあるが、他方で自活していなくても親元で暮らしているために貧困が不可視化されているような場合には、親の老いによってある時点で一気に問題が噴出すると考えられ、本質的な差があるわけではない。

また、Eさんのケースでは、対人接触の少ない職場を求めた結果、ウーバーイーツの配達員にたどり着いていた。しかしそれは、支えてくれる同僚や上司のいない、雇用保障も労災補償も実質的に存在しない、自由と自己責任の極致のような仕事であった。また、こうした仕事は実質的に男性が就きやすく、女性の仕事は飲食店など対人接触の多いサービス業に偏っている点は、「ひきこもりを経て仕事へ」というハードルが女性において上がることも示唆していた。

3　分　析②——いかにつながりを取り戻すか

学校や仕事から撤退し、人間関係から切り離され、孤立した苦しい時期を過ごす。しかし人はずっとそのままでいるわけではない。以下では、社会的なつながりが切れたあと、どのようにそれが取り戻されていくかを見ていこう。

(1) 困難さの自覚、場や仲間との出会い

周囲の期待に合わせて自己を押し殺すことをやめ、自分で自分を理解しようとしたときに、つながりの回復が始まることがある。

対人困難と自己否定感を抱えていたEさんは、三一歳のときに「自分は何者なのか」と考えるようになり、ひきこもりという概念に出会った。この概念を通じて自助グループで仲間を得、語りにくい経験を共有できる安心感や、語れば伝わる喜びを味わった。他方でそれは、自己の状態を「怠

け」「無価値」と信じてきたそれまでの生き方に断絶を迫るものだった。Eさんは「三一歳のときに人生をあきらめた」とも語っており、ひきこもりというカテゴリーの引き受けが、人生を断念して初めて可能になるほどのものだったことが分かる。

また、不安定雇用を渡り歩いてきたBさんは、「ロスジェネ」当事者の発信に出会ったことをきっかけに、さまざまな居場所や貧困をテーマとするイベントなどに出かけ、仲間と語り合うようになっていく。それまでの「自己責任」という状況の定義が覆され、社会の問題として再定義されていくのは、Bさんにとって目の前の霧が晴れるような経験だった。

不登校となってから家で一人で過ごしてきたCさんは、一九歳になったときに居場所Gと出会う。Cさんは「大人のフリースクール」を探してGにたどり着いており、「不登校」という言葉の引き受けが居場所との接続に関係しているように見える。Gとの出会いはさまざまな意味でCさんの人生の大きな転機となった。「文章を書きたい」という「夢」は、づら研参加者のコミュニティ新聞の編集者から声をかけられて実現した。また、居場所Gで人間関係の調整をしていた経験が、のちに作業所で働くときに活かされてもいた。

一方で、Dさんは自助グループにも参加しているが、むしろ図書館のイベントなど目的のはっきりした場への参加が中心となっている。独自の趣味の世界を持つDさんにとって、「経験の共有」は他の人ほど大きな意味を与えられていない。それでも「自助グループや図書館のイベントに通うための交通費を稼ぐ」ことが就労の動機づけになるなど、場への参加は重視されていた。

（2）学び直し

学校からドロップアウトした人が、その後何らかのかたちで学び直していくことがある。その学び直しは、学校という制度のなかでなされるとはかぎらない。

Aさんは一〇代で高校を中退したあと、さまざまな仕事を転々としながら精神障害の治療を続け、三〇代のときに「当事者としての経験を活かして支援者になろう」と決意する。そして通信制の高校・大学で学んで四〇代で精神保健福祉士の国家試験に合格した。若い頃に学校をドロップアウトしたAさんにとっては大きなチャレンジだったが、学ぶ意味は自分の人生に根ざして実感されており、大学で学ぶ知識を感動をもって吸収することができた。その後、取得した資格を活かす職場で働くようになった。

他方で、Cさんは言語能力が高く学びへの意欲も高いが、不登校となったあと、Aさんのように学校に戻ろうとはしなかった。その理由は、二〇一五年の時点で以下のように語られた。

貴戸：「学校に行ってみよう」とかそういう思いはない？
Cさん：学校にまず行きたくないんで（笑）。学校はもういいかなぁとか思ってるんで。
貴戸：「学校はもういいや」っていう気分て、どういう？
Cさん：うーんと。学校以外の場所でも、人は学べるし出会えるし、けんかもできるし、分かり合ったりできるし、っていうことを居場所Gとかでもう知っているし。勉強は、「学ぼうと思えば誰でも自由にどこでもできるべきだ」って思うし。大学もね、知り合いの講義にもぐり込むのはすごい楽しいんですよ。でも、「大学生になるのはいいや」って思ってて。「単位とらなきゃ」というのが課されるとすごい自分は「かつかつ」になっちゃうから。何者でもないことが意外と気に入っているのかもしれないですね。「学生」っていう身分を買うのが意外としんどいのかも、自分にとって。

貴戸：うーん、なんでかな。

Cさん：いつかは失うものだし。自分にとって学生だったことって、小学校中学校のしんどかったイメージしかないので。

（Cさん、インタビュー、二〇一五年）

ここでは、「学び」「人間関係の形成」という重要な知的・体験的内容が、制度としての学校と結びつく必要がないことが語られている。大学で講義を聴きたいのであれば、担当者の許可を得て聴講することができる。他方で、学校の制度的な意味は「所属」に限定されており、職業資格という点は触れられていない。

今振り返れば、上記の会話において「学校に行きたくない気持ち」について繰り返し確認するインタビュアー＝私は、未熟にも、「Cさんの能力が制度のなかで発揮されないのはもったいない」と考え、学校にマイナスイメージを持つCさんを歯がゆく思う気持ちをにじませてしまっているように見える。私にかぎらず、無業で家にいる状態の人に対して「何らかの学校に行く」ことを提案したくなる人は多いだろう。だが、本人の動機づけが薄いなかでそれをしても、長期的にうまくいくとはかぎらない。

たとえば、Eさんは、ひきこもりながらも私立の四年制大学を卒業し、その後鍼灸師の夜間専門学校で学び資格を取得した。しかし、それらはすべてEさんの選んだ進路とはいえず、大学卒業に際して就職活動をすることもなく、鍼灸師になることもなかった。Eさんがやりがいを見いだしみずから活動していくのは、ひきこもりという概念を通じて自己を理解し、仲間を得たあとのことである。Dさんも、周囲の期待通り有名大学に入学したものの、「自分の意志が反映されていない」ことに苦しみ、結果的に退学している。

(3) 仕事の世界へ

「生きづらさ」を抱えた人は、どのように仕事の世界に参入していくのだろうか。

仕事は経済的な自立に向けた歩みであるだけでなく、与えられた役割を遂行することで個人が社会のなかで足場を確保していく主要な手段である。ひきこもりや無業の状態にある人にとって、仕事をどう考えるかは、経済的にもアイデンティティのうえでも重要な問題である。

以下では、不登校ののちにひきこもりを経験し、就労継続支援を経て一般就労に至ったCさんの、二〇一五年と二〇二一年のインタビューの語りを比較しながら、「個人と仕事の関係」がどのように変化していくかを見ていきたい。

Cさんは、二〇代前半の頃にいくつかのアルバイトを経験したが、その経験は苦しく、仕事には漠然とした恐怖を抱いていた。以下は二〇一五年のインタビューで語られた、Cさんの仕事に関する思いである。

Cさん：「自分じゃなくてもいい」っていうのがつらいのかもしれません。世の中の仕事は、自分であることを認めてくれない。怖いのは、「自分を機械にしなきゃいけない」とか、「自分の感情や心を出してはいけない」と思っているからかな。

貴戸：郵便局や清掃をしていると、そういうふうに思った？

Cさん：そうですね。まじめなだけかもしれないけど、「仕事のことしか考えちゃいけない」と思っていて、どっちもそうだった。自分の考えたいこととかしたいことを切り分けなきゃいけない。「自分である」ということが一部分でも認められていたら大丈夫だった、全部じゃなくても。でも、「誰でも取り替え可能」って結構傷つく。

（Cさん、インタビュー、二〇一五年）

当時のCさんにとって、働くことは「機械になる」ことであり、「取り替え可能な部品」となり自己の尊厳を傷つけられることだった。そこでは「自分であることを捨てて働くか、自分であることを守って働かないか」という二者択一が生じる。

こうした仕事観は、その後、作業所での軽作業や食堂で働く経験を経た二〇二一年のインタビューでは変化していた。「二〇一五年のときと現在で、仕事に対する姿勢は変わったか」という質問に対し、Cさんは次のように答えてくれた。

「仕事が変わった」っていうよりかは、「自分のほうが変わった」のかなぁっていうのは思いましたね。実際に「仕事」っていうのに参加してみて、「働いてるのもやっぱり人なんだな」ってすごく思ったというか。やっぱりいろんな役割、いろんな感情を持ちながら、職場のチャンネルに合わせてるので、私（であること）は別に変わらないし。「みんないろんな面があって、でも今は職場にチャンネルを合わせて、職場のチャンネルで付き合っている人たちなんだなぁ」っていうのを意識したりだとか。私、「自分じゃなくていいよって言われるのが嫌」みたいなことを、二〇一五年のとき言ってたと思うんですけど、今は、「私以外の誰がやってもいいけど、とりあえず今は私が任されている」。そう思ったほうが自分にとってモチベーションにもなる、っていうのはありますね。「誰がやってもいいんだけど、とりあえず今は私が任されているからやろう」って。あとは「厨房、次に使う人が気持ちがいいようにきれいにしよう」って思うし。（Cさん、二〇二一年、インタビュー）

働くことが「機械になる」ことだとすれば、働いている人は「機械」であり「人間」ではないことになる。だが、実際に定着できる職場を得て、Cさんが実感したのは「働いているのは人間だ」ということだった。「働くこと」と「自分であること」とは、ここでは両立可能と見なされるようになっている。「誰がやってもいいが、今は自分がやろう」という言葉には、社会的役割に自己の存在が還元されるときがあっても自尊心は揺るがないという、ある種のタフネスが現れている。

こうした変化の背景には、居場所Gでの「関係作りをやりきった」という感覚や「そこで学んだ自信」があるだろう。居場所Gは特に就労に向けた後押しを行っていないが、Gでの関係構築を通じて、結果的に、参加者たちはそれぞれのタイミングで自己と仕事との関わり方を変化させていっている現実がある。

さらに、仕事にはCさんが強調するような実存的な意味づけの側面だけではなく、生活を支える経済行為という意味がある。障害年金を取得していることや、実家が精神的・経済的サポートを提供しているという背景が、Cさんのポジティブな変化に関係していることは想像にかたくない。その意味で、Cさんの仕事に対するスタンスは、たとえば制度的救済も実家の援助もなく自尊心を削られても生活のために働き続けるBさんのそれとは、大きく異なるといえる。それでも、漠然とした仕事に対する恐怖感が、自助グループや就労支援での具体的な人間関係を通じて和らぎ、等身大の自己と仕事の関わり方を見いだしていくCさんのあり方は、つながりの回復の仕方の、ある種の典型と言いうるものである。

(4) 支援の利用

本書の語り手のうち、医療や福祉などの制度的支援を受けた人は、Aさん、Cさん、Dさんである。支援を受けることは、受動的な経験ではない。支援が意味を持つのは、それを利用する本人が、「どのような支援を誰から受けるか」を自分の意志で決めるときである。

子どもの頃から貧困や虐待など複合的な困難を抱えてきたAさんは、信頼できる支援を求め続けてきた。Aさんの人生にとって重要な精神科医のPとフェミニストカウンセラーのQは、ともにAさんの意志や感覚を尊重し、治ろうとする主体的なちからに信頼を寄せた。一方で、「働いて自活するなど無理だ」と意欲を削ぐ支援者には見切りをつけてきた。Aさんはインタビュー当時、四人の支援者に助けられながら仕事や生活を回していた。支援者たちは、カウンセラー、作業療法士、臨床心理士、精神保健福祉士であり、所属機関もばらばらである。「自慢できるくらい支援者に対しての見る目が育っているので、選びに選んだ人に側にいてもらっている」（Aさん、インタビュー）と言うように、支援者たちを配置するのは、あくまでも支援を受けるAさんである。

また、Cさんは就労継続支援B型の作業所を利用し、障害年金を申請していた。直接のきっかけは、父の退職という経済的問題だったが、実際に通う作業所を「信頼できるスタッフリーダーがいる」という観点から選んだのはCさんだった。受給までのプロセスは親ではなくCさんが主導し、親や医者には必要に応じて助けてもらった。「私が生きていくために必要な手続きは、親より私のほうが詳しいので」とCさんは語っている（Cさん、インタビュー、二〇二一年）。

Dさんが、保健所のひきこもり支援窓口を訪れたのは、六年ほどひきこもったあとだった。支援には親などの勧めではなく、みずから出向いた。簿記二級の資格があったためにすぐに事務アルバイトを紹介され、その後は正社員になっている。

他方で、支援ニーズが制度の狭間に落ち、求めても満たされないケースもあった。一般就労で正社員を目指すことは困難だと判断したBさんは、「生活保護を受給するか、障害者枠で就労するか」と考え、まず生活保護の申請窓口を訪れている。しかし、競取りで扱っている在庫商品を財産と見なされ、申請できなかった。障害者枠での就労も考えたが、具体的に動こうとすると厳しい状況が次々に見えてきた。

（障害者）手帳とっても、就職できるかどうかね、疑問に感じるんですよ。「障害者枠でも結局競争じゃん」と思うて。いろんな人の話を聞いてみたら、「障害者枠でも、社会経験のあるキャリアのある人がぜったい有利やな」と。「手帳とっても意味ないな」思うて。地元では交通費の割引もないしね。手帳とって就労支援AとかBとか行っても、工賃も安いし、就職できるかわからん。そしたら「今と同じように競取りやっといたほうがいいかな」って。（Bさん、インタビュー）

人生の選択肢を合理的に検討した結果として、Bさんは現在の状態にとどまり続けている。Bさんだけではない。このように制度的支援の隙間に落ち込む事例は少なくない。

4　まとめ

以上では、五名のインタビューをもとに「人がいかにつながりを失い、取り戻すのか」を個人史の文脈のなかで見てきた。

一人の人が長期のひきこもりや無業、精神の病などの困難を抱えるようになるプロセスには、貧困、親による不適切な養育、過酷な学校環境、雇用の劣化、根源的に考えようとする本人の態度、事故などの偶発的な不運など、さまざまな個人的・社会的要因が絡んでいる。「生きづらさ」は多様であり、原因を特定しそれを取り除けばなくなるような、単純なものではない。

一方で、つながりを取り戻すプロセスには、ある共通点がある。

第一に、「生きづらさ」に対応していくのはあくまでも本人だということである。居場所も学びも就労も、本人がそれを望み、自分に合った場所を選ぶときに初めて、本人にとって意味深いものとなる。つながりの取り戻しは直線的には進まず、長い試行錯誤の時間を要するが、違和感や苦しみにふたをして、「もういい年だし、アルバイトくらいできなければ」というプレッシャーから動き出しても、持続的なつながりの構築に至ることは少ない。また、同じ支援や制度であっても、それを主体的に利用する本人のちからに支えられていなければ、効力を発揮することはできない。そのため、本人が一人前の知恵と活力のある存在として尊重され、自分の人生における主導権を握っていけることが、職業紹介や研修といった具体的な支援に先立って必要となる。

支援を主体的に利用することは「本人の強い意志」や「支援‐被支援間のマッチング」といった、操作可能な問題ではない。むしろ、周囲との関係性や心身の状態、社会環境などの変化のなかで、「今はまだ『そのとき』ではない／そろそろ『そのとき』だ」と不意に発見されるような、タイミングの問題に近い。自身には「どうにもできない」と深く思わされる経験をしてきた人にとって、ままならなさと交渉しながら自分の人生を自分で決めていくことの意味は重要である。だがそれが、いついかなるかたちで訪れるかは、本人にしか分からず、かつ本人にも決められないことだといえる。

また第二に、「生きづらさ」に取り組むには人生の意味づけを共有できる味方や仲間が必要だということである。味方とはサポートしてくれる専門家や支援者、仲間とは似た問題や経験を共有するほかの人のことだ。不登校・ひきこもり・ロスジェネといった言葉を通じて自助グループやイベントに参加し、仲間に出会う。支援の場で魅力的な専門家や支援者に出会う。そうした具体的な人間関係を通じた「分かる」「伝わる」という理解や共感の感覚が、他者や社会への基本的な信頼や自信を取り戻すことにつながっていく。

このことは、単に人間関係に開かれることにとどまらない。それはいわば「自分だけの問題ではなかった」と気づくことで、個人の生が他者の生へと結びつき、そこに等しく影響を与えてくる社会というものに対して知的な想像力を持つことでもある。Aさんは、大学で学ぶなかで、ないことにされていると思っていた貧困が、解決すべき「社会問題」と見なされていたことに「感動」した経験を語っていた。Bさんは、ロスジェネ世代の書き手の主張に触れたとき、「自分だけではなく自分が属する世代が同じ問題を抱えている」という気づきを得ていた。さらに、Cさんは読書やづら研への参加を通じて「この仕組みじゃあ苦しいと思ってしまう人はいっぱいいるよな」と感じるようになり、個人の問題ではなく社会の問題だと考えるようになっていた。

それが自己を理解し人生を切り抜けるために内発的に必要とされていたことからは、「生きづらさ」を抱えた人とは、このような知的想像力に対するニーズを持つ存在でもあると、言うことができる。

第6章　「私」とは誰か、「この場」とは何か

本章では、「居場所」「当事者」という自己言及的なテーマについて、づら研という場で導き出された知見を紹介する。

「私は、この場で経験を語ることができるだろうか？　それが許されるだろうか？」

「この場は、私の経験を受け止めることができるだろうか？　それに値するだろうか？」

づら研の参加者たちは、そのような問いの感覚を持って場に集う。「づら研で何を語るか」は、「私（たち）とは誰か」「づら研はどのような場か」という問いと一体となっている。

本章の議論は、づら研における「当事者研究の成果」であるとともに、既存の居場所論や当事者論に新たな視点を付け加えるものとなっている。

1　居場所

(1) 重要性

居場所に関連してまず語られるのは、一般社会の価値が棚上げされ、値踏みや蔑みの視線に晒されることなくその場に居られることの重要性である。

話しても世間では理解されないような話（ひきこもり、不登校など）も、当事者の集いでなら話すことができる。世間では（「それではダメだ」などと）価値判断されてしまって話せない。（「当事者性と言葉の研究」ホワイトボード〔以下、WB〕、二〇一九年）

居場所で泣き言などを言えたり、相談できる関係ができて、（自分が）変わった気がする。昔は「相談する」という発想もなかった。（「渦中のやり過ごし方について」WB、二〇二〇年）

ここで言及される「居場所」や「集い」は、づら研を指すこともあれば他の場を指すこともあり、それらをひっくるめて一般的に語られる場合もある。いずれにしても「生きづらさ」を抱える人にとって居場所は、安心して自己の問題を語り、他者と共有することを可能にする場となっている。それはまた、「自己とは何か」をつかむ作業を進めるうえでも重要である。

自分の感情を認めることは大事で、でも、それは一人ではできないことで、コミュニティや場が必要。個人が引き受けるのではなく、複数の人たち（で引き受けられる）、場があることが大事なのかも。（「渦中のやり過ごし方について」WB、二〇二〇年）

たとえば「寂しい」「怒っている」といった自己の感情も、一人で認識することは難しく、認識するにはその語りを受け止めてくれる他者が必要である。

カギとなるのは、その他者は特定の誰かではなく場のなかに存在することだ。閉じた二者関係では、自己の輪郭を確定していく作業は相手や関係の状態から影響を受けやすく、揺らぎがちになる。その揺らぎを最小限にしようとすれば、受け手の側に高い専門性や経験が必要になってくる。それが三人以上集う場になれば、個々の影響は弱まり、自己の確定作業は相対的に安定するのだ。オープンダイアローグの日本への紹介者の一人である斎藤環は、治療者がチームで関わるメリットとして、「転移などの依存関係が起こりにくくなり、治療者が解放される」ことを挙げている（斎藤2021：70）。

二〇一七年「ままならない波の研究」では、ある参加者が「一番良い関係」を図6－1のように表して見せた。

これを単純化して示したものが、図6－2である。

ここでは閉じた二者関係は、二人を関係ごと見守る第三者を含む場のなかに位置づいている。恋愛関係や友人関係が「煮詰まった」ときに相談できる場があることで、自己や関係の状態を把握し、対処することができるのである。

(2) なじめなさ／排除

他方で、居場所における「なじめなさ」や排除の経験が語られることもある。なかには「月一回

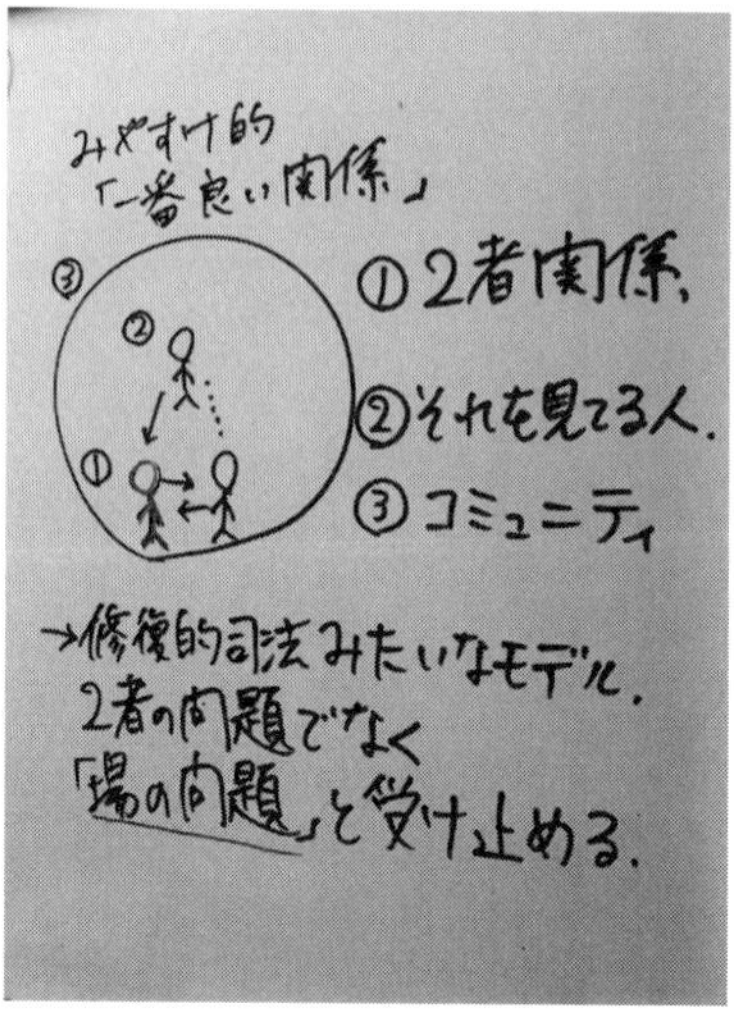

図6-1　二者関係と場（ホワイトボード）

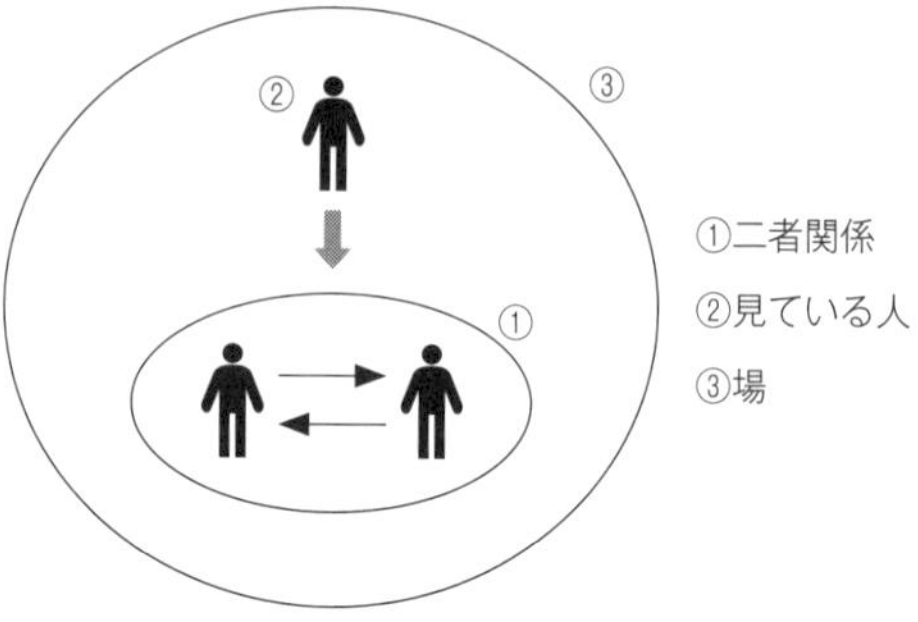

「相手との関係」が「場との関係」に位置づけられている

図6-2　二者関係と場

で三万円の会費をとられる居場所に行っていたが、似非スピリチュアルのような思想で「波動が低い」と一方的に決めつけられ、まるでいじめのようだった」（「場のあり方の研究」二〇一九年）というように明らかに場自体に問題がありそうなものもあるが、一見うまくいっている居場所においても、さまざまな水準の葛藤が生じている。

たとえば、新規参加者が「なじめなさ」を感じる場合がある。

四〇代で居場所に行ったが若者中心で疎外感があった。

自分は「居場所」に来ると想定されていないタイプだったようで、「カラーが違う」というようなことを言われ傷ついた。

（以上「当事者性と言葉の研究」WB、二〇一九年）

また、「同じ経験をしていても必ずしも分かり合えない」と感じてしまうこともある。

幼い頃からトラウマやうつでしんどい思いをしてきてひきこもっている。「働いて（いたけれども）力尽きた」（という経歴の）人からはバッシングされることもある。ひきこもり同士でも理解し合えないこともある。（「勤労の義務の研究」WB、二〇一七年）

「メンタル不調を抱え働くことに足が向かない」という状態の人と「働いていたが職場が過酷であったため力尽きて辞めた」という人は、「ひきこもり」という自己を語るキーワードが同じであったとしても、「あなたには分からない」と感じ、見かけ上対立してしまうことがある。

また、居場所では多様な経験を抱えた人が入り交じるなかで、ある種の「傷つき」を抱えた人たちの関係性が焦点化されるため、「トラブル」が発生することが稀ではない。そのなかで、結果的にある人が居場所から排除されるという事態が起こる。

ひきこもりの自助会でトラブルがあった。（結果的に自分が「悪者」のようにされ）人格攻撃をされ、行けなくなった。その経験がトラウマのようになっている。「また排除されたらどうしよう」と「ぐるぐる」する。（「ぐるぐるの研究」WB、二〇一八年）

居場所を失った経験が何度か重なっている。自助グループもトラブルで参加できなくなってしまったし、個別の関係も破綻してしまった。（「不安の研究」WB、二〇一九年）

傷つきを抱えて戸を叩いた場でさらに傷を重ねてしまうことは、本人にとって他者や社会に対する深い不信感を刻みつける体験となりうる。

しかし、それがいったいどのような「トラブル」であったのか、具体的に語られることは少ない。そこにおける「傷つき」とは何か。「期待しすぎる」「何気ない言葉に必要以上に傷つく」といったある種のヴァルネラビリティの問題なのか。あるいは、何らかの暴力や差別などによる「被害」の経験なのか。

前者を示唆する語りには、以下のようなものがある。

利用する側として「求めすぎない」ことも大事かも。ここなら救ってくれる、というのではなく、「人間関係なんてそんなもの」と思っていること。（「同調圧力について」WB、二〇二〇年）

「居場所なら同じしんどさを共有できる」というのは幻想。それが腑に落ちるまで時間がかかった。（「呪いの研究」WB、二〇一九年）

他方で、下記のような語りもある。

「分かり合える」と思っている場で露呈する無理解がある。たとえば、ひきこもりの自助会の同性愛差別など。（「当事者性と言葉の研究」WB、二〇一九年）

「当事者会」が常に「良い」「安全な」場とはかぎらない。（「同調圧力について」WB、二〇二〇年）

ここで焦点化されているのは、後者だろう。個々の傷つきと差別では、場の責任において大きな違いがある。しかし重要なのは、現実の複雑な相互作用においては、しばしばその切り分けが難しいということである。

居場所の関係はぐちゃぐちゃのカオス。被害を聞いてもらえないときは、「被害」にもならない。

「被害」と「関係性のなかの傷つき／傷つけ」をどう区別するのかはけっこう難しい。

（以上「同調圧力について」WB、二〇二〇年）

たとえば「あの人はちょっとコッチ系みたいに見える」「お茶は女の人に淹れてもらいたい」などの発言があれば、それは同性愛差別、女性差別と認識しやすい（それでも認識できない場合もあるが）。一方で、たとえば「〇〇さんは義務教育時代に不登校をしてその後学校に戻っていないから、中卒なんだね」とか、「この前テレビで高学歴のひきこもりの人が「単純労働はしたくない」と言っていて、どうなんだろうと思った」などの発言はどうだろうか。「中卒」という言葉で学歴を可視化されることは本人にとって暴力的かもしれない。また、「仕事をえり好みするひきこもり」というステレオタイプの反復は、ひきこもりの状態に苦しみながらも「どのような仕事でもします」とは思えないでいる人にとっては、胸をえぐられるような感じがするだろう。だが、これらの言い方が「差別」とすぐに言いうるかといえば難しい。突き詰めていえば、もっと日常的な「家族とご飯を食べた」というような話題にさえ、深く傷つく場合はある。

居場所は人と人が集まるという意味で社会の一部である。一般的に、社会との接触によって自己の安定性は脅かされる。さらに居場所には過去に他者や集団との接触によって特に深い傷つきを抱えた人が集ってくるという固有の背景があり、傷つきの可能性は二重化するといえる。「居場所の関係はぐちゃぐちゃのカオス」という表現は、そのような局面を指していると考えられ、これにどう対応するか、居場所は常に問われている。

何かあったときにクレイム申し立てができる関係や制度を持つこと、場や人が「聞く耳」を持つことが、安全・安心を担保するのではないか。（「同調圧力について」WB、二〇二〇年）

具体的な関係性のなかで対話を重ねるしかない。（「生きやすさの研究」WB、二〇一八年）

これらの語りを通じて提起されているのは、居場所においてトラブルの発生自体を回避するのではなく（それは不可能である）、トラブルが発生したときに受け止めうる関係性や仕組みを作ることの重要性である。

（3）「づら研」への批判

づら研という場への批判も話題になることがある。以下で具体的に見ていこう。たとえば下記のような発言が、定例会で出てきた。

づら研でも「聞いてもらえない」感覚になることがあり、「呪い」が溜まる。（「呪いの研究」WB、二〇一九年）

「づら研に来たくない、来ても解決にならない」という人もいる。（「不調さんを持ち寄ろう」WB、二〇二〇年）

司会・コーディネーターと他の参加者のあいだに権力関係がある。言語優位だから、知識を持つ者と持たない者の差がある。（「同調圧力について」WB、二〇二〇年）

づら研はもちろん万能ではなくさまざまな限界を抱えている。「対話」「研究」がある種の参加者には「解決にならない」と見えたり、場を仕切る司会・コーディネーターが抑圧的に感じられるといったことは起こる。司会やコーディネーターは、暴力的な言動や深刻な対立については介入するが、異なる主張や葛藤についてあえてすり合わせることはしていない。

このように、づら研もまた他の居場所と同じようにさまざまなトラブルと無縁ではないが、少なくとも「この場は違和感を口にしても排除しない」と具体的に示すことで、二次的な傷を重ねなくて済むよう工夫がなされている。

表出の〈根〉にある部分を受け止められる関係や経験が大事。「イヤ」と言ったら終わる関係と、「イヤ」を受け止められる関係がある。（「イヤの研究」WB、二〇一七年）

この語りにみられるように「場の価値に同調しなくてもその場に居られる」ことが、づら研では重視されているといえる。

（4）社会とのつながり

居場所につながる人びとは、そこだけで社会生活を完結させることはできず、多くの場合、職場など居場所以外の他者や集団ともつながりを持つようになっていく。しかし、居場所から就労への移行は一筋縄ではいかず、「居場所に溜まる」という問題が指摘されてきた（田中ほか 2005 など）。以下では、づら研の語りを既存の居場所論を参照しながら整理し、新たな「個人と居場所の関係」についてのヒントを探ってみたい。

居場所は、たとえば「不登校の子どもがありのままでいることを尊重する」というように、就学・就労などの目的を棚上げすることで、個人に対して評価や序列化を行わず存在を受容しようとする。新谷周平（2012：234）はこの特徴を「意図の間接化」と呼んだ。

だがそこには、「ありのままを尊重していれば、本人はいつかエネルギーを溜め、社会に出ていく」という段階的な思考が潜んでいる。社会参加を促す「意図」は、あくまでも「間接化」されるだけで無化されることはなく、「ありのまま（現状維持）」でよいとされつつ、どこかで「社会参加（変化）」が目指されるという矛盾が生じる。この矛盾が顕在化しないのは、対象が「子ども」であり「成長」という名の未来に向けたポジティブな変化が主体のなかに見込まれている場合だけである。

では居場所に集うのが「大人」ならばどうだろう。「大人」の場合、時間の流れは、ますます狭まる自活の可能性や親の介護といったネガティブな変化に重ねられやすく、居場所で過ごすことはそのままでは「社会参加」に接続していかない。そこでは「居場所に参加しながら並行して社会にも参加する」というアクロバットが求められていく。

そのための一つの方向性は、「居場所で人間関係に慣れたあとで就労に向けて動き出す」というように、居場所を「社会参加」の手段として明示的に位置づけることである。言わば意図を直接化するのだ。しかし、これは「ありのままでよい」とする価値を損ない居場所を居場所でなくすものである。

当事者会で「よくなる」のを目指すのもどうなのかと思う。（「不調さんを持ち寄ろう」ＷＢ、二〇二〇年）

当事者グループや居場所は社会復帰のための手段なのか？　手段になってしまうと居場所ではあれない。（「どこまでが当事者なのか問題」WB、二〇一八年）

こうした手段としての居場所の位置づけを表したのが、図6-3である。では、居場所として就労の世界と隔絶したところで独自の価値を提示するのはどうだろうか。これは先ほどとは逆に、「社会参加」という「間接化された意図」をまったく無化してしまうという方向性である。だがそれもまた解決にはならない。

「働かなくてもOK」というコミュニティは一時的にはよいが、その気持ちは継続しない。なぜだろう？　結局は「（就労など）既存のゴールを温存してとにかく頑張る」か、「批判するだけしてオルタナティブは出せない」のどちらかになってしまう。（「勤労の義務の研究」WB、二〇一七年）

「大人」にとっては居場所で働かない自己を受容されたとしても、「ではいったいこの先どうやって生きていけばいいのか」という問題は残り続ける。居場所において「語る当事者」として一時的にマスメディアなどでもてはやされることがあっても、それは持続可能なあり方ではない。このように、独自の価値を提供し、就労の世界からは隔絶した居場所のあり方は、図6-4のように表すことができる。

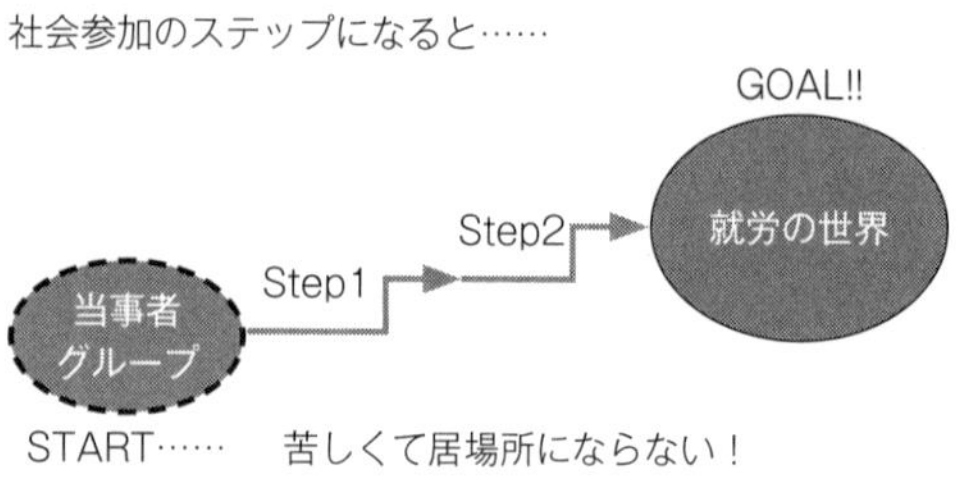

図6-3　手段としての居場所

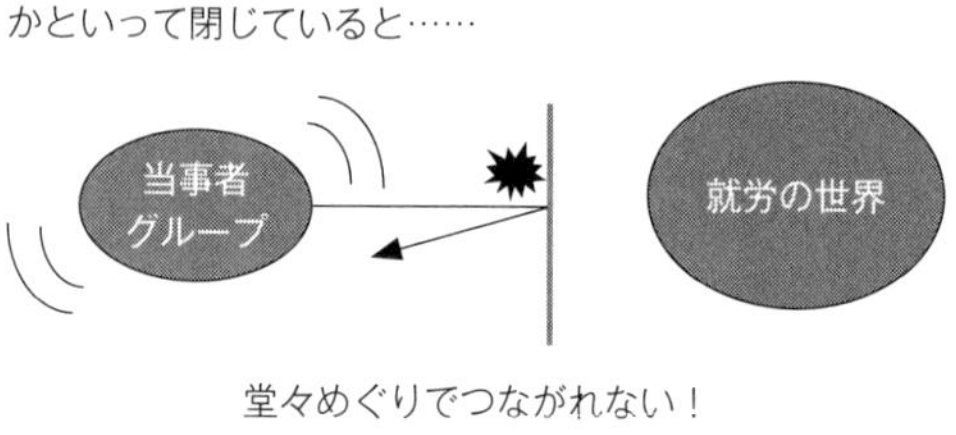

図6-4　閉じた居場所

では、どうすればよいのか。二〇一八年「ぐるぐるの研究」では、次頁のような図が描かれたことがある（図6－5）。

これを単純化したのが図6－6である。ここで表現されているのは、「生きづらさ」を共有できる当事者グループと、「生きづらさ」を押し殺して参加する就労の世界のあいだの「関係回復」が大切だということである。

すでに述べたように、居場所は「ありのままを受容すればいつか社会参加していく」として「意図の間接化」を行ったが、それが成立するのは対象が「子ども」である場合だった。づら研の語りから見えるのは、対象が「大人」である場合、「意図の間接化」は成立しないということだ。

そこでは、意図とはいったい「誰の」意図だったのかを考える必要が出てくる。「いつかは社会参加してほしい」というのは、すでにこの社会の構成員となっている「大人」の意図である。その意図をひとまずは隠して存在を受容する空間を提供できるのは、対象が未熟－成熟という線的な時間のなかで未熟の側に位置づけられ、ゆえに「大人」の保護的な介入に安住しうる「子ども」だからだ。その意味で「意図の間接化」とは、時差によって正当化される「大人」の二枚舌である。「ありのままでよい」としながら「社会参加」に接続する居場所とは、それ自体が矛盾であり、「大人／子ども」という力関係によってその矛盾が目隠しされていたにすぎないのだ。

「大人」として居場所に集うとは、目隠しをとってその矛盾を直視するということである。みず

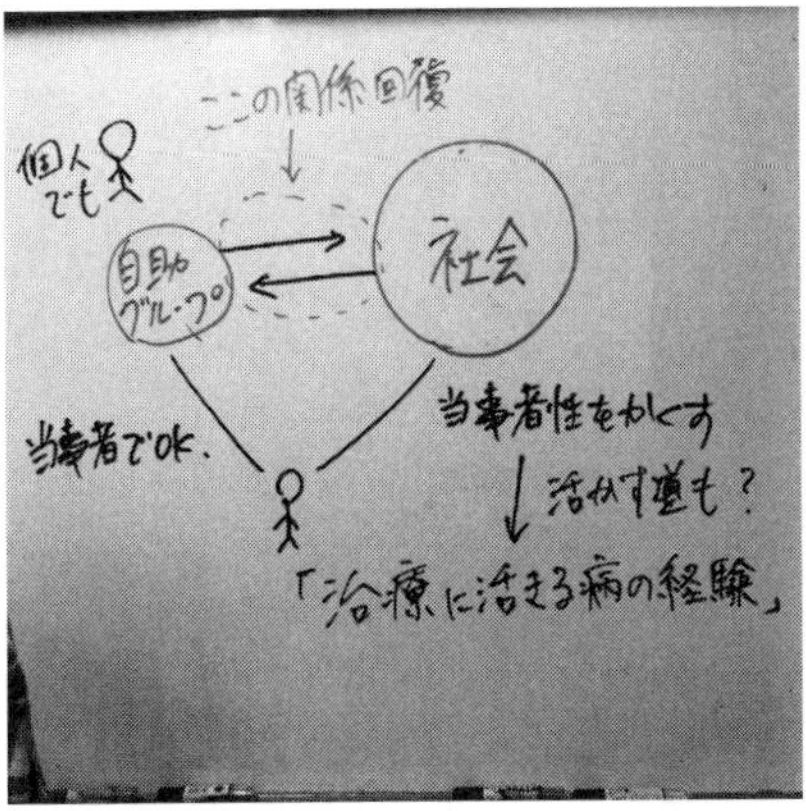

図6-5　居場所と社会の関係回復
（ホワイトボード）

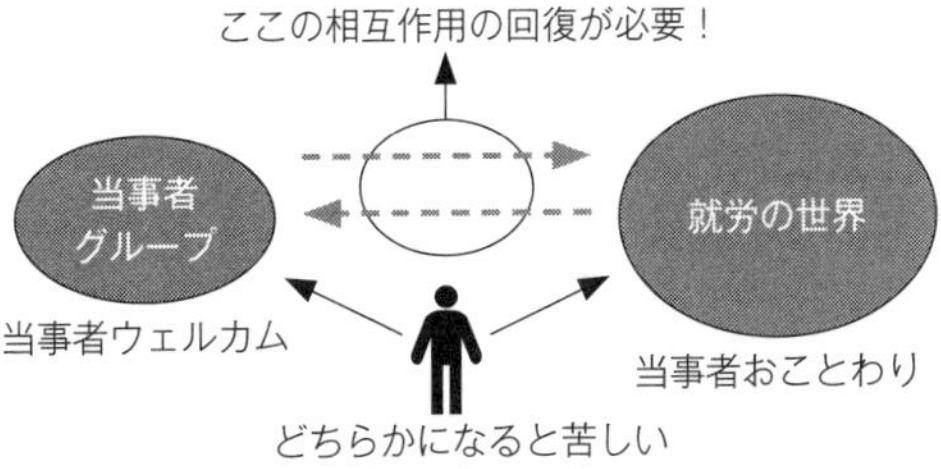

図6-6　居場所と社会の関係回復

からの内に「成長」「発達」を見込めない「大人」は、「ありのままでよい」という存在受容に素朴に身を委ねることは難しく、「いつかは就労すべき」という一般社会の、そしてみずからの意図に無自覚ではいられない。そうした人は、居場所から距離をとり居場所を対象化して、「どのようにこの場を活用するか」を考え始めざるをえない。それは同時に、居場所における意図の間接化作用が最終的には自明視していた「社会参加」をも対象化し、「働くとは何か、どのようにならば働けるか」を考えていく姿勢につながる。そのような自己が、居場所と就労の世界を往還しながら生きていくあり方を示すのが、上記の「関係回復＝両立」モデルである。

このモデルにおいては、「居場所ではみんなが受容的で排除など起こらないはずだ」という理想は捨てられる。居場所でも、一般社会と同じように権力の不均衡があり、葛藤や排除は生じうる。だが一方で、居場所には、就労の有無や学歴などによって参加者を序列化せず受容するという原則があることもまた確かである。そのように居場所の不完全さを認めながら、自己の裁量で居場所との付き合い方を調整し、そこで救われあるいは傷つきつつも、就労の世界とのつながりに向けて開かれていること。それが、ここで見いだされている「大人」とされる存在にとっての居場所のあり方なのだ。

2 当事者

居場所と並ぶ自己言及的なテーマが当事者である。づら研ではこれまで「当事者性と言葉の研究」（二〇一九年）、「どこまでが当事者なのか問題」（二〇一八年）などのテーマを通じてこの概念についても考えてきた。

(1)「当事者」の意味

まずは、当事者を名乗る自己についての語りを見てみよう。づら研の参加者らはなぜ当事者を名乗り、当事者として語るのだろうか。

「道を外れた経験がある」ことを最初に明らかにしたい。自分のテーマだから。（今は）コンプレックスがなくなったから普通に言える。（「ぐるぐるの研究」WB、二〇一八年）

発達障害は自分の影（のようにくっついているもの）。当事者であることは楽しいことでもある。気楽にしていけばいい。（「どこまでが当事者なのか問題」WB、二〇一八年）

これらの語りでは、「当事者であること」が「自分であること」と重ねられている。過去の逸脱経験や発達障害は、自己をかたちづくっており、自己を示す重要な情報である。

他方で、「当事者であること」と「自分であること」のあいだに距離を感じつつも、何らかの理由であえて当事者を名乗る場合もある。

（ひきこもりの）親の会で当事者として語ることがある。親とは当事者の気持ちを知りたい人々。「みんなが今日ご飯をおいしく食べられるように」と思って（そのための）自分語りをする。（「どこまでが当事者なのか問題」WB、二〇一八年）

名前を付けると落ち着く。快感がある。自分で自分を許せなくなっているので、当事者として承認を得ると楽になる。（「ぐるぐるの研究」WB、二〇一八年）

ここでは当事者は、親の会の参加者にサービスするための「仮面」であり、学校や職場など所属がなくても付く「名前」である。

(2)「きらきら当事者」？

だが、当初は当事者役割を「あえて」引き受けていたのが、距離がとりにくくなっていく場合がある。

当事者として語ることに「はまって」しまうケースもある。（「どこまでが当事者なのか問題」WB、二〇一八年）

当事者の語りでは、語れば語るほど言葉が乾いちゃうところがある。（「呪いの研究」WB、二〇一九年）

ここでは何が語られているのだろうか。

当事者が集う場では、時折マスメディアが「当事者の証言」を求めて取材に来たり、親の会や支援者の研修会などで話してほしいと依頼されたりする。

当事者として語る経験は、本人に何をもたらすだろうか。

仕事をせず家にいる状態が続き、親から疎んじられていると感じ、SNSで同級生がキャリアや家族を築いている姿を見ては絶望する、という場合を想定してみよう。そこでは本人は、孤独や焦燥、自責といった気持ちを抱え、誰にも言えずに苦しんでいる。そんなとき、「ひきこもり当事者として語ってください」と依頼され、熱心に耳を傾けられたらどうだろうか。普段の生活では価値を貶められる経験が、貴重な当事者の話として好意的に受け止められたらどうだろうか。それまで自分の存在を否定されてきたと感じる人ほど、当事者としての承認に「賭けて」みたくなるのではないか。

当事者としての経験が受け止められ、価値を認められることは重要である。だが、話が複雑になるのは、当事者として語ることがしばしば一回では終わらないためだ。「このあいだの話、よかったからぜひまた」「もっと知りたいのでインタビューさせてください」などと言われ、それに応えるなかで、自己の経験が聴衆の欲望を読んで再編成され、求められる語りを反復していくことがある。それはある意味では芸の磨かれたパフォーマンスなのだが、自己と語りのギャップに違和感を覚える不器用さを抱える人にとっては、「語るほど言葉が乾く」という現実を帰結する。

このことはまた、語る場を与えられた人とそうでない人びととのあいだに溝を作っていく。「当事者でも都市部の有名な人だけが注目される」（「呪いの研究」WB、二〇一九年）、「きらきらした当事者が語ることでそうじゃない当事者が隠される」（「権威の研究」WB、二〇一九年）など、メディアに注目される「語る当事者」に違和感を表明する発言はしばしば出てくる。

「当事者として語る自分」にはまるのは分かる。承認が得られるから。でもそこで（誰がより真正な当事者かという）「当事者合戦」が始まってしまうこともある。当事者としての承認だけになってしまうとしんどい。（「どこまでが当事者なのか問題」WB、二〇一八年）

当事者のあいだの「不幸自慢」や「弱者競争」はある。「真の当事者」でないと認められないなかで、当事者が（固定化された）アイデンティティみたいになっちゃうことはある。（「当事者性と言葉の研究」WB、二〇一九年）

「当事者合戦」「弱者競争」とは、「誰の語りがもっとも聞かれるに値するか」という承認をめぐる争いである。無業期間は長いか、家庭環境は過酷か、精神疾患の苦しみはあるか。通常ないに越したことはないとされる経験が、逆に「これだけの苦しみなら聞いてもらえるはずだ」というつり上げられた賭け金になる。

だが、言うまでもなくそれは不毛な争いである。「どこまでが当事者なのか問題」（二〇一八年）

という回では、「「説明できるおまえは（被害が少なかったかもともと恵まれているのだから）当事者ではない」という言い方がなされることもある」という発言が出てきた。当事者の語りは内輪からも足を引っ張られ、沈黙させられるのである。

また、当事者として語ることを重ねた結果として、何を語っても「当事者の証言」と見なされ対等に扱ってもらえないこともある。

当事者というアイデンティティが押し付けられてしまう。（そこから外れたことをすると）「あんたの居場所はここでしょ」と連れ戻される。（「アイデンティティの葛藤」ＷＢ、二〇一八年）

しかしながら人間には、変化に開かれた「その後」がある。かつて当事者として語った人も、数年後には支援者や研究者、運動家として語るかもしれない。しかし、「生きづらさ」に関する語りには熱心に耳を傾けられても、社会分析や制度変革について語り始めたとたんに無関心な顔をされることは多い。「当事者として語る」ことは、しばしば本人の変化の自由を制約するのである。

（3）変化

では、当事者を自認していた人が、その後、支援や研究の世界に参入し専門家となる一歩を踏み出していく場合はどうだろうか。づら研では時折「学校に行っていなかった不登校研究者」や「ひきこもっていたひきこもり研究者」が顔を見せることがある。以下はそのような立場からの発言である。

（自分も）ひきこもり当事者で、自助会の友達にインタビューをして論文を書いている。利用してしまっているのか？　葛藤がある。（「権威の研究」WB、二〇一九年）

自分はひきこもり当事者から研究者になった。（居場所に行くと）周囲のまなざしの変化を感じる。「自分はここにいていいのかな？」と思ってしまう。（「アイデンティティの葛藤」WB、二〇一八年）

ここでは、当事者であり学生／研究者であるという自己の二重性が、調査倫理や人間関係上の葛藤をもたらすことが語られている。

また、不登校や依存症などを経験し、その後、精神保健福祉士として働いている立場から、次のような発言もある。

依存症当事者から心理専門家になった。（今では）精神疾患に振り回されることは少なくなった。でも元当事者であり、いきなりフルでは働けない。専門家として一人前になりたい。当事者と専門家のあいだで揺れ続ける。（「どこまでが当事者なのか問題」WB、二〇一八年）

当事者から専門家になったことを「希望の星」のように見られるのはいやだ。（「権威の研究」WB、二〇一九年）

「当事者」である／あった自己と、変化していくその後の自己との関係は一様ではなく、本人はどっちつかずの曖昧さや据わりの悪い不自由さのなかに身を置き続ける。づら研の場はそうした発言を聞き、ただ受け止める。性急に答えを出すよりも、曖昧さや問いのなかにあり続けることを受容するほうが、語り手の生きる日常に対して「現実的」な対応でありうる。

（4）づら研の議論から見えることと既存の当事者論との接続

以上では、①自己の経験を言語化し他者とつながるために当事者という自己定義がなされること、②それがいつの間にか「弱者競争」に横すべりしたり、「当事者の証言」としてしか言葉を聞いてもらえない事態を帰結しうること、③だが現実の自己は流動性に開かれており「当事者としての自己」からのズレを経験すること、を見てきた。このようなづら研の議論を、第2章で見た当事者論に接続してみよう。

第2章では、上野千鶴子の当事者論がマイノリティの自己解放を主軸としており、構造的に規定された被抑圧性と「当事者になる」という本人の主体性が共に織り込まれていることを確認した。一方、づら研の語りでは当事者というラベルが貼りつけられる不自由さが強調されていた。上野は「当事者になる」という動的なプロセスを強調していたのに、なぜ主体を閉じ込める檻のようなものとして当事者が語られてしまうのだろう?

これは、上野の当事者論とづら研におけるそれの、注視している段階の違いだと考えることができる。すなわち、上野が①「抑圧され自分のニーズを持ちえていない段階」から②「ニーズを持つ段階」への飛躍を「当事者になる」という言葉で表したのに対し、づら研において焦点化されているのは、「当事者になる」という動作によって①から②に移行したあとの、言わば③「変化する自己が当事者というポジションと交渉する段階」なのである。

言い換えれば、づら研の問題設定は、運動的主張が一定程度受容され「当事者として語る」という道が開かれたあとで初めて可能になっている。その意味で、づら研における当事者批判は、この概念の意義を認めた先にある。

づら研における発見は、この第三の局面において、当事者という概念はその「認識利得」を大きく減じうるということである。いったん「当事者になった」あとで「当事者を降りる」ことはできるのか。そして「当事者を降りた」あとでまた「当事者になる」ことはできるのか。流動性を許容しこれらの問いに「イエス」と答えるならば、当事者は「誰がそうであり、誰がそうでないか」を規定する言語ではあれなくなる。アイデンティティの側面だけではない。制度の面でも、たとえば第5章のAさんの語りにみられたように、当事者経験を持つピア・ワーカーの活用が、賃金や雇用形態において通常の支援専門家より劣ることを当事者性を根拠に正当化するならば、そこでも当事者/非当事者の区別は不当なものになっている。

「生きづらさ」を抱えた人びとが、自己を見つめ仲間と出会うために「ひきこもり」などのカテゴリーを引き受ける。それは「当事者になる」という重要な営為である。しかし同時に、それは一回性の事柄だといえるのではないか。意味があるのは「当事者である」という静的な状態ではなく、「当事者になる」ために自己が自身との、他者との、ひいては社会との関係性を変えようとする動的な過程である。作動を始めたこの変化は、「当事者になった」あとも止まりはしない。

当事者になったあと、本人の目の前にはある種の「荒野」が広がる。過去と和解した。問題は見えた。仲間はいる。「生きづらさ」は相変わらずだ。これから、どう生きるか（図6－7）。

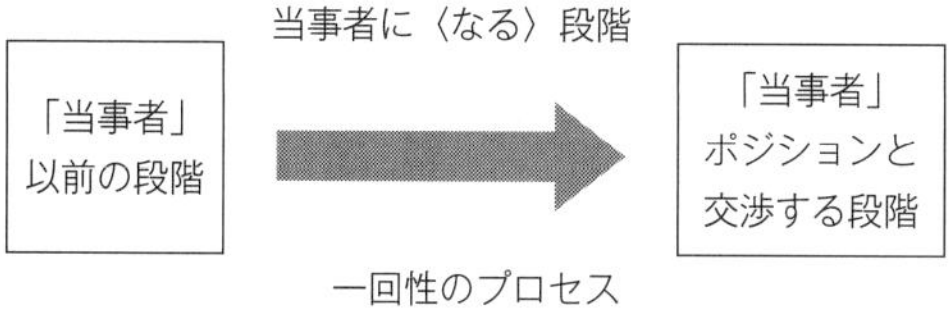

図6-7　当事者になったあと、どう生きるか

一回性のプロセスとは異なる平板に続く日常のなかで、本人は、当事者という言葉が引き寄せてしまう磁場を踏まえ、文脈に応じて利用したり距離をとったりしながら当事者という立場と交渉していくことになる。

具体的な方向性は、さまざまだ。障害者手帳を取得し、就労継続支援を受ける。ヘルパーの資格をとって障害者介護の仕事をする。生活保護を受けながら社会運動をする。大学院に進学し研究者を目指す。家族の介護をしながら非正規で働く。当事者活動を立ち上げ、運営側になる。そうした暮らしのなかで、自己の働きかけが他者にポジティブな結果をもたらしたり、失敗から学んだりと、個々の経験が積み上がっていく。重要なのはこの「その後」における暮らしの厚みが増していくことであり、「当事者になる」という一回性の経験は、それが一回性のものであるためにいつかは風化していくのがむしろ自然なのかもしれない。

3　終わらない「その後」

以上では、居場所および当事者に関するづら研の発見を見てきた。そこで立ち上がってくるのは、いかに「その後」を生きるかというテーマである。

居場所では、「子ども期のその後」を生きる主体の「大人」としてのあり方が可視化された。当事者性をめぐっては、「当事者になる」という経験をした「その後」が焦点化されていた。当事者性を引き受け居場所につながることは、重要だがゴールではなく、人生はその後も続いていく。

では、「その後」が前景化してくる事態とはいったい何なのだろうか。

「その後」とは、英語の post－で表されるような「過去に軸足を置いて構想される未来」だと考えることができる。本章が見てきたのは「ポスト居場所」や「ポスト当事者」がどのように生きられているか、ということだった。こうした問題設定は、居場所や当事者をめぐる議論が次の段階に入ったことと、それでもまだこれらの概念が重要であり続けていることを、同時に示している。それは、居場所や当事者が解を示してはくれないなかで、それでも当事者を名乗る「私たち」とは誰なのか、その「私たち」が集うこの場とは何なのかを、自己言及的に問い直していくことにほかならない。

このような問題設定は、堂々めぐりで前に進めないものに見えるかもしれない。しかし、人生経歴を「前進」や「積み上げ」としてイメージすることは、づら研だけでなく一般社会においても、すでに現実的ではなくなっている。

たとえば若者研究では、ポスト工業化した先進諸国において「学校から仕事へ」の移行は線形的でなくなり長期化することが指摘されてきた（Furlong 2012）。若者のキャリア形成は、敷かれたレールの上を歩くようなものではなく、不確実性のなかで主体性を発揮しながら多様化する教育、労働、家族などをそのつど選び組み合わせるものになっていく。そこでは生きることは「前進」よりも、らせんを描きながらここではない場所へと移動することに近くなるだろう。このように、「その後」という問題設定は、づら研だけでなく、言ってみればポスト近代と呼ばれる近代の後流にしか現在や未来を捉えることができないでいるこの時代に、刻印されているように思える。

第7章　づら研では何が起こっているのか

本章では、「生きづらさ」の表出をづら研がどのように扱っているのか、そこでは何が起こっているのかを明らかにしていく。

私はこれまで、づら研について「「自己」が生まれる場――「生きづらさ」をめぐる自助活動としての居場所と当事者研究」（貴戸 2018a）、「「生きづらさからの当事者研究会」の事例にみる排除の多様性と連帯の可能性」（貴戸 2021）という二つの論考を書いてきた。前者は、参加者へのインタビューから、づら研では「対話を通じた主体の生成」が行われていることを示し、就労支援に先立って当該の個人に自己のニーズを把握することを可能にする場や関係性が必要だと論じた。後者では、主として参与観察から、対話的な場において葛藤を含む「生きづらさ」の語りを受け止めることによって共同性が生み出されていると論じた。

しかしこれらの論考では、対話や共同性が生まれるまでにどのような葛藤を含む紆余曲折のプロセスがあるかを参与観察のデータに基づいて描くことができていなかった。これを踏まえ、本章ではづら研の実践についての分析を先に進めてみたい。

1 相互作用と介入

以下ではまず、づら研の場における実際のやりとりに注目し、相互作用のパターンや司会・コーディネーターによる介入のあり方について見ていく。

(1) 相互作用のパターン

①受け止め

ある参加者が語った内容について、その場の聞き手たちが興味を持って耳を傾け、うなずきや相づちによって受け止める。そうした場面は、づら研でほぼ毎回みられる。他では話しにくいことを語り、「あいつは変だ」などと遠ざけられることなく耳を傾けられることは、参加する動機づけの主要な部分だといえる。

さらに、時には他の参加者が「分かる」「自分もそうだった」と明示的に同意したり、「なるほどと思った」「よかった」などの言葉で賞賛を表し、何らかのあたたかい気配がその場に満ちることがある。たとえば、特定の参加者が自分の経験や考えを文章にまとめて発表するレポート方式の回では、他の参加者から「こんなふうに自己分析しているのはすごい」という賞賛が向けられたり、「自分のなかにも似たしんどさがあると思った。私の場合は……」と経験が語られたりする。「自分にはあまりそういう経験はないので、そういうふうに感じる人もいるのか、と思った」などの反応もある。これに対する発表者の感想は、たとえば次のようなものである。

「いろんな感覚の人がいると分かった。受け入れられて嬉しかった。ちょっと余裕が出てきたかもしれない。言葉にしたら楽になるという単純な話ではないが、「ちゃんとあがいた」という感じがある」

自己の内部に抱えられた葛藤が、言葉になって場に差し出され、他者に伝わり、受け止められる。そのことの意味は、「葛藤が解消される」という点にではなく、「ちゃんとあがいた」と葛藤のプロセス自体に価値が見いだされる点にある。

②異見の提示

づら研では、同調や共感ばかりではなく、「自分はそうは思わない」「自分の場合はそうではなかった」という異なる見解や経験も提示される。その点で、たとえばアルコール依存症の自助グループAA（アルコホーリクス・アノニマス）が「言いっぱなし・聞きっぱなし」をルールとしているのとは距離がある。異なる語りを聞くことで、絶対的だと感じられていた自己の経験が相対化されることがある。

「どこまでが当事者なのか問題」の回（二〇一八年）では、ひきこもりや無業の期間をその後のキャリア探索のなかでどのように提示するかという「履歴書の空白」をめぐって話がなされた。そこでは、「履歴書問題がある。空白をいろいろ水増ししてつぶしていく」「職場を転々としたり、大学に行き直したりした。すべて「自分」としてつじつまを合わせて（履歴書に）書く」など戦略的に取りつくろう経験が語られる一方で、そうした戦略をとれず・とらず、「自分は水増しできない。ありのままを受け入れてくれる職場を探した」という語りもあった。

一人で悶々と考えていれば、「履歴書に空白があるからもう仕事は探せない」「経歴を偽って就職するか、偽らずに無職のままかの二択だ」と考えてしまうかもしれないが、実際には無業期間を履歴書で明示しても、何らかの仕事に就いている人もいるという現実が明らかになっていく。

また、「身体の受容の研究」の回では、いじめを経験し学校に行かなくなった人による以下のような発言があった。

経験しなかった思春期への飢えがある。同年代の同性の人たちと遊んだ経験がない。つるみたい、遊びたい。フリースクールに行っていたが、そこでも輪から外されていた。将来についての話なんかを友人としたかった。（「身体の受容の研究」WB、二〇一八年）

これに対しては、共感や受容が示された一方で、「自分は親密な関係は少ないが、なくてもOKだった」「友達と遊べなかったけど、忙しすぎて別に悩むこともなかった」という意見も述べられた。思春期を友人や恋人を持てず孤独に過ごした経験は、時に本人に「人生において重要なものを失った、取り返しがつかない」という痛みを感じさせることがある。だが実際には、そうしたことに大きな意味づけをしない人もいるのであり、人は親しい関係がなくても生きていける現実がある。

もちろん、別種の感受性に触れたからといって本人の主観的世界における痛みが消えることはない。だが、多様な有り様に触れながら、自己への問いは深まっていく。ホワイトボードには、上記と同じ語り手によると思われる以下の語りが記録されている。

こういう欲求（友人と遊びたかったという欲求）は満たされることがあるのか？　これから誰かと一緒に積み上げていけるのか。それとも今から何をしても「代償」「穴埋め」のようになってしまうのか。（「身体の受容の研究」WB、二〇一八年）

③掘り下げ

一つのテーマについて参加者が話し合い、内容が深められていくことがある。そこではある発言を受けて次の発言がなされ、話がかみ合い、「議論」と呼べるようなものへと発展していく。二〇一七年のある回のテーマは「ハリボテの研究」であり、自己を装って社会的に受け入れられる仮面（＝「ハリボテ」）をかぶることについて話し合った。そこでの議論の一部は、以下のようなものだった。

自分は義務教育では不登校をして、その後大学生になった。メディアに出てくる大学生を模倣していたら、いつの間にかそれが自分になった。ハリボテが自分にフィットしたのだと思う。

「普通の人」を模倣したがほころびが出た。パニック障害を発症したが、職場では言えなかった。

ハリボテを作るにも「スキル」があるのでは。自分にはひきこもりだが、ひきこもっていることを隠して（＝ハリボテを被って）仕事することはできない。

そもそも「ハリボテじゃない本当の自分」ってあるの？

難しいが、自分を出して、周りと調整していくなかでできた自分は「本当の自分」と言えるのではないか。

（以上「ハリボテの研究」WB、二〇一七年）

ここでは、まず、仮面をかぶることで、社会生活がうまくいく人もいれば、うまくいかない人もいるということが個々の発言から明らかにされる。それを踏まえて、「ハリボテをつくる「スキル」のようなものがあるのではないか」という仮説が提示されている。さらに、「本当の自分ってあるの？」と、「ハリボテ」／「本当の自分」というテーマの前提自体を問い直すような視点が差し挟まれる。これに対しては、「本当の自分など存在しない」と一足飛びに結論づけてしまうのではなく、「難しい」としながらも、「自分を出して他者と調整する」というあり方を「本当の自分と言えるのでは」と提起する発言がなされている。

こうした「議論」のような流れは全体のなかではむしろ稀だが、時折生じて、その場にやんわりとした熱気や充実感のようなものをもたらすことがある。

④発見

ああだこうだと着地点が見えない話が展開していくなかで、ふと「こういうことかもしれない」と比較的クリアな言葉で現実や感覚が表されることがある。づら研における「発見」は、「わかった！」と頭の上に電球が灯るような誰にとっても明らかなものではないが、発言者と似た感覚を持つ聞き手たちに「おー」「確かに……」などと受け止められ、しみじみとした納得感をもたらす。

たとえば、「ぐるぐるの研究」（二〇一八年）では、ギデンズの「再帰性」概念を念頭に置いて、「自分とは何か」「働くとは」「これからどうするのか」などと一人で考え続けることをめぐって話し合った。そこで、ある参加者が「アイデンティティに関するぐるぐるは重たいぐるぐるだが、二者関係に関するぐるぐるはもっと軽い、「くるくる」という感じ」と発言し、次頁のような図が描かれた（図7－1）。

「自分は何のために生きているのか」など自己について一人で考えることは「重たいぐるぐる」であり、さびついた車輪のようにぎしぎしと重くなってしまうが、他者との具体的な関係性があったうえで、相手への興味や期待が空回りするときは「くるくる」であり、軽く乾いた表現になる。これはきわめて感覚的だが、一人でいることの苦しさと心地よさ、他者と関わることの楽しさと不安、その一筋縄ではいかない矛盾した現実について語り合ったあとでは、「なるほど〜」という「発見」を場にもたらす。

一人の世界から出て他者との関係性に開かれたとしても、すぐに「通じ合うコミュニケーション」のようなものが生じるわけではない。しかし、そこで経験される空転は、一人の世界に閉じていたときのそれよりも、軽快なものとして描写されうる。その実感は、複数の参加者に分け持たれている。

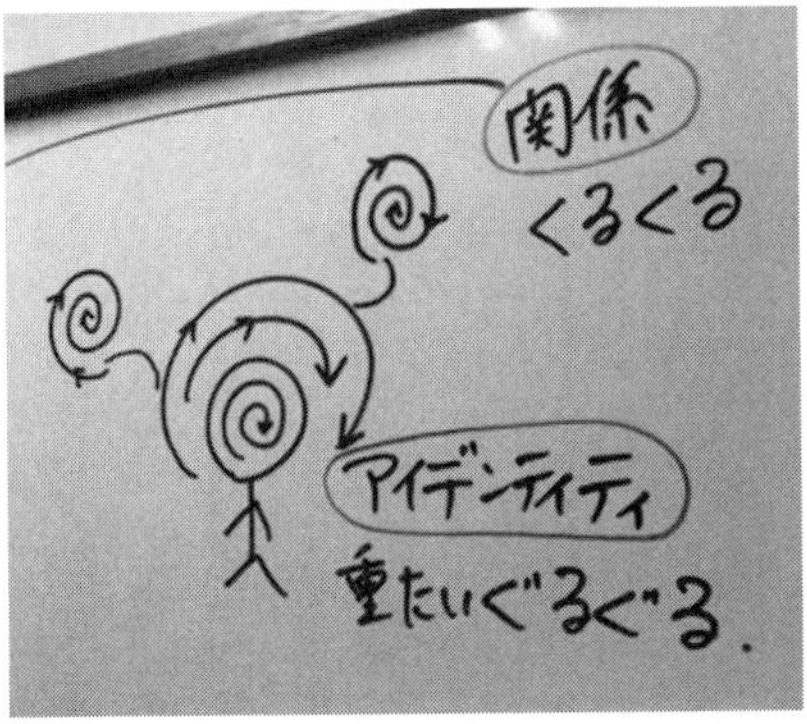

図7-1　ぐるぐるの研究（ホワイトボード）

⑤玉突き式展開

づら研では毎回テーマを決めているが、必ずしもテーマに沿って話がなされるわけではない。場には、そのとき集まった人の興味関心や、その瞬間の話の流れなど、事前に確定できない要素がある。づら研ではあえて「テーマに沿う」ことにこだわらず、その場で出てきた話題を活かしながら、玉突き式に話題を展開させていく。

以下は、「いつ・誰の出来事」と確定はできないものの、づら研での参与観察の経験に基づいて私が再構成した事例である[1]。

ある参加者が、「友達だと思っていた相手が離れていってしまい、「なんで?」という思いを持ったが、気持ちを伝えられなかった」と語った。それに対して、他の参加者から、「分かる気がします」「相手に対して「いい人」でいたかったのかな」「その後の関係はどうなったの?」「職場の人間関係とかでもありそうですね」などの反応が返されていった。そのなかで、ある参加者が「私も似た経験をしたことがあります。不登校だった頃にたった一人の親友だった子がいたんですが、あるときから連絡しても無視されるようになって……」と、自分の話をし始めた。

最初の発言者が一つのエピソードを語り、それが場のなかで「共感」「解釈」「展開の促進」「テーマの拡大」などさまざまなリアクションによって受け止められる。そのなかで、最初の発言を受け取るかたちで新たな自己語りを始める語り手が現れていく。

「玉突き式展開」では、語り手 - 聞き手関係が二者のあいだで閉じず、前の語りに触発された人がそのつど語り出すため、相互作用の中心点が常に移動するのが特徴である。こうした連想ゲームのような広がりのなかから、新たなテーマが見えてくることはよくある。

これは、「場で聴く」ことだといえる。もし一対一の関係性であれば、語り手と聞き手は、玉を投げ・打ち返すなかで一つのテーマを深めていくだろう。また、相手が少しでも違う方向を向いたり、あくびをかみ殺したりすれば、「ちゃんと聞いているのか」と不安になるかもしれない。だが、場を介したコミュニケーションは、そのように「主体がまずあり、その主体間でメッセージの玉がやりとりされる」というかたちをとらない。場におけるコミュニケーションとは、参加者が主体性を半分場に預けてしまって、自分自身が場のなかに転がされた玉になり、他の玉の動きに突き動かされながら、そのつど位置どりを決めていくようなあり方である。そこでは、自分という玉が向かう先は反応されるまで分からず、いったい誰（どの玉）が反応してくれるかも、動き出してみるまで分からない。しかし、そのぶん個々の相手の反応をうかがうことはしなくてよくなる。発言は人ではなく場に向かってなされ、反応もまた、発言者にではなく場に対して表明されるからだ。

精神科医の木村敏（2014）は、自己という独立した主体がまずあり次いでその自己が他者と関わるのではなく、他者のほうがまずあり自己はそれに遅れて生じるという「他者の自己に対する先行性」について論じている。統合失調症患者の症状においてそれは「「体験」のレヴェルで意識の表面に現れ」ているが、実は「他者の自己に対する先行性」自体は日常世界と地続きであるという（木村 2014：33）。そこには「場の主体性」という発想がある。

精神科臨床の場に限らず、一般に会話の営まれる場には、「場の雰囲気」といえるようななにかがある。話しやすい雰囲気と話しにくい雰囲気があるということは日常的な経験に属することだし、慣れない外国語で会話を交わす場合など、相手によって自分の会話力が驚くほど変化するという経験的事実もある。〈場〉には〈場〉固有の主体性が備わっていて、これがその場で行動する個人の主体性の動向に大きな影響を与える。そしてその場合、その個人が何をどのように語り、相手の言葉をどのように受け取るかを決定的に方向づけるのは、場の主体性と個の主体性との〈あいだ〉の緊張関係だといってよい（木村 2005：140–141）。

づら研における「玉突き式」なコミュニケーションは、ここで示されているあり方に近いように思う。自己が場に集まってあらかじめ持っていたそれぞれの考えを語るのではなく、場のなかで他者の発言に反応したり、自分の発言に反応されたりしながら、「自分はこんなことを考えていたのか」と気づかされることはしばしば起こる。づら研では「誰が言ったかは覚えていないが、こういう言葉が印象に残っている」「何の話だったかは定かでないが、あのときは何かあたたかな（／険悪な）空気が満ちた」ということがよくあるが、これも主体の場への埋没のあらわれだといえるだろう。

（2）司会・コーディネーターの介入

では、司会（山下氏）やコーディネーター（貴戸）は、づら研においてどのような介入を行っているのだろうか。参与観察からは、「文脈に根ざした介入」と「普遍的な介入」という二つのタイプが見えてくる。

「文脈に根ざした介入」とは、づら研という固有の場においてそのつど生じるやりとりをスムーズに展開させるためのファシリテーションである。これは基本的には、①「○○さんはどうですか?」と話を振ること（指名）と、②参加者の語りについて「なるほど」「そうですか」と受け止めること（受容）がベースになる。その他には、③参加者の語りが曖昧であるときに「こういうことでしょうか?」と分かりやすく言い換えたり（解釈）、④「いま言及された団体はこういう団体で……」などと情報を付け加えたり（補完）することがある。また、⑤違和を表明する語りがなされた場合に、「それもある意味まっとうな意見ですね」などと受け入れながら、違和感を差し向けられた側が「否定された」と感じ取らないように調整すること（フォローアップ）、⑥話の流れが個々の経験を離れ一般的・抽象的になっていくときに「私の場合は……」などと自分の経験を語ることで流れを引き戻すこと（軌道修正）などもある。

「普遍的な介入」とは、公開された場として、どのような参加者が訪れても安全が確保され、意義が生じやすくなるようにするものである。これには、①初参加の人に対してづら研の「作法」や「趣意」などを説明すること（場の紹介）、②遅れてきた人にそれまでの話の内容を説明すること（情報共有）、また、③「男と女では脳が違っていて」「日本人の性質だから」といった発言が出てきた場合に、性役割や集団的アイデンティティの構築性について話すなどして分断につながる発言を軌道修正すること（分断の抑制）、あるいは④話題に関連づけて「ゴフマンは、スティグマ化されたアイデンティティを持つ人の戦略として、「印象操作」や「価値剝奪」などを挙げていて」といったように専門知に基づく解釈を加えること（専門知の提供）などがある。

「文脈に根ざした介入」と「普遍的な介入」は、個別性を重視しつつ、公開されているというづら研の二重性に関連している。個別性のみに配慮していると、「内輪の話」が中心となり多様性への配慮が後回しになりがちになる。他方で、普遍的なルールばかりが前面に出れば参加の敷居は高くなってしまう。づら研ではそのどちらでもなく、運営の形式に関しては、時間のルーズさが認められたりテーマから逸れた話をしても歓迎されるなど融通のきく面を残しつつ、「作法」（第3章）

を定め場にそぐわない言動は根拠を持って制限される。関係性においては「空気で排除する」ことを避ける配慮が重視されている。

こうした司会・コーディネーターの介入は、常にうまくいくわけではない。たとえば、「○○さんはどうですか」と司会が指名することに関して、参加者から「発言させられた気がした。無理に発言しなくてもいいという前提を共有したい」という声が上がったことがあった。強制はなかったものの、「その場の空気で発言しなければならない気持ちになった」ことに対する参加者の違和感の表明であった。これは受け入れられ、その後、初参加の人に配布される「づら研」という文書に「進行上の留意点」として追加されることになった[2]。

だがここでも、「違和感を表明してもらえること」の重要性がしばしば確認される。司会・コーディネーターの介入のあり方は常に参加者からの批判に晒されているが、そのこと自体が、その場が反省的にみずからの実践を振り返る契機に恵まれていることの証左でもあると考えられている。

2 「誰でも参加できる」場の設定と葛藤への対応

(1) 自助グループの「葛藤」に注目する重要性

次に、づら研における葛藤について見ていきたい。多様な経験や属性を持つ人が集まるづら研では、参加者の同質性を前提しにくいこともあり、日常的に葛藤が生じる。

たとえば、「同調圧力について」の回では、以下のような発言が記録されている。

づら研のなかで「危うさ」「これ、いいのかな?」「ドキッ」「ざわざわ」「違和感」などを感じることがある。

発言のなかで傷ついたり、傷つけたりすることがある。傷ついて来れなくなる人もいる。

(以上「同調圧力について」WB、二〇二〇年)

ある場面での言葉や行為が、ある人に「何かが違う」という感覚をもたらし、心にさっと影を落とすことがある。何かが、奪われている、押し付けられている、見過ごされている、過剰である、しんどい……という感覚。それは「コミュニケーション上のすれちがい」かもしれず、たとえば「みんなが楽しそうにしている風景は見ているだけでつらい」というような個人の背景がもたらすものかもしれない。あるいはマイクロアグレッション(Sue 2010=2020. 日常生活に埋め込まれた無意識の差別のこと)や、マイクロではないアグレッションの場合もあるかもしれない。いずれにしても多くの場合、ある人の違和感はことさらに言葉にされることはなく、周囲にも気づかれず、「流され」ていく。だがその違和感の蓄積に人は疲弊し、その場を去らざるをえない結果になることも少なくない。

にもかかわらず、そうした葛藤は、当事者研究や居場所においてはあまり問題にされることがない。だが葛藤は、その処理の仕方で場のあり方が分かるといえるほど重要である。以下では、過去の一〇年で私が経験したづら研の場での葛藤の事例と、それへの対応を見ていく。プライバシーに配慮して細部を変更するか、複数のケースを混ぜつつ、エッセンスは保つよう心がけた。

(2) 事例1　貴戸の反省:「聴く」とは言葉の向こうに耳を澄ますこと

づら研がスタートしてまもなくの頃、男女別に分かれてづら研を行ったことがあった。背景には、「生きづらさ」にはジェンダー差があること、またひきこもりの自助グループでは女性参加者が少なく話しにくいことをめぐる女性参加者たちの問題意識があった。女性の場は貴戸が、男性の場は山下氏が司会を務め、二部屋に分かれて「生きづらさ」とジェンダーについて話し合った。

女性同士であれば分かり合える、というわけではない。だが私が見たかぎりでは、女性のみの場に男性不在の気安さがあったことは確かであり、心地よく話が弾んだ。そのなかで、さまざまな語りに混じって、「居場所の男性参加者たちから、無条件で受け止めてほしいという甘えを向けられることがある」という戸惑いの声があった。大意としては「男性参加者たちの癒やされたい気持ちは分かるけれども、それを「女性」だから受け止めてというのは違うのでは」という話だった。「そうだよね」「お母さん役を期待されても困るよね」という同意がその場ではあったと記憶している。私は話し合えたあたたかさを感じると同時に、フェミニスト的観点から「女性は居場所でもケア役割を担わされるのか」という暗澹たる思いにとらわれた。

その後、全体のづら研で、私は女性のみの場で話し合われた内容を報告した。一通り報告し終えたあとで、「男子のみなさん、甘えんなよ、ってことですね」というような一言を付け加えた。私には、女性のみの場で語られた内容を伝えることで居場所がジェンダー非対称である実態に疑義を呈したい、という思いはあったが、それを全体の場で丁寧に問題提起するほどの練られた意図はなかった。その粗さが、「とげ」を含んだ言葉に批判を託しながら冗談ぽくやり過ごす中途半端な捨て台詞——「甘えんなよ」——になって現れたのだと今なら分かる。

結果的に、私の言葉は、複数の男性参加者たちにある種の違和感と「傷つき」をもたらした。その頃のづら研では、親や恋人など「親密な関係性」が話題にのぼることが多く、ジェンダーとセクシャリティは現在進行形のテーマだった。当時メインの参加者は二〇代であり、それぞれが家族について言葉にすることで自分の「生きづらさ」の根を見つめようとしたり、心や身体を安心して触れ合わせることができる新たな関係性を求めたりしていた。

その日のづら研が終わったあと、違和感を表明した男性参加者たちと私は、少しだけ話す時間を持った。「女性の側の話だけを鵜呑みにして男性を悪者みたいにするのは違うと思う」「言い方がフェミニズムを前提にしていて一方的に感じる」。そうした内容を、彼らは抑制した声と態度で私に伝えた。

今も忸怩たる思いがこみ上げてくる。あのときに戻れるなら、まずは気持ちを伝えてくれたことに感謝し、じっくり話を聴いて何に傷ついているのかをつかみ、そのうえで自分の意図を丁寧に説明するだろう。だが当時の私はそのプロセスをすっ飛ばして、自分の主張のエッセンスだけをいきなり言ったのだった。

「それが正しいとか事実だとか言ってるんじゃなくて、女性の側がどう感じているかということなんだけどね。甘えないでというのは、自分の問題を自分で引き受けてほしい、という意味だよ」

その頃、男性参加者たちは折に触れて、さまざまなかたちで「女性と仲良くなりたい」という希望や、「だがそれは難しいだろう」という失意、そして「傷つきたくない」という怯えなどを表現していた。私はその痛みよりも、そうした表出がはらむミソジニー（女性嫌悪）の気配のほうに反射的に反応したのだった。加えて当時、私は三歳と一歳の保育園児を抱えており、大学の仕事と家事・育児をこなすのに精一杯の目の回るような日々を送っていた。時計を見ながら私は話し終え、「じゃあ、そういうことだから」とその場をあとにした。

翌日以降、私は男性参加者たちから、抗議の手紙やメールを個々ばらばらに受け取ることになる。そのなかには、対面で話したときの抑制された様子とはかけ離れた、過激な言葉が含まれていた。「あなたのフェミニズムは、あの場の男性参加者たちの声を踏みにじった」「あなたには会いたくないし、話したくない。づら研のファシリテーターを降りてほしい」。

私は途方に暮れた。これまでづら研や関連する機会にそれなりに仲良く話してきたはずの人たちである。私の何かが、彼らの逆鱗に触れたのだということは分かったが、それが何なのか、どうすればよいか分からなかった。否定的な言葉を投げかけられたショックもあったし、正直なところ、「糾弾したわけではないのに、こんな反発があるのか」という思いもあった。何も言わないほうがよかったのか。でも、女性参加者たちが居場所でもケア役割を期待されていることは、みんなで共有すべき重要なジェンダーの問題ではないか。それに「向き合わない」ように見える男性参加者たちに対して、「なぜ」という思いが膨らむのを抑えられなかった。

山下氏に電話で相談した。何がいけなかったんですかね、どうしたらいいんでしょうね、と言う私に、山下氏は言った。

「話し合いの最後がね、一方的に打ち切るみたいになっちゃったのは、あんまりよくなかったかなって」

うーん、そうか。やはり丁寧に時間をかけなくてはならなかったのだ。姿勢を改めはしたものの、本当のところでその言葉の意味するものを、私は分かっていなかった。

私は彼らに返事を書き、傷つけたことに対して謝罪し、自分の思いや考えを説明した。ある人は私の謝罪を受け入れ、「あのときは僕も少しヒートアップしちゃってたなぁ」と何事もなかったように元に戻った。他方で、受け入れなかった人もいた。できるだけ丁寧にメールをすると、先方からも考えを伝えたり問いかけたりする返事が来る。返事の質問に答えたり誤解を解いたりして送信すると、また返事が来る。同じ話題が何度も蒸し返されるように私には思えて、「いや、だから前にも書いたじゃん」という思いを飲み込んで、また別の言葉で説明した。回を重ねるごとに、私の返しは雑になり「要点のみ」になり、にもかかわらずなぜか長文になっていた。

ふたたび山下氏に相談すると、

「メールだと文脈わからないんで、議論みたいにするよりは、会ったときに話しましょう、というふうにして、受け止めたということを返すくらいにとどめたほうがいいかもしれません」

ということだった。うーん、そうか。再び私は思って、言われたようにシンプルな返事を書くようにした。まもなくメールは短くなり、量は減少した。

山下氏の言葉の意味が、表面的にではなく深いところで分かるようになったのは、何年も経ってからだった。ずっと示唆されていたのは、「問題は言葉の指示内容（何を話したか）ではなく、語る―聴くという対話の次元にある」ということだったのだ。

私はつい、「フェミニズムは男性を踏みにじる」「ファシリテーターを降りてほしい」といった苛烈な言葉に反応し、「そんなことはない」「それは不当だ」とその内容に対して反応したくなってしまっていた。特に、書かれた言葉に第一義的に信頼を置くことは、大学という私が普段属している集団において、すべてのコミュニケーションの前提となっている、疑いもしない共通の流儀だった。けれども、そのような流儀とはまったく違う流儀が、対話的な場では必要とされていたのだった。人は言葉のやりとりでは納得しない。殊に分節化できない痛みを抱えている人にとって、「表現したいもの」と「はき出された言葉」は対応しておらず、ズレていたり、正反対であったりすることも稀ではない。そのとき、「聴く」とは何か。それは相手の言葉を聴くのではなく、その根にある経験や感情や身体の有り様に耳を澄ますということだった。

のちに、別の文脈で山下氏が言ったことがあった。

「しんどい言葉が相手から出てきたときは、言葉を聴くんじゃなくて、その言葉が出てくる思いのほうに焦点を当てるように心がけているんですよね。そうしていると、対話になるというか、言葉の勢いは収まってくることが多い。言葉のレベルで応答していると、かえって言葉が過剰になっていくし、それを正面から受け止めすぎてしまうと、こちらもノックアウトされてしまうんですね。もちろん、私も失敗はたくさんあって、そのために関係が切れてしまった人もいます。その残念な思いは、ずっと残っていますね」

切り上げるとかあしらうのは論外だとしても、長い時間を費やせばよいのではないし、言葉の一つひとつに誠実に応答すればよいのでもない。語り手が「聴かれた」という感覚を持つのは、聴き手が自分の流儀を一つひとつ外し、語り手の発信の流儀を探りながら、その「言葉にならないもの」がどろどろに溶けた流れの速度に、聴き手自身の身を沿わせていくときなのかもしれなかった。それは半分は意図的に「しよう」と思ってできるけれども、もう半分は、意図を超えたところで偶発的に、結果として生じるほかない「何か」である。聴き手は、自分にできる範囲でその「何か」が生じる条件を整えながら、語り手を信じて待つしかできない。

男性／女性のみの会はこのときだけで終わり、それ以来開かれることはなかった。

二〇一六年、ひきこもりの調査研究や支援において女性が不可視になっていたことなどを踏まえて、ひきこもりUX会議が「ひきこもり女子会」をスタートさせた。自助グループや自助活動においても、女性が一人だけで居心地が悪かったり、化粧やファッションなど外見の特徴について言及されたり、セクハラめいた言動や恋愛の対象にされるなど、さまざまな問題が生じている。男女別のづら研は、そうした状況について足元から考える契機にもなるはずだった。そのように状況を整えることができなかった反省が、私には今も残っている。

一方で、この経験が私に教えてくれたのは、フェミニスト的な関心を、真にそれを必要としている場に届けるまでの、道の険しさについてだった。大学でフェミニズムに触れてきた私は、ある意味で「答え」を知っていた。だが「答え」を知っていることは、悲しいほど何の助けにもならないか、かえってマイナスであった。築いてきたもの、纏ってきたものを、少しずつ、壊したり脱ぎ捨てたりして生身の自分の輪郭を晒すよりほか、思いを届ける方途はない。思えばづら研に集う人びとは、もとからそのように、武器を捨てて丸腰で、生身の輪郭を晒してしまっている人が多かった。言葉と心や身体があまりにも結びついたまま他者と関わろうとしている姿に、私は、表面的には幾度も神経を逆なでられながらも、深いところでは感動するようになり、そのときにおそらく対話における聴き手としてのスタートラインに立ったのだった。

(3) 事例2　参加者同士の葛藤:「開き直る」ことなく「開く」

もう一つ、葛藤が生じた事例を挙げておこう。

づら研において葛藤の引き金となりやすい話題の一つに、生活の経済的基盤がある。

しんどさが言えないことが積み重なってうつっぽくなった。個人の「生きづらさ」(敏感な自分など)は年齢とともに軽くなる。が、社会の「生きづらさ」(仕事やお金など)は年齢とともに重くなる。この部分にどう対応するかは深刻。(「生きやすさの研究」WB、二〇一八年)

ざわつく話題は、障害者手帳、学歴、医療ネタ。(「当事者性と言葉の研究」WB、二〇一九年)

このように、「いかに収入を得て生活していくか」は、参加者たちの主要な関心事の一つでありながら、大っぴらに語られることはあまりない。

参加者の経済的基盤は、一般的に、①自分の労働で得た収入、②親やパートナーなど家族の収入、③生活保護や障害年金といった社会保障の受給があり、それらのいずれか、あるいは組み合わせとなる。だが、具体的に誰がどのように収入を得ているかは、づら研で話題になることはない。生活保護や障害年金というテーマについても、話の流れのなかでみずからの受給の経験が明かされることがあっても、それ以上掘り下げられることはなく、「スルー」されるのが常である。他方で、障害年金を受給するまでの苦労から制度の不備を指摘したり、福祉受給者となることをめぐってのアイデンティティの葛藤を吐露したりする語りはしばしばみられる。経済の話は、個々の生活基盤を「制度に包摂される／排除される」「実家資源に恵まれている／恵まれていない」といった点で否応なく二分し、それを通じて参加者をお金という圧倒的な現実の前に分断するため、避けられる傾向にあるのだ。

しかし、普段は注意深く避けられているそうした話題が、不意に浮上し、葛藤が漏れ出る場合もある。づら研でも、たとえば次のような内容が語られることがある。ここで取り上げる発言は、必ずしも「あのときのあの人の語り」と特定できるものではないが、ホワイトボードの記述などを参考に、反復されるいくつかの話題からポイントを取り出して再構成したものである。


仕事が減らされてしまい、本当に生活が苦しい。だけど今まで働いて自活できてきたので、社会保障の対象にはならない。精神的にもぎりぎりなのに。自助グループに行っても、「生きづらさ」など曖昧な話が中心で、お金の話は取り上げてもらえない。それが一番、生活に関わる重要な問題じゃないのか。みんな結局、住める実家があって親がご飯を作ってくれる。仲間うちで自分の言いたいことが受け止められないのはつらい。

参加者のなかには、実家にも制度にも頼ることのないまま、自分の収入のみで生活している人もいる。その仕事は雇用も収入も不安定であることが多く、職場の人間関係になじめない、仕事が苦痛であるなど、働くことが本人の精神的な安定をむしばむこともある。にもかかわらず、生活がかかっている場合には辞めることは難しく、うつなどの精神疾患を抱えていたとしても、働き続けることから逃れられない。

上記のような語りは、個々のしんどさの吐露であると同時に、働かなくても生活できる存在への恨みや、問題を共有してくれない場への失望の表出でもある。こうした恨みや失望は、その場が学校や職場などではなく当事者の集う自助の場であることで、かえって深まっていく面がある。

こうした緊張感をはらむ語りが提示されると、私はさっと身構えてしまう。反射的に「どのように収めようか」という方向で考えてしまうのだ。しかし、重要なのは葛藤を処理することではない。これも、づら研との付き合いのなかで気づかされたことだった。

司会やコーディネーターが「調整」しようとすると、「葛藤はなくすべきなのだ」というメッセージが伝わってしまう。かといって、葛藤の語りを「問題提起」として真正面から受け止め、たとえばお金や労働の問題について参加者の経験を引き出していけば、上述したように分断のリスクを生じさせることになる。そのいずれでもなく、みなで端を持ち上げた大きな一枚布に落とされたボール玉を受けるように、提起された葛藤をその場全体で転がしながら受け止める。そんな方法があるのだ。

葛藤が生じると、その場の別の参加者から反応がある。たとえば「お金の話は取り上げてもらえない」という語りに対しては、「お金の話は全体の場ではしにくいかもしれない。よかったらあとで個別に話を聞きましょうか?」などの応答がなされうる。また、「居場所で話したが通じなかった」という語りへの応答としては、「居場所といっても異なる感覚を持つ人が集まる場だから、何でも分かり合えるというのは幻想かもしれない」という発言が出てくることがある。

こうした葛藤の表出と受け止めを通じて、そのつど立ち現れ確認されるのは、づら研の「参加を多様な属性や状態にある人に対して開きながら、常に生じる葛藤を見えるようにすることを通じて、場の不完全さに絶えず向き合っていく」というテーマである。

参加者を限定しないづら研には、さまざまな属性や状態の人が参加しており、差異が可視化される場面が生じやすい。先に挙げた「仕事をしている/していない」「実家や制度に頼れる/頼れない」という点だけではない。「不登校やひきこもり経験がある/ない」「恋人やパートナーがいる/いない」「抱えているしんどさが理解されやすい/されにくい」などもあるし、より構造的な、ジェンダー・セクシャリティ、国籍、民族性、学歴などの多様性もある。こうしたさまざまな「違い」は、参加者のなかに葛藤を生じさせやすくする。

しかし、葛藤を生じさせないために参加者を特定の状態や属性の人に限定したとしても、人が多面的な存在であるかぎり、「同じ」とされた人びとのなかでの「違い」が可視化される局面は必ず生じてくる。先の事例に引きつけていえば、「仕事を持つ人」「実家や制度に頼れない人」に参加を限定したとしても、そのなかで仕事の安定性やハラスメントの有無といった差異は生じるだろう。「同じでなければつながれない」ということは、究極的には「自分としかつながれない」ことを意味してしまう。

そのため、づら研では「わかり合えなさ」が生じることを織り込んだ場のあり方が模索されている。問題は、参加者同士の葛藤を「避ける」ことではなく、それを「見えるようにする」ことである。

山下氏は、よくづら研で次のように述べている。

「どんな場でも、わかり合えない部分は必ずあるし、それが生じない場はないと思うんです。なので、ごたごたは起こってしまうことを前提にしたうえで、何かあったらそのつど言ってもらえることが大切だと思っています。だからといって開き直ってはダメだと思いますが……」

ここでは、違和感を表明しても排除されないことを示すなかで、場が未完成なものであること、その未完成さを場に集う人びとが自覚する重要性が示唆されていく。問題解決は志向されず、司会自身の足元に対する懐疑や問いが認められ開示されるだけで、歯切れが悪いまま、結論には至らない。こうした態度は、具体的な問題解決を求めて参加する人に「これでは何も変わらない」という不満や不全感をもたらすことがある一方で、「だから参加し続けている」という人もおり、解決策を宙づりにすることで逆説的に参加者が信頼や安心に開かれていく側面は、確かに存在している。

3 「問い」の共有」という思想——山下耕平氏のインタビューから

づら研は、山下氏の思想や態度によってその土台を支えられている。それは、づら研が居場所Gから派生した場であるという経緯にも関わっている。居場所Gは、山下氏がスタートさせ、ほぼ単独でコーディネーターを務めている。私は二〇一〇年と二〇一五年に山下氏へのインタビューを行っている。これらのインタビューに基づいて、づら研の基底をなす考え方を探ってみたい。

(1) 個人史と「問いの共有」という思想

山下氏は、一九七三年生まれの男性である。東京でフリースクールのスタッフや『不登校新聞』編集長などを経験したあと、大阪に移り、仲間とともにNPO法人Fを立ち上げてフリースクールを創設した。居場所Gやづら研はこのFの事業やプロジェクトに位置づけられる。

山下氏自身には不登校の経験はなく、大学時代に学生新聞の取材でフリースクールを訪れたのが不登校との出会いだった。

(フリースクールの) 子どもたちの話を聞けば聞くほど、「なぜ学校に行かないか」ではなく「なぜ自分は学校に行ったのか」と問いが反転したんですよね。で、「なぜ学校に行ったのか」をいくら考えても、そこが空洞で何もないことにすごく衝撃を受けた。以来、僕は「不登校を考える」のではなくて、「不登校から自分や自分が縛られている社会を問い直す」と考えてきたように思います。（山下氏、インタビュー、二〇一〇年。以下、インタビュー年のみ記載）

山下氏が不登校との関わりにおいて重視するのは、子どもが適応できるよう働きかけることではなく、また「解決策」としてオルタナティブを示すことでもない。ままならなさを抱えた子どもが目の前にいるという現実を周囲が受け止め、大人たちがみずからを問い直していく姿勢である。問題解決よりも問いを重視する姿勢は、一八歳以上を対象とする居場所Gの運営でも貫かれている。山下氏は、「居場所はユートピアではないですよ」「あえて答えを出さずに、問いをその人に投げ返すことが大事」と語っている（二〇一〇年）。拠り所を失った自己はしばしば不安定であり、「就職しなくても大丈夫、居場所はあなたの全存在を受け入れる」と言われれば命綱のようにそこにすがりかねない危うさを秘めている。「問いを投げ返す」ことは、「本人に代わって問題を解決してあげることはできない」という周囲の側のわきまえであり、「生きづらさ」が複雑で一筋縄ではいかないことの尊重であり、それに取り組む本人のちからへの信頼でもある。とはいえそれは、単に「本人の問題」として放逐することを意味するのではない。

「渦中に立ち続ける」というか、「簡単に整理しない」というか、とにかく行きつ戻りつできるというのが、僕は大事だと思うんですよね。「あなたは世間の価値観に縛られている。もっと別の価値観に立ちなさい」とか言うのではなくて、価値観を問い直すことを模索しつつも、そっちに向かって引っ張るようなことはしないというか。その人が変わっていくしかないわけだから、そのときには行きつ戻りつしながら、だんだん解けていくものがあるかもしれないし、ないかもしれないけど、そういうものだということですね。(二〇一〇年)

無業で家に居続け、つながりは居場所の人間関係だけという日々のなかで、人は「何とかして人生をやり直すことはできないか」と焦ったり「もうダメだ」と諦めたりしながら、「自分の人生とはいったい何なのか」と考え続ける。その傍らにいる人間として山下氏は、「働いて自活しなければ無価値である」という本人を縛る価値を相対化しつつも、「そっちに向かって引っ張る」ことはしない。「見守っていればいつか必ず変化がある」といえるほど確かなものは現実にはない。ただ、そこでは「人生の手綱」は本人の手にあり、困難の前に右往左往する本人の傍らには、その様子を見ている人間がいる。

試行錯誤の苦しみのなかでともすれば手綱を手放しそうになる本人を前にして、決してそれを受け取らず、本人が手綱を握る姿をただ見続けること。その姿勢を、山下氏はA・ミラーの「事情を弁えている証人」という言葉で説明することがある。ミラーによれば「事情を弁えている証人」とは、子どもの頃に暴力を受けて大人になった人に対して、知識と共感を持って寄り添い、「その人たちが過去の生の経緯を知ることで、自分でも理解できずにいる不安や無力の感覚を、もっとよくわかるように支援し、大人として現在もっている選択の可能性を、より自由に認識できるよう助ける」存在だという(Miller 2001 = 2004 : iii)。これは、暴力を受けていた子ども時代に介入してくれた「助けてくれる証人」と並んで、過酷な経験を持つ人の回復を助けるとされる。

このように、一筋縄ではいかない問いに取り組む人を場において受け止めるなかで、「問いから始まる関係性」とも言うべきものが開かれていく。


不登校にかぎらず、どこにいても問いがあるというのが大事。その問いを通じて人がつながっていくというのが、僕が模索していることです。曖昧な言い方だけど、そういうものをどっかで信じているんだと思うんですね。そういうものさえあれば、お金を介した関係ではなく、問いを媒介にした関係を広げていくことができる。それがある種の財産になっていくというか。それは、目には見えにくいけれども、自分を支える関係でもあるし、大仰に言えば、社会を変えていくことにつながっていくかもしれない。(二〇一〇年)

そうした関係性によって支えられているのは、「生きづらさ」を抱えて居場所を訪れる本人のみならず、山下氏自身でもあるとされる。そしてそうした足元の関係性の見直しが、「社会を変える」という運動的な関心と結びつけられている。

(2) 揺らぐ「支援者－被支援者」関係

こうした場では、「支援者－被支援者」の境界も曖昧となる。

山下氏は「僕が「支援者です」って言い切ってしまったら、相手は「被支援者」になってしまう。

ある種、当事者としての主体性を奪うことになる」として、居場所Gやづら研に「支援者」として関わることに懐疑的である。制度的な意味においても、山下氏は資格専門職ではなく居場所Gのコーディネーターとしての給料は受け取っておらず、事務作業に関する実費として月額一万円を支払われるにとどまっており、「支援者」ではない。

しかし実際には、心身の不調や人間関係の難しさを抱える人にとって、「主体性を発揮する」ことは容易ではない。

当事者が主体であるということを大事にしたいわけですよね。ところが、「被支援者」的なニーズがなかったら、そもそも（居場所に）来ていないわけです。本人にとってもそこはジレンマっていうか。調子のいいときは、わりと主体性を持っていろんなことができたりするけれども、ちょっと何かあると崩れちゃう。［…］仲間っていう面もあるけど、そこには立場的な違い、「支援－非支援」的な側面がないかといえば、あるんですよね。それをないかのように装うのも嘘がある。結局、そのあたりは終わらない矛盾みたいなところがありますね。（二〇一五年）

主体的な参加には、場においてある役割を担い責任を果たすという負荷が付随する。だがたとえば、「慢性的な心身不調を抱え、電車に乗って目的地にたどり着くのが精一杯、人と話すだけでぐったり疲れてしまう」という状況にある人にとっては、主体的な活動はおろか、予定通りミーティングに参加することさえ大きな負荷となりうるだろう。そこでは「支援‐被支援」の関係はどうしても残り続ける。すっきりした解は存在せず、矛盾を認め、かつ矛盾を解消しようとせずに日々の活動を継続する「構え」のようなものが残される。

以上に見てきたように、山下氏の思想や実践の特徴は、足元からそのつど立ち上がる「問い」を重視し、あえて「答え」を出すことなく矛盾のなかに踏みとどまるというものである。こうした姿勢は、対話における「不確実性の耐性」(Seikkula & Arnkil 2006 = 2016) といわれるものに近いように見える。これについては次節で後述する。

(3)「働きかける言葉」と「生活の言葉」の一致

ではこのような態度は、居場所Gやづら研にいったい何をもたらしているのだろうか。答えを出さず問いに開かれ続けることは、言わば「働きかける言葉」と「生活の言葉」の二重性をなくし、発せられるメッセージを表裏のないフラットなものとして提示する効果を持っている。

「働きかける言葉」とは、社会的役割を担う立場に基づいて、対象の変化を意図して発せられる介入的な言葉であり、「生活の言葉」とは一人の人間としての素朴な生活実感を表現する言葉である。たとえば、支援者という制度的役割の担い手は、回復援助という目的を持ち、目の前に立ち現れた人に「次はこうしてみましょう」「きっと大丈夫ですよ」などと発言するだろう。これは、「こうすればよい」という「答え」を知っている人による「働きかける言葉」である。しかしそれはあくまでも支援者という社会的立場における発言であり、一人の人間としては、「よく分からないな」

「うまくいかないのでは」といった「生活の言葉」を胸に抱えているかもしれない。そうした「本音」の部分は、社会的立場を離れた場所でぽろりと漏れ出ることはあっても、通常は注意深くしまい込まれている。被支援者の側もまた、漠然とした納得できなさを抱えていたとしてもそれを表明することなく「わかりました」と言うなど、この二重性を別の立場から生きている。社会的相互作用は明文化されない種々のルールによって成り立っており、こうした言わば二枚舌的な態度は、多くの人が行っている通常のコミュニケーションである。

このような社会から期待される役割とそれを演じる個人のあいだに「ずれ」が生じる様子を詳細に分析したのが、アメリカの社会学者E・ゴフマンだった。ゴフマンによれば、日常的な相互行為場面では、「ある人が社会的役割を果たしているとき、その役割にふさわしい人格として存在している」という前提は揺らぐことがあり、「行為と存在の不一致」がしばしば生じる（Goffman 1961 = 1985：104–107）。この不一致が、個々の行為者によって、「私はこのような役割を担っていると思われているけれども、いつでもそれにふさわしい自分でいるわけではないのだ」として効果的に表現されるとき、それは「役割距離（role distance）」と呼ばれる。

ゴフマンの分析では、アイデンティティは「社会的な仮面」にすぎず、管理・操作の対象と見なされている。これに対して、づら研において問題になるのは、管理・操作するときに前提されている暗黙のルールをいかに可視化し、見直し、作り変えていけるかということである。

づら研では、その活動の主旨として、参加者は社会的役割を離れて一人の「生きづらさ」を抱える存在として場に集ってくる。もちろんづら研もまた一つの社会的文脈である以上は、「参加者」

「司会」といった「状況にかかわりのある役割」（Goffman 1961 = 1985 : 99）が生じている。しかし、属性も経験も限定されず「生きづらさ」というきわめて曖昧な言葉を軸に生成する場においては、「支援者 - 被支援者」などとは違って、「その役割にふさわしい行為をしているときには、このような人格として存在している」という規定性はより曖昧になる。就労支援という制度に裏づけられた暗黙の前提はいったん脇に置かれ、社会的役割に還元されない個々の人となりが、粗削りなままに顔をのぞかせる。

「行為と存在の一致」が前提できるからこそ、その不一致を観察することができ、「外科医だが、手術室の外では冗談を言う」というような「役割距離」を記述できるのだろう。そこで、社会的役割を果たすときの「働きかける言葉」と、その役割を離れた個人の「生活の言葉」が乖離しているのは、暗黙の前提である。だが、づら研では司会が司会であること、参加者が参加者であることを常に前提することはできない。司会と参加者がときに似た「生きづらさ」を抱える者同士となって経験を語り合ったり、「そのやり方は違うのではないか」と参加者が司会に違和感を表明したりするのは、例外ではなく常態である。そのような場では、建前と本音の二重性が参加者によって耐えがたい非一貫性として経験されたり、本音の部分が不意にさまざまなかたちで建前の領域に浸み出す、ということが起こってくる。そこでは、「働きかける言葉」と「生活の言葉」の二重性を保つ運営者の態度は、既存の社会的相互作用のルールを無反省に反復する、近寄りがたさや胡散臭さをもたらすものと捉えられる。

これに対し、「答えを宙づりにして問いに開く」という態度は、上述したような対等性を志向しつつも不可避的に支援的要素を含まざるをえない関係性のなかで、支援的立場における「働きかける言葉」を「生活の言葉」によって浸食することで、言葉の二重底を突き崩してゆく。それは、既存の社会的相互作用のルールを攪乱することであり、結果的に、そうしたルールへの違和感やなじめなさを感じている参加者たちの有り様を、非言語的に受容する。

これは、支援的立場にある者から見れば、支援者としての操作性を積極的に手放し、参加者に対して同じ場所で・同じような無防備さで向き合うことを意味する。具体的には、対話に先立ってあらかじめ「落としどころ」を決めておくことをせず、そのつど虚心坦懐に相手に向き合うこと、批判されれば受け止め、非があれば認め謝罪すること、などのなかに現れてくる。こうした手の内を明かすような態度をとるのは、支援的立場にある者にとって、ある意味で恐ろしいことである。そこでは、社会的立場を前提した関係構築のパターンに依拠できず、言わば「人間としての自分」が問われてくるからだ。けれどもこの怖さこそ、「生きづらさ」を抱える人たちが対人関係のなかで常に感じているものかもしれないのである。

山下氏の言う「問いを媒介にした関係」とは、このように、社会的役割をいったん外し、答えを棚上げして、フラットに向き合うなかで生じてくるものである。重要なのは、どんな言葉が交わされるかではなく、「同じ平面に立っている」という相互の、とりわけ参加者の実感である。前節で「解決策を宙づりにすることで逆説的に参加者が信頼や安心に開かれていく」と述べた背景には、こうした過程がある。

ただし、注意しなければならないのは、こうした平場の関係を支えている背景の一つに、居場所

Gやづら研が制度化された場ではないという事実がある点だ。繰り返しになるが、山下氏は資格専門職として関わっているわけではなく、NPO法人Fの理事であるが、その運営で生計を立ててもいない。インタビューでは、生計のため食品加工工場のアルバイトをしていることが明かされた。

バイトだと融通がきくじゃないですか。休みたいときに休める。だからそういうかたちで、部分的に魂を売っています。非営利活動で収入をすべてまかなおうと思うと、かえってしんどい。矛盾を「魂を売りたくない部分」にしわよせしなくちゃいけなくなる。だからそこは、ある種乖離的に、「魂を売る部分」は売って、「売らない部分」はきちんと残しておこうという戦術をとっているんですけど。問題は、もう少し食っていけないとだめだってことですね。[…]バイトその他を合わせて月に一〇万は固定収入があります。プラス、ライターの仕事をもらったり、講演に呼んでもらったりする収入がちょこちょこあって、年収でだいたい一六〇万くらいかな。かつかつ食っていける。(二〇一〇年)

ここでは、自分の信念を貫く(=「魂を売らない」)場としての非営利的な活動の領域と、収入のために妥協する(=「魂を売る」)場としての賃金労働の領域が対置され、その組み合わせで生活を回すという戦略が語られている一方で、同時にそれが「成り立っていない」こと、すなわち収入が少なく生活や活動が持続可能でないことが示唆されている。

上述したような「支援者－被支援者」の境界が攪乱され、両者が平場に置かれることの背景には、支援的立場にある人自身が経済不安を抱えているという圧倒的な現実があることを忘れてはならない。

これは僕だけの問題じゃなくて、今の若者が置かれている状態の問題なんです。だから、「彼岸の問題」じゃない。今、ここにある問題。自分の問題でもあるし、メンバーの人と共有している問題でもある。（二〇一〇年）

こうした認識が、山下氏の「「問い」から始まる関係」や「働きかける言葉と生活の言葉の一致」という実践を裏づけているといえる。

以上に見てきたようなあり方は、特定の個人の高い倫理観と志によって成立している面があり、一般的とはいえないだろう。多くの人にとって、経済不安を引き受けても「魂を売らずに」いることは難しいかもしれない。しかしながら、そこに現れていた「居直ることなく宙づりの状態にとどまる」という構えについては、取り入れていくことができるのではないか。制度的枠組みに位置づけられ、そのなかで雇用や収入を保障された専門家や支援者は、しばしば被支援者に対して共感的で非権威的な態度をとることを推奨されながらも、その制度的立場の非対称性があるかぎり、被支援者と「対等」になることは決してない。だが、そのためにあらゆる「対等性」に向けた努力がすべて欺瞞であるとしてしまえば、それはきまり悪い現実から目を逸らし、既存の権力性のなかにとどまることになる。自分の足元にある矛盾を見据えながら、答えを出さずに、望ましいと信じる価値のほうを向いていくことの重要性を、確認しておきたいと思う。

4　まとめ

本章では、「生きづらさ」の表出をづら研がどのように扱っているのかを、具体的な実践場面の観察と運営側の解釈から見てきた。

づら研では、「現代社会では誰もが生きづらくなりうる」という前提のもとで、「制度による支援」ではなく当事者研究を行ってきた。そこでは、多様な属性・経験を持つ人が参加できる開放性と、各々の「生きづらさ」を掘り下げていく個別性を両立させる必要が発生していた。そうしたニーズに応えるため、運営側は「文脈に根ざした介入」と「普遍的な介入」をそのつど行い、場を調整していた。また、「生きづらさ」に単純なゴールは存在しないこと、場では常に葛藤が生じることを積極的に認め、「問いを共有し、結論は出さない」「矛盾を解消しようとせず、起こるべくして起こるものと捉える」というスタンスをとっていた。これは具体的には「働きかける言葉」と「生活の言葉」の一致という実践となって現れていた。

また、づら研では個々の意図を超えた場の流れや息づかいが重視されていた。「生きづらさ」をめぐる語りは、個人から個人へと直接投げかけられるのではなく、司会を通じて場のなかに置かれ、メッセージの発信 - 受信関係は間接化される。どのような反応がなされ話がどう展開していくかは「場」に任され、個人のコントロールを超えていく。そこで生じているのは、「対話」といえるものである。

アメリカの物理学者D・ボームは、対話（dialogue）の語源であるギリシア語の"dialogos"という言葉に着目し、logosの「言葉」とdiaの「〜を通して」という意味から、対話とは「意味の流れ」であるとした（Bohm 2004＝2007：44-45）。それは単なる言葉のやりとりや説得という目的のために活用される手段ではなく、人びとのあいだに生じ、単独では想定しえなかった共通理解へと人びとを開いていく。対話的関係の構築は、一九八〇年代以降、主として精神医療の領域で、複合的な困難を抱え複数の制度的支援を受けている人への有効な実践的アプローチとして注目されるようになった。日本でも関心の高い「オープンダイアローグ[3]」を開発したセイックラとアーンキルは、次のように述べている。

〈対話〉であることは、話し手が絶えずそこにいる相手や社会的（地理的）文脈に合わせながら、そしてやりとりの中で応答してくる言葉を組み込みながら、自分の周囲の社会という場につながっているということである。テーマを終わらせたり、最終的な解答や解決を与えるために答えるのではない。答えることで、今話し合われていることにさらに広い見通しをもたらすのである。（Seikkula & Arnkil 2006＝2016：107）

こうした対話の条件として重視されるのは、関わる人びととの境界横断性と、その場が「ポリフォニー（多声）」的であることである。そこでは通常の「クライエントを導く専門家」という関係性は棚上げされ、多様な人が交わす言葉が平場のうちに投げ出される。この境界横断性は、「新たなタイプの知（a new type of expertise）」、すなわち「共同で一緒に創り出された理解」を産み出す（Seikkula & Arnkil 2006 = 2016 : 100）。また、特定の誰かによってあらかじめ想定されたように物事が進むのではなく、「ポリフォニーによって不確実性に耐えられるようになる点が肝要」（Seikkula & Arnkil 2006 = 2016 : 102）とされる。対話的関係を主軸に置く諸実践が発見したのは、そのような対話の場が成立することそれ自体に、治癒的な効果があるということだった。

これまで述べてきたように、づら研では、司会やコーディネーターは、心理専門家や社会福祉の専門家といった制度的存在として関わっているわけではない。また、づら研の場自体が、治癒や改善を目的としていない点も、オープンダイアローグとは根本的に異なる。そうした相違点はあるものの、づら研において起こっていることもまた、上記で確認したような意味において「対話」的であるといえるだろう。参加者の言動による場のルールの可変性、話の展開のコントロールできなさ、司会やコーディネーターの反省性、解決法より話し合うプロセスに包摂されていることに意味が見いだされている点などは、上述の実践と重なっている。

付け加えるならば、場が「対話的である」ということは、たとえば「権力関係から自由になった空間で心地よい双方向的なコミュニケーションが成立する」というような理想的なイメージと合致するものではない。づら研における「対話的実践」は常に具体的な日常の実践に埋め込まれており、個々のムラのある心身の状態や、家族や友人など親密な人との関係、地域や親族との関係、仕事や学校や医療などより広い社会関係、そのときに発生している社会問題や自然災害、本人が読んだ本や見た映画などの情報などに大きく影響されている。学歴・階層、ジェンダー、セクシャリティ、エスニシティといった社会構造的な権力関係は常に横たわっていて、場に緊張をもたらす。そうしたなかで「対話的である」ことは、お金はあまりかからないが時間と労力がかかり、発見やおもしろさは確実にあるがフラストレーションが溜まり、しかも結論が見えないということである。

そのうえでなお「対話的」であることに意味を見いだしているのは、繰り返し述べてきたように、本当の意味で当事者が納得できる変化は当事者の内側からしか訪れず、そのような変化は他者との関係性に支えられて生じるからである。

注

（1） 貴戸（2021：137-138）でも同じ事例がかたちを変えて使われている。

（2） 現在、「質問されても、応えたくないことは応えなくてかまいません」「場の流れを読んで、ムリに話そうとしなくてかまいません」「話していて、しんどくなることもあるかと思います。その場では表明できず、消化できなかったこと、疑問を覚えたことなどがあれば、あとからコーディネーター（貴戸）、進行役（山下）に伝えていただいてかまいません」という三項目が書かれている。

（3） 一九八〇年代初頭、フィンランドのトルニオにあるケロプダス精神科病院において生み出された方法。主として急性期の精神病患者に対し、治療チームが本人やその家族を含むパーソナル・ネットワークに属する人びととともにミーティングを開き、対話を通じて治療にかかわるあらゆる決定を最初から一緒に行っていくことで、精神病に対する治療的効果を得ようとする。七つの主要原則として、①即時に応じること、②ソーシャル・ネットワークを引き入れること、③個別で具体的なさまざまなニーズに柔軟に対応すること、④責任をもって対応すること、⑤心理的な連続性を保証すること、⑥不確かさに耐えること、⑦〈対話〉が行われていることが挙げられる（Seikkula & Arnkil 2006 ＝ 2016：57-58）。それまでのシステム論的家族療法では、家族は治療の対象であり、専門家はみずから変化することなく介入していたのに対し、オープンダイアローグでは、専門家チームが治療プロセスのコントロールを手放すことによってみずから変化し、クライエントの変化を誘発するとされる（Seikkula & Arnkil 2006 ＝ 2016：27）。

終章　「生きづらさ」は連帯の礎になりうるか

1　「生きづらさ」が和らぐとき

本書は「生きづらさからの当事者研究会」のフィールドワークを通じて、現代社会における「生きづらさ」とは何か、「当事者が集う対話の場」とはどのようなものかを考えてきた。

「生きづらさ」は、社会構造に根を持つ問題を個人的に抱え込まされてしまう現代の困難を、本人の主観において表現する言葉だった。

この言葉には両義性があり、「限界」と「希望」をともにはらんでいる。

「限界」は、降りかかる困難を個人の感覚に押し込めることで、問題の個人化傾向を一層推し進める点だ。目の前の苦しい気持ちは、それだけにフォーカスしていると、自責や自己嫌悪が膨らみ、恵まれて見える他者への恨みや、救いのない社会への憎悪などが募っていく。づら研においても、「休みの日は「みんな死んでしまえばいい」と思ってひきこもっている」（「身体性と言葉」ホワイトボード〔以下ＷＢ〕、二〇二〇年）「「何のために生きているんだろう、死のうかな」と思ってしまう」（「不安の研究」ＷＢ、二〇一九年）といった気持ちが吐露されることがあった。そうした感覚に至る背景には、第４章で述べたように、暴力被害や貧困、不安定就労などさまざまな社会的要因が横たわっている場合も少なくないが、「生きづらさ」の内側にこもっているとき、これらを見通すことは容易ではない。

他方で、「希望」もある。「生きづらさ」は、それを抱えている人自身が問題に取り組み、個人的な事情の向こうに構造の問題を見通していく契機にもなりうるのだ。「生きづらさ」という言葉を通じて自己の特徴や傾向を理解することで、「自分の人生を生きる」うえでのある種の「落ち着き」のようなものを得ていくことがある。「落ち着き」とは、諦めや絶望ではなく、「過去は消すことはできず、この人生の延長を生きるしかない」と腹をくくることであり、あがきや落ち込みも含めて、一筋縄ではいかない自己を受け入れていく態度である。そのように自己の「生きづらさ」を理解することで、他者の「生きづらさ」に想像をめぐらせることができるようになり、それらの向こうに共通の構造を見通すことにも開かれていく。

では、「生きづらさ」という言葉が、「限界」へ向かうか、「希望」の方向へ舵を切るかの分岐点は、どこにあったのだろうか。

それは、第一に、本人がみずからの「生きづらさ」について探求すること、第二に他者との共同性のなかで取り組むこと、であるように思う。まず、「あの人は生きづらい人だから」などと他者について言うのではなく、あくまでも「自分の生きづらさ」に照準するのがスタートとなる。づら研には、支援者や教師、親という立場の人びとも参加していたが、その人たちが語るのは、被支援者・生徒・子どもについてではなく、自分自身の経験や考えについてだった。他者の困難を代弁する営みのなかで「生きづらさ」という言葉が使われるとき、それは表に現れた個別の苦しみを焦点化することで、その根底にある構造的な規定性を見通す目を曇らせていく危険性がある。「生きづらさ」は「自己の生きづらさ」として語り出されるときにだけ、個人や社会を変えていくちからを持つといえる。これは、他からの助力を必要とせず自分だけで問題に取り組む「自立 self reliance」ではなく、自己に関する事がらをみずから主導的に決めていく「自律 autonomy」の問題である。また、自己の「生きづらさ」は、場を通じて他者とともに探求していくことで対象化されやすくなる。外部に接することでノイズが発生しやすくなり、独我論的な思考のループは軌道を逸らされ、予期せぬ展開に開かれる点も大きい。

これらは、浦河べてるの家における「当事者研究のキャッチフレーズ」である「自分自身で、共に」にそのまま重なっている。当事者研究では、①これまで研究の対象であった当事者が主体となって研究すること、およびその取り組みが②「一人の孤独な作業ではなく、「人とのつながりの回復」と表裏一体のプロセスとしてある」（浦河べてるの家 2005：5）ことが重視されてきた。野口裕二は、後期近代における再帰的自己と当事者研究との関係について考察し、再帰的自己においては「自分の問題は自分で処理する「問題の個人化」」と「問題の処理を専門家にゆだねる「問題の専門化」」という限界が露呈するが、当事者研究では問題に対して共同で取り組むことで「問題の公共化」が起き、再帰的自己の隘路を突き抜ける可能性があると指摘した（野口 2018：263）。このように、「共同性」は当事者研究にとっての鍵概念であり、本書の知見もそれを反復している。

こうした既存の当事者研究論に対する本書の独自性は、以下の点だと考えている。第一に「生きづらさ」というキーワードを用いることで、特定の障害や疾患を持つ人だけでなく、現代社会に生きるすべての人が当事者になる可能性を示したことである。第二に、野口のいう「問題の公共化」が具体的にいかに起きているかというプロセスの部分を、参与観察とインタビューに基づいて実証的に記述したことである。

では、「生きづらさ」という個別の苦しみから出発して、社会の問題を見通すに至るまでには、どのようなプロセスがあったのだろうか。

第4章では、「生きづらさ」の構成要素として、「無業および失業」「不安定就労」「社会的排除」「貧困」「格差・不平等」「差別」「トラウマ的な被害経験」「個々の心身のままならなさ」「対人関係上の困難」「実存的な苦しみ」の一〇項目を析出した。ここには個人の問題と社会構造の問題が混在しており、社会構造の問題は、個々の経験の語りからは見えにくくなっていた。づら研のフィールドワークでは、「生きづらさ」をめぐる主観的な語りが「対人関係上の困難」や「個々の心身のままならなさ」に集中しており、構造的な問題、特に「無業および失業」「不安定就労」「格差・不平等」について、直接「生きづらさ」の要因と名指す語りはほとんどみられなかった。

この客観的な問題と主観的な問題把握の断絶に橋を架けるのが、「共同性」だと考えられる。場に集い、他の参加者の前で語ることで、自分の「生きづらさ」は他者の「生きづらさ」に接続される。「私が生きづらい」だけでは、「問題は私個人にある」と考えられやすくなる。だが、「あの人も似た生きづらさを抱えている」とすれば、そこには「生きづらさ」を産み出す共通の土台というものが見えてくる。

このことを象徴的に語ったのが、第5章で触れたCさんであった。Cさんは、「初期の頃は、生きづらいのは自分が原因で自分の責任だと思っていた」が、「づら研に関わったり、いろんな言葉を学ぶうちに、この仕組みでは苦しいと思ってしまう人はいっぱいいる、自分のせいではないと思うようになった」と語っていた（インタビュー、二〇一五年）。このような「他者」との出会いによって自己が作り変えられるプロセスは、「自己」と「社会」が敵対的に立ち現れていた初期の頃とは異なり、「自己」を含み込むものとしての「社会」を想像することを可能にしていく。Cさんはさらに、「自分自身を知ることと、人を知ることは、表裏一体」として、自分の他に「生きづらさ」を抱えている人や、働いている人を具体的に知っていくことで、「生きづらさを抱えつつ働く」という道が見えてきたと語っていた（インタビュー、二〇二一年）。

ここで何が起こっているのかを図示したのが、図8－1と図8－2である。

図8－1は、単独で「生きづらさ」を抱える人のモデルである。そこでは自己は孤立しており、自己と社会の関係は、「社会になじめない自己」という敵対的な現れ方をしている。虐待や学校・職場での被害経験など痛みを伴う経験は、誰とも共有されず、他者や社会との関わりにおいて恐れや不安をもたらしている。不安定就労や不平等といった構造的要因は本人の選択肢を狭めているが、それに気づくことはなく、「自己責任」だと自分を責めるしかない。「生きづらさ」の内容は「働くのがこわい」など漠然としており、「何をどうしたいか」が見えない。そのため支援ニーズは「と

何が起こっているのか？
①「自己」vs「社会」

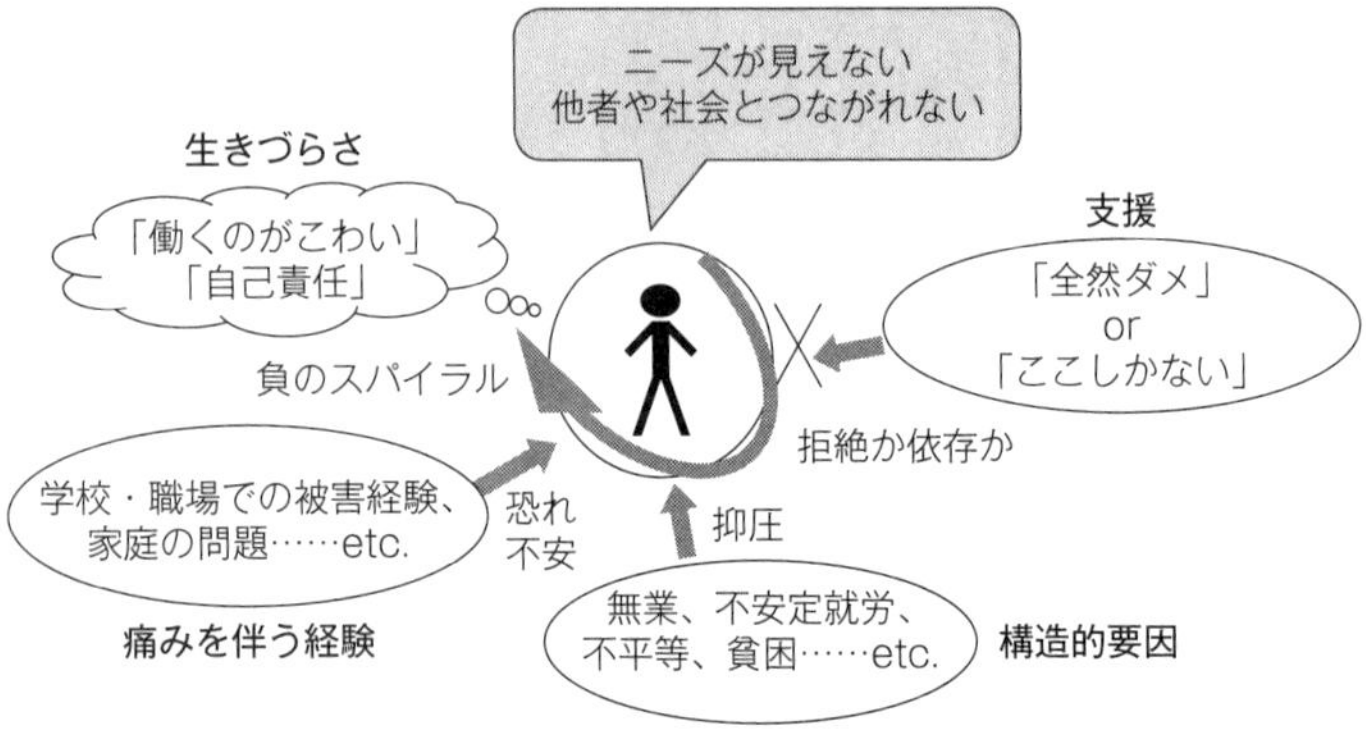

図8-1　単独で「生きづらさ」を抱える人

何が起こっているのか？
②関係に開かれた自己

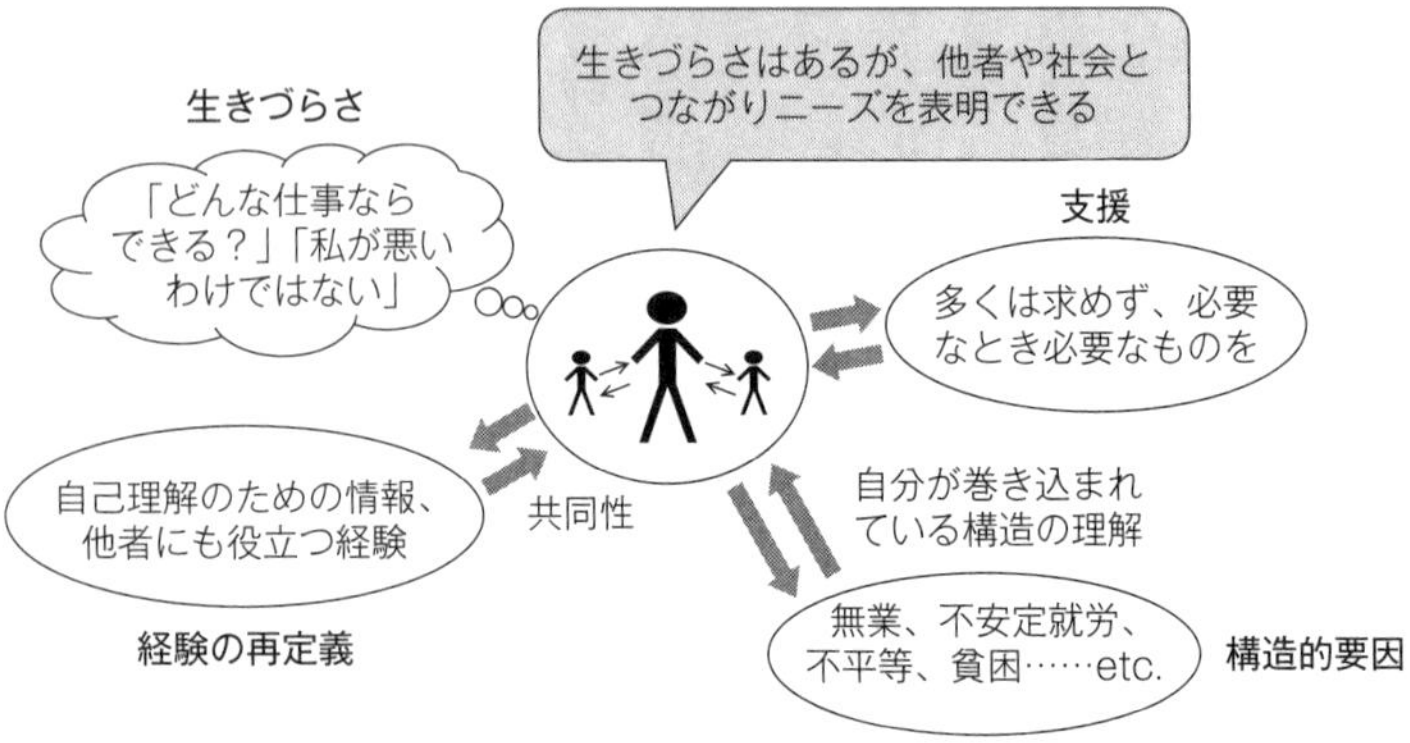

図8-2　語り合う場のなかに位置づく人

にかくこの苦しみを何とかしてほしい」という依存的なものとなりやすく、結果的に「全然ダメだ」と失望しがちになる。

一方、図8－2は、語り合う場のなかに位置づく人のモデルである。そこでは痛みを伴う経験は、他者の経験と照らし合わせて自己を理解する貴重な情報となっていく。構造的な抑圧には晒され続けているが、自分が巻き込まれている仕組みを知り、自己や他者を責めることから距離をとることができる。仕事へのなじみにくさや人間関係上の困難は消えることはないものの、「ではどんな仕事ならできるだろう」と地に足をつけて考えるようになっていく。支援には過度な期待を抱かず、必要に応じて適切なものを吟味し利用するようになる。

重要なのは、単独モデルでも共同モデルでも「生きづらさ」が抱えられていることに変わりはない、ということである。また、変化は必ずしも「図8－1から図8－2へ」という直線的なものとして経験されるわけではなく、行きつ戻りつしたり、部分的な変化であることも多い。それでも、自身の「生きづらさ」に共同で取り組むことで、自己と他者や社会との関係は、再定義に開かれていく。「自分は決してこの社会に受け入れられることはない」という絶望がゆっくりとほどけ、「一分一秒が長い」「息をするのも苦しい」というかつての感覚が薄まってゆき、自分が今ここで生きていることを、落ち着きを持って受け止められる——そうした変化は、起こりうるのである。

2 「生きづらさ」からの共同性とは何か

では、「生きづらさ」を媒介した共同性は、どのような特徴を持っていたのだろうか。思えば仲間という言葉は当事者研究における鍵となる概念だったが、それが実際にどのような存在なのかを明らかにした研究は少なかった。

フィールドワークを通じて見えてきたづら研における共同性は、第一に当事者－専門家関係において、第二に当事者同士の関係において、示唆を与える。それぞれについて見ていこう。

(1) 当事者－専門家関係の問い直し

複合的な困難を抱えた人に対し、専門家はどのように関わっていけるだろうか。づら研には職業専門家が関わっているわけではなく、本書の記述が専門家のあり方を直接的に論じうる材料になるとはいえない。しかし、第7章で見たように、司会と参加者の関係は、支援－被支援の非対称性を持ちつつも、互いに自分の「生きづらさ」に取り組む者同士であるというフラットな側面も持っており、この二重性はオープンダイアローグのような対話的アプローチにおいて、専門知による治療過程のコントロールを手放し不確実性に耐える専門家のあり方に近いものであった。オープンダイアローグは精神障害に対する医療的アプローチだが、複合的な困難を抱えた人に対する支援を考えるうえで、このような態度は示唆的である。

づら研において、専門家・支援者としての操作性を手放し、参加者に対して同じような無防備さで向き合うことは、「働きかける言葉」と「生活の言葉」の一致という実践となって現れていた。

支援現場における支援者の「働きかける言葉」は、しばしば本音と建前の二重底を構成する。第6章で見たように、従来の居場所においては、「ありのままでいることを尊重する」として、「働きかける言葉」のうえでは学校復帰などの目的はあえて設定されてこなかった。しかしその背後には、「ありのままを尊重していれば、子どもはそのうち元気になり、結果として社会参加していく」という意図が存在していた。ここでは、支援対象に対しては「学校に行かないままでいい」としつつも、支援者同士の場では「あの子はそろそろ次のステップに向かうときではないか」と目的達成の段階に位置づけられるような、ある種の二重性を構成する土壌がある。こうした非一貫性が矛盾を生じさせないのは、①相手が「子ども」でありポジティブに変化する未来を想定しやすいこと、②支援者‐被支援者間に情報や専門性の多寡に基づく権力関係の自明性があること、という条件があるからだった。

しかし、複合的な困難を抱えてゴールのない人生を歩む「大人」の場合、こうした条件はもはや存在しない。「大人」の生活世界は広く自由で、「子ども」のそれのように、親と専門家が連携すれば守れるような閉じたものではない。「当事者こそが自分自身の専門家である」という当事者研究の出発点は、自分の人生を変えうるのは自分しかいないという、このすがすがしくも厳然とした現実の言い換えでもあるだろう。

そうした人びとの人間関係やキャリア構築に対して支援的に関わるうえでは、支援者としての

「働きかける言葉」と人間としての「生活の言葉」を重複させながら、相手の変化に対する操作性を手放していく態度が必要となってくる。支援する立場の人が「生活の言葉」から乖離して社会的役割からものを言っても、それは相手が変化していくちからにはつながりにくい。

ここに新たな専門性が見えてくるように思う。それは、「当事者の前で言えないことは専門家同士でも言わない」という、支援される側を「同じ人間」と見なし、その尊厳をどこまでも尊重する態度のうちに現れるような専門性である。

それが具体的にどのようなかたちをとるのかは、専門知が展開される個々の現場によるだろう。たとえば医療、教育、福祉にはそれぞれ固有の制度的枠組みがあり、専門性の多寡に基づく権力関係が比較的見えやすい文脈からほとんど見えないものまで、グラデーションが存在している。それでも、困難を抱えた人がみずから変化していくちからを支えるために関わるすべての専門家が、自身の足元に広がる文脈のなかで、このような新たな専門性を身につけ取り入れていく必要性は、今後ますます大きくなっていくのではないか。

(2)「つながれなさ」を通じたつながり

次に、づら研におけるつながりとはどのようなものだったかを振り返ってみよう。以下ではこの点に迫るうえで、出発点として、づら研の共同性が、共通の属性を持つマイノリティのそれとどのように異なるかを考えていく。

特定の社会集団への差別に対抗するマイノリティ運動では、被差別属性を共有する「私たち」を立ち上げ、「私たちのつらさ」の物語を作ってきた。個々の人は、運動体の物語に包摂されることで、その物語に準拠した「私のつらさ」を語ることができていた。だが現代では、多くのマイノリティ運動において、かつてのような共通の「私たち」は見いだしにくくなっている。いや、より正確には、同じ属性を帯びてはいてもその他の面で多様な人びとを、「私たち」とひとくくりにすることで、「私」が「私たち」に接続されるよりも、「私たち」から漏れ落ちていると実感されることのほうが多いような状況が生まれている。

ここには、マイノリティ運動の位置どりの変化が関わっているように思う。かつてむき出しの差別や抑圧と闘うために練り上げられてきた運動体の主張は、現代では「多様性の肯定」という市場親和性のあるポリティカル・コレクトネスのもとで、少なくとも建前上、社会に受け入れられるようになった面もある。だがそれとほぼ機を同じくして、運動体が立脚する「私たち」もまた、マイノリティ属性をものともせずに競争に参入し勝ち残っていく一部の人と、そうはできない多くの人に分断されていった(1)。

そうした状況のなかで、共通の属性に依拠することなく共同性を立ち上げるとしたら、どのようなあり方が可能か。づら研は実践のなかでそうした問いに向き合ってきた。

共通の属性を持つマイノリティの集団性と異なり、づら研では「生きづらさ」という誰もが抱えうるものをつながりの起点に据えてきた。「生きづらさ」によるつながりは、場に集う参加者たちが「私は生きづらい／生きづらかった」と語ることでそのつど構築される流動的なものだといえる。たとえば、づら研には不登校やひきこもりの経験を持つ人もいればそうでない人もおり、働いている人も無業の人も参加していた。そうした人びとが、「生きづらさ」というキーワードの前でいったん自分の社会的立場を棚上げし、その日のテーマやそこから広がった話題に関連して自己を語る。そこでは共通の、あるいは異質な経験や考えが述べられていき、「玉突き式」に話が展開するなかで、場が立ち上がり、その場に根ざした「生きづらさを抱える自己」が生み出されていた。一人ひとりがどういう人かはわからないが、「生きづらさ」に関しては、この場では、話せば共感的に受け止められる。弱くあることをとがめられない。そうした感覚が立ち上がっていた。

こうした連帯の感覚は、そのつど立ち現れては消える流動的なものである。それをある程度持続的に展望していくために、づら研で行われていたのは、「違和を表明できる場や関係性を生み出し続けるプロセスのなかに、新たな連帯を見いだす」という実践だった。

参加者が持ち寄る個々多様な「生きづらさ」は、「私とあなたは同じではない」「容易にはつながれない」という感覚をたびたび突きつける。だが、そうした違和感を、抱くたびに表明することができ、それをしても排除されることはないということについては、共通の信頼感を醸成していくことができる。それはいわば「つながれなさを通じたつながり」（貴戸 2021：140）ともいうべきものである。

これを象徴するエピソードがある。かつてある参加者が、「自分はここにいていいのかな、と思ってしまうことがある」とづら研での居心地の悪さを漏らした。さまざまな参加者の経験を聴いていると、「無業ではない自分には、暴力被害を経験していない自分には、ここにいる資格がないのではないか」と思えてしまう、というのである。この発言に対して、「自分もそう思う」とその場の多くの参加者が共感を表した。「自分は「私たち」に含まれていない」というつながれなさの感覚は、まさにそれについて共感し合うことを通じて、つながりの感覚へと接続されていったのだ。

こうしたづら研における「つながれなさを通じたつながり」は、属性の同一性に基づくマイノリティ運動を内側から乗り越えようとする動きのなかで示唆されつつある新たな共同性とも同型性がある。たとえばフェミニストの清水晶子は、「トランス女性は女性ではない」とする差別的なバッシングに対して、「トランス女性も女性だ」と同質性を強調するある種のフェミニスト言説の危うさを指摘し、インターセクショナリティ（交差性）という概念に基づきながら「お互いの同じではない経験、同じではない壁、同じではない抵抗を互いに認める」ことのなかに「連帯」を見いだそうとする（清水 2021：161）。同様に、クィア・スタディーズの森山至貴は「ゲイコミュニティ」からの疎外感やそれへの心理的距離に着目し、「集団の同質性の内実を減じていくことで、集団を集団として存立することが可能になっている」ような新たなつながりの形式を記述している（森山 2012：244）。

「同じだから分かり合える」という感覚に根ざす「私たち」の構想は、ますます困難になっている。そうしたなかで、個々の「生きづらさ」に基づく「つながれなさを通じたつながり」は、かろうじて見いだせる共同性への希望であるように思える。

3　日本における存在論的安心の欠如としての「生きづらさ」

最後に、本書が注目してきた「生きづらさ」を、ギデンズの言う存在論的安心の欠如の日本的なあらわれと位置づけることで、本書を現代日本社会の分析に開く道筋をつけておきたい。

存在論的安心は、ギデンズによれば「ほとんどの人が、自己のアイデンティティの連続性にたいして、また、行為を取り囲む社会的物質的環境の安定性にたいしていだく確信」（Giddens 1990 = 1993：116–117）「すべての人間がなんらかのかたちで対処している根本的な実存的問題に、無意識や実践的意識のレベルで「答え」を持っているということ」（Giddens 1991 = 2021：82）を意味する。それは、自明視された日常的なルーティーンのなかで立ちあらわれる「私や他者や世界がこのように存在しており、これからも存在していく」と疑いなく思える感覚のことだといえるだろう。存在論的安心を提供する条件をなすのが「信頼の環境」である。これは前近代の文脈では「親族関係」「地域共同体」「宗教的宇宙観」「伝統」であったが、近代的な文脈では「対人的関係性」「抽象的システム」「反事実的　未来志向的思考」にとって代わられたとされる（Giddens 1990 = 1993：129）。だがこれらの近代的な諸条件は、外部に固定的な準拠点を持たず、常に「これでよいのか」と内部からの再帰的な見直しに晒されているため、信頼は揺らぎやすくなる。

では、信頼が揺らぐとき、何が起こるのか。ギデンズは、信頼の反対は「不信」ではないという。「不信」は抽象的システムをなす専門家の主張が疑わしかったり、人間関係で相手が信じられなくなることなどを指すのであり、その意味でこれらは、「信頼の環境」を前提していると考えられる。問題は、その前提自体に確証が持てない場合である。「この信頼という言葉の、最も奥深い意味合いにおけるその反対命題とは、生きる上での《苦悩《アングスト》》ないし《危惧《ドレッド》》という言葉のなかに最もよく集約できる精神状態なのである」(Giddens 1990 = 1993 : 126)。本書で論じてきた「生きづらさ」は、ここで言及されているような状態のひとつのあらわれでもある。[2]

存在論的安心の欠如は、後期近代という文脈のうえに成り立つ社会では、どこでも起こるだろう。だが、それがどのように具象化されるかは、社会によって異なるといえる。

戦後の日本では、学校・企業・家族などの「場」が存在論的安心を供給していたと考えられる。日本の学校や大企業は、生活共同体としての側面を持っていたことが知られており、そこに包摂された人にとっては、単に学力や賃金を得る手段ではなく、人間関係と社会的アイデンティティと日常生活を構造化する指針のほぼ唯一の供給源であり、規範化された社会生活を可能にする土台だった。一九八〇~九〇年代に不登校が社会運動の起点を提供しえたのも、不登校という行為自体が「抵抗」となるような、学校の全域性が存在したからである(Yoneyama 1999)。

しかし二〇二〇年代の今日では、家族や学校は流動化し、企業への包摂を展望しうる人はますます限定されている。その背景には、地域共同体のやせ細りがある。戦後日本において、学校の聖性が保たれ、近代家族が機能していたのは、地域や親族といった共同体がそれを下支えしていたからであった(滝川 2012 : 落合 2019)。そうした共同体は、大企業に包摂されない人・家族をつくらない人にとっても、セーフティネットを提供してきたと考えられる。しかし、二〇〇〇年代以降、産業構造の変化や規制緩和の流れのなかで、こうした共同体は急速に揺らいでいった。小熊英二は二〇〇〇年代以降の日本社会の変化について考察し、大きな変化は正規雇用の減少ではなく、自営業と家族従業者が減少し、地元コミュニティに包摂されない非正規雇用者が増えたことだとした（小熊 2019）。本書の第5章に登場したAさん、Bさんのケースでも、実家が営む自営業が立ちゆかなくなり、家族がばらばらになるのと並行して非正規労働に参入しており、共同体の衰退が個人の孤立を生み出していくプロセスが現れている。

本書では、そうしたなかで、学校・職場・家族に包摂されない人が存在不安を抱える様子を描き出してきた。以上を踏まえれば、「生きづらさ」とは、場の喪失として感受される日本的な存在論的安心の欠如の主観的表現である、ということもできる。

そのため、「生きづらさ」にアプローチする取り組みでは、新たな場の可能性が模索されていく。居場所Gにおける「なにものでもなくともいられる場所」は、その人の存在を学校・職場・家族への帰属で判断する「場主義」へのアンチテーゼであったし、づら研において「この場とは何か」という主題がたびたび回帰してくることにも、それは見て取ることができる。づら研だけではない。たとえば社会学者のC. Cassegård（2014）は、二〇〇〇年代における非正規労働者の社会運動が、新たな表現やコミュニケーションを生み出すオルタナティブな場 alternative space を創出していたと論じた。「場主義」の社会において周縁化された人々が、新たな場や関係性を生み出すことで学校・職場・家族を相対化しようとする方向性は、さかのぼれば障害者運動や女性運動にもみられるものだろう。

そのように考えれば、「生きづらさ」研究が不登校研究のあとに出現することにはある種の必然性がある。第2章第3節で論じたように、づら研のルーツには、不登校・フリースクール運動の「不登校を通じてこの社会の〈普通〉を問い直す」という問題意識があった。一九八〇年代半ば以降、全国的に不登校の親の会が生まれていき、学校外の子どもの居場所として、フリースペース、フリースクールなどと呼ばれる場が生み出されていった。これらは学校と同列に存在する「オルタナティブな選択肢」ではなく、子どもにとって学校が、そこに行かなくなったとたんに安定した自己像や世界像を持てなくなるような、ほぼ唯一の存在論的安心の社会的な供給源となってしまっていることへの、根本的な意義申し立てを含意していたといえる(3)。

もっとも、現象としての不登校を見れば、現代ではその問題性は薄れつつある。精神科医の滝川一廣は、一九九八年の時点で、不登校問題は「一般化のいっそうの進行によってあまり社会問題視されなくなるか、ほかにもっと深刻な学校問題を抱えて長欠(長期欠席——引用者)ぐらいはさして問題でなくなるか、その両方かで解消に向かおうか」と未来予想を提示していた(滝川 1998：185)。まさに現代では、長期欠席の増加と、若者一般のキャリアの不安定化という極めて深刻な問題を前に、不登校は脱問題化されつつある。戦前の日本では長期欠席は三%を切ることはなく(長岡 1995)、戦後まもない一九四九年には中学生の七%以上が長期欠席していたとされており(保坂 2000)、長い歴史で見ればほぼ一〇〇%の中学生が登校していた一九七〇年代半ばを挟むわずかな時期のほうがよほど特殊である。長期欠席が例外的に少なかったある時期に独立の問題圏を獲得した不登校は、今後は再びかつてのように、より一般化された社会問題のなかに回収されていくのかもしれない。

おそらく不登校・ひきこもりをめぐる考察は、今後ますます経済的な問題あるいはキャリアの多様性の問題のどちらかへと水路づけられていくだろう。不登校・ひきこもりは長らく「学校に行きたいが、行けない／働きたいが、働けない」という内面的葛藤の問題と見なされてきた歴史的経緯があり、社会階層の視点が欠落しがちであったことがしばしば指摘される（笹倉・井上 2017；原 2022）。貧困や虐待など困難な生活状況が伴うケースの実態や、長期的に見た場合に不登校・ひきこもり経験が個々のメンタルヘルスやキャリアにいかなる影響を及ぼすか（及ぼさないか）などを解明していくことは、喫緊の課題である。また、学校や企業にとらわれた学び方・働き方を問い直し、多様な学習や仕事の形態を模索することも、よりいっそう求められていくだろう。二〇二〇年以降のコロナ禍を経て不登校が増加している今日では、なおさらである。

だが、戦後日本社会において、なぜ不登校・ひきこもりという概念がこれほどまでにセンセーショナルに受け止められ、人の尊厳を奪う反面で、尊厳を回復する共同性の創出の礎ともなりえてきたのかという点に目を凝らせば、そこには社会階層や価値の多様性に回収されない「存在論的安心の欠如が日本においてどのように現れるか」という主題が浮かび上がってくる。それはある面では、アイデンティティに特化した中産階級的な視点であるのかもしれない。しかしながら近代義務教育制度の歴史を振り返れば、貧困や栄養不良、親の無理解のような前近代的理由によって学校に行かない子どもの存在は決して珍しいものではなく、むしろ常態であった。それが専門家にとって「解くべき謎」となるためには、「経済的に豊かで、親も教育熱心であり、本人も登校すべきという規範意識をもっているのに、なぜか学校に行かない」という中産階級的な臨床像が集団的に発見される必要があった（滝川 1998：166-167）。不登校は、高度成長期を通じて公教育に包摂される平等がより多くの子どもたちに開かれ、貧困や疾病など「理由のある長期欠席」が減少していく過程のなかで、たまたま浮かび上がった「理由のない長期欠席」を中軸とする現象であった。それは、たとえ貧困が解消されたとしてもなお残る普遍的な問題の存在を、示すものだったと見ることもできる。

このように、階級的視点が歴史的文脈のなかで後景化していたある限定的な期間において浮上したのが上記の普遍的な問いであったならば、それに真っ向から向き合う視角は今も必要である。不登校から出発する「生きづらさ」研究とは、日本という固有の文脈において、存在論的安心を脅かされた人がいかにそれを取り戻しうるかを考察することで、近代日本の「場主義」を問い直す射程を持っている。その視角を把持するために、私は自分の研究を「不登校の〈その後〉研究」と名乗り続けてきたのだ、と気づかされる。

4 「答えの出ない問いに向き合う」という豊かさ

本書を通じて私が一番描きたかったのは、「私とは何者か」「この苦しみはどこからくるのか」「どうすれば人とつながれるのか」という答えの出ない人生の問いに向き合う人びとの姿だった。誰にも頼まれないのに、心身不調や経済的制約を乗り越えて、遠い会場まで集ってくる人びとがいる。具体的に何かの役に立つわけではない、「結論」も出なければカタルシスもない語りの場に、多くの時間と労力をかけて毎回人が集まるというのは、考えてみれば不思議である。

だが、このような「答えの出ない問い」に向き合う態度は、現代社会において失われつつある貴重なものだともいえる。

アメリカの政治哲学者W・ブラウンは、現代社会を特徴づける新自由主義的な統治合理性のもとで、「元を取れるか」「格づけを高めうるか」という投資収益の最大化をはかる市場の論理が、政治をはじめ教育や親密な関係など市場外の領域にまで浸透していると論じた（Brown 2015＝2017）。この新たな秩序のもとでは、自分の人生も他者との関係性も、「それをして何の役に立つのか？」という問いのもとに編成されていく。学生時代にボランティアや留学を経験するのは「就職活動に有利になるから」であり、親が子どもに本を読み聞かせるのは「知的好奇心を刺激し語彙力を育てられるから」である。この友人や恋人と一緒にいるのは「周囲から「イケてる」と見なされるから」で、「生産性の高い人間」であり続けるために資格をとったり休日も有効に時間を使うなど、日々忙しくしている。そこでは「主権者としての市民」という民主主義の基礎を成す価値は掘り崩され、「経済成長に貢献するべき人的資本としての市民」という側面が前景化してくるとして、ブラウンは次のようにいう。

> ホモ・ポリティクスが姿を消して人的資本の形象がとってかわると、もはや各々の個人は、ミルの有名な言葉にあるように「自分自身の幸福を自分自身の方法で追求する」という権利をもたない。もはや、人が生から何を求めるか、いかにして自己をつくりだすかといった、答え

のない問いなど存在しない（傍点引用者）。人的資本は、他のあらゆる資本と同様、資金投入と生産高のいずれにおいても市場に束縛されており、競争で相手をしのぐようにふるまい、市場の行く末の評価にみずから与するのである（Brown 2015 = 2017：123-124）。

このように、効率的な投資の対象となっていく自己は、「私とは何者か」「いかに生きるべきか」などと立ち止まって考えたりはしないだろう。

ひるがえって「当事者による語りの場」では、答えのない問いが存在している。「それをして何の役に立つのか？」という底の浅い問いかけをしりぞけ、自己や関係、社会というものについて、じっくり考えようとする態度がそこにはある。参加者たちの結節点には、さまざまな事情から「価値の高い人的資本」ではあれなかった「生きづらさ」の経験が横たわっている。自分という存在の帯びる、どうしようもない脆さや不安定さ、弱さなど「これさえなければ」と呪わしく思った特徴が、他者や社会とつながる足場となっていく。自己責任や競争の論理から逃れられるわけではない。だがそれに絡め取られつつも、相対化し、目の前の困難を「個人の問題」に矮小化せず共同性に開いていく姿勢が確かにあった。

「答えの出ない問いについて共同で考える」とは、まさに民主主義の基礎をなす態度である。多様な人間が一つの社会で暮らしていくために、その構成員である「私たち」は問題を共有し、語り、矛盾して立ち現れることの多い重要な価値のあいだで落としどころを見つけなければならない。「自由」と「安心」のあいだで、「豊かさ」と「持続可能性」のあいだで、現実的な着地点を探っていくことは喫緊の課題となっている。その際、「私たちにとって重要な価値は何か」「そもそも私たちとは誰か」という問いは、欠くことのできないものだろう。だがすでに述べたように、現代社会でそうした「私たち」を構想することは容易ではない。

づら研のフィールドワークが示唆するのは、自身の「生きづらさ」に目を凝らし、他者のそれに耳を澄ますことが、「私たち」の土台となりうる、ということである。答えのない問いを問う取り組みは、実際には、好んでなされているというよりも、「これを問わずにはその先の人生を歩めない」という、やむにやまれぬ事情が背後にある。逆説的だが、「生きづらさ」を持ちそれに向き合わざるをえない人びとこそが、「私たち」を構想する可能性へとより開かれていく。

そうだとすれば、「生きづらさ」を意識せずにすんでいる人、「価値の高い人的資本」であり続けている人の側は、どうだろうか。絶え間ない競争のなかで、失われるものはないのだろうか。個々の利益を最大化する利害計算の一致のほかに、他者と立場をともにする土台を持ちえなくなってはいないだろうか。そして、「価値の高い人的資本」であることを目指してきた人は、自分や自分の大切な人が「価値が低い」と見なされざるをえなくなったとき、いったいどうするのだろうか。

見通しの悪い社会のなかで、「いま勝っている」ことは「将来にわたって勝ち続けられる」ことを意味しない。何よりも、無力な状態で生まれてきた私たちは、妊娠・出産、病、障害、老いなど無力であらざるをえない時期を経て、いつか必ず死を迎えるのだ。能力主義的な価値を味方にして生きうる時期は、人生において必ずしも長くはない。

こうした点を考え合わせれば、「生きづらさ」を今は意識せずにすんでいる人も、弱さを通じてつながることへのニーズを持ちうるのではないか。みなが勝ち続けることはありえないが、弱さを抱えることは、誰にでも必ずあるのだから。

競争に身を投じ続ける私たちにとって、自分のなかの弱さに目を凝らすことは、もっとも難しいのかもしれない。それでも、他者の「生きづらさ」に真摯に耳を傾けることで、自己との連続面を発見し、自分のなかにもひそむ「生きづらさ」を想像してみることはできるだろう。「生きづらさを聴く」ことがそのための一歩となると、信じたい。

注

(1) たとえば森山至貴は、「ゲイへの社会的理解は進んだか」というトリッキーな問いについて、「「シャイニー」なライフスタイルへ「抜け駆け」することが可能な現在において、そもそもゲイ全体の社会的承認や差別の是正を問うことが難しくなっている」と指摘したうえで、「「モテる者」≒「(資源を) 持てる者」であり、さらにマジョリティに「理解」されやすい者であるかもしれない、という事態を踏まえると、ゲイに対する「社会の理解」なるものの増大は見かけ上のものにすぎず、ゲイはかつてない分断の危機にあるとすら主張できる」(森山 2017：253-254) としている。

(2) 本書のもととなった博士論文において、私が「生きづらさ」の訳語に当てたのは、この「苦悩 angst」の語であった。

(3) 不登校の親の会に三〇年関わり続けた元定時制高校教員の山田潤は、親の会に集う親たちの気づきを次のように描写している。「円卓を囲む参加者の多くがたちまちのうちに気づくのである、「わが子だけではない。わたしだけではない。ここにこうして集まっている親子が「特殊・病的」であるというのなら、いったい「普通・健全」であるとはどういうことだろう」」（山田 1998：199）「わが子が学校に行かなくなった親たちの多くは、それまでの平穏な生活の土台が足元から崩れ去るような驚愕を味わっている。そして、まずは、あの手この手で子どもの再登校を促した。けれども、子どもはガンとして動かなかった。根負けした親は、とりあえず「行かなくてもよい」と言うほかなかったのだ。それでようやく、子どもは少なくともわが家に「居場所」を得ることができた。そうして、遅ればせながら、親たちは問い直しはじめたのである。そもそも何を願って子どもを学校に送り出していたのか、を。また、依然として再登校を促し続ける学校関係者たちとのやりとりのなかで、問い直さざるをえなかった。「教育権」なるものが存在するとして、それが最終的にはどこに帰属するのかということを」（山田 1998：206）。ここでは、目の前の子どもを受け入れることが、自分自身がその一部であるところの「社会」を問い直すことに重なっている。

あとがき

本書は私にとって、『不登校は終わらない』（二〇〇四年、新曜社）以来一八年ぶりとなるモノグラフである。アデレード大学（オーストラリア）に提出した博士論文Engaging the angst of unemployed youth in post-industrial Japanをもとに、追加調査を行い、大幅に加筆・修正してできあがった。

若い頃は、「語りたいのに言葉がない」と思っていた。私には小学校の五年半を学校に行かずに家で過ごした経験があり、一九八〇年代にそうした経験を持つということは、「自分はこの社会に含まれない」という決定的な感覚を、深いところに刻印されることだった。その後学校に戻り、大学や大学院にまで進学しながらも、その原始的な感覚は不思議なもの、しんどいもの、でありながら何か手放しがたい大切なものとして、私のなかに残り続けた。これはいったい何なのか。言葉にしたい。私は「不登校の〈その後〉」を生きる私の物語を語りたかった。世の中にあふれるドミナント・ストーリーは、私の物語ではないと感じていた。先人たちの示すオルタナティブ・ストーリーはあたたかな拠り所だったが、「何かが違う」という違和感もあった。その正体に目を凝らして、この固有の私の現実に一番フィットした言葉は何かを探す。それは根気のいる、しんどい、けれども夢中になれる作業だった。

他方で、私はインタビュアーだった。インタビュアーはダイレクトな自己物語の表現者ではなく、他者の物語に耳を傾ける。他者のありようを再構成し、解釈する作業のなかにかろうじて自分を表す。表現としては迂遠であり、もどかしい。

「私の物語を語りたい」と思いながらインタビューを行うことは、他者の語りのなかに自分の片鱗を探す、という態度に帰結していった。他者と出会い、自分とは異なるストーリーを聴き、「わかる」と感じられること。当時の私にとって、醍醐味はそこにあった。インタビューの場は主体と対象が相互作用を通じて生み出す一つの現実であり、無色透明な聞き手など存在しない。だから、そんなふうに主体が前面にせり出していくインタビューもありうるわけで、そのことを否定しようとは思わない。だがそこでより多くの比重が置かれていたのは、どちらだっただろう。他者への興味か、自分探しか。

本書のフィールドとなったづら研との出会いは、自分探しに向かおうとする私の襟首をつかんで引き戻し、いやおうなしに他者のほうへと顔の向きを変えさせた。そこでは「わかる」を求めようにもどうしようもなく「わからなかった」。時どき「わかった」と思っても、思うはしから「そうではない」という突き崩しに遭遇した。応答しようにも、輪郭を失い、どこへ向かうともしれない言葉も多かった。話は堂々めぐりで、起承転結はない。とつとつと誰かが話し、うんうんと誰かが相槌を打つ。やがて私は言葉よりも、相互作用の形式のほうがより大きな意味を持っていることに気づいた。それは場というものの持つ奇妙なちからに関係していた。「自分の物語を語りたい」と思っていた私は、いつしか「聴く」へと舵を切っていったように思う。それは「語る‐聴く」の関係性のなかで聴き手に回るというよりも、自分の輪郭が場に染み出していって、場の一部になる、という経験だった。

そこでは、「書く私」と「書かれる対象」との重なりの度合いはこれまでになく大きくなった。倫理的な葛藤も深かった。味方のような顔をして近づいておきながら、実は研究に利用することが目的だったのではないか。多様で複雑な実践は、結局研究者の解釈によって乱暴に整理されるのか。当然のように現場には、そうした違和感が生じた。

調査者としての私は、できるだけ丁寧な手続きを踏んだつもりだった。調査概要や情報利用の仕方を文書で示し、匿名性に配慮し、フィードバックを行った。原稿が一通りそろった後で、づら研において、当事者研究の振り返りをかねて本書の内容を紹介する回を設けた。希望する人には、ゲラになる前の段階で、インタビュー部分を除く全体の原稿を読んでもらえる機会を作った。全体を通じて確認と修正を重ねた。

しかし、もっとも大きな問題は手続きではなく、関係性に関することだった。手続きを尽くせば尽くすほど、それでは解消されないもやもやの輪郭が濃くなっていくような感覚さえあった。関係のなかで生産された情報は、関係とともに流動する。確認し、確定することができたとしても、それは一時点でのことにすぎない。書かせてもらうということは、その後の関係に継続的に責任を負うということでもあった。これはもう、何かあれば話し合い、解決できることは具体的に動き、答えの出ない問題はその問題を見続ける。そのようにしていく。

他方で、研究者コミュニティでは私はつねに「ミイラ取りがミイラになった人」だった。対象を内部から観察するということは、蔓がうねうねと自分のからだにまきついたアサガオを、自分でスケッチするようなものである。距離は取れない。だけれども、距離を取っているかに見える観察者だって、所詮は左手の小指の先っぽに咲いた花のところだけを切り取って三六〇度見えてます、という顔をしているだけで、実は蔓が、ひっそりと足元から這い上ってきていたりするのではないのだろうか。とにかく私は半分以上ミイラになりながらこれを書いた。それ以外の書き方で書く道はなかった。


多くの方々のお力添えを得て本書はできあがった。

何よりもづら研の参加者のみなさま、とりわけ調査に参加くださった方々に感謝する。みなさまとの出会いがなければ、この本は書かれなかった。単に情報提供という点だけでなく、問題意識そのものも、みなさまからいただいたと思っている。経験から問いを発し、人とつながっていこうとする姿勢を目の当たりにするたび、人間とは何か生きるとは何か、考えさせられた。

本書にも実名で登場するＮＰＯ法人フォロの事務局長・理事の山下耕平さんには、いくら感謝してもし尽くせない。大学に在籍しながら、「現場」なるものに身を置く矛盾。そこから目を逸らしたとたん、私のような者は何も書くことがなくなるという自覚があるのだが、その矛盾に向き合うことができたとすれば、ひとえに山下さんのおかげである。

アデレード大学の指導教員だった米山尚子先生は、英語で論文など書いたことのなかった私に根気よく伴走してくださった。家族ぐるみで友人のような付き合いをしてくださった尚子先生のあたたかいご指導がなければ、博士号を取得することはできなかった。

学部時代から二〇年以上もお世話になり続けている小熊英二先生には、本書の構想を聞いていただき貴重なアドバイスをいただいた。同じく卒業論文の頃から影響を与えてくださっている上野千鶴子先生。二〇歳過ぎの頃に上野先生から学んだものが今の私をつくっている。

関西学院大学社会学部のみなさまには、二年に及ぶ留学をサポートしていただいた。本書の構想にコメントを下さった方々もいた。記して謝意を表したい。

出版までの過程でお力添えくださったみなさまに感謝する。担当編集者の木谷陽平さんは、本書のお話をいただいてから完成まで辛抱強く待ってくださり、語り手たちとやりとりするこちらのペースを尊重してくださった。

最後に、お手に取ってくださった読者のみなさま、ありがとうございました。文責はすべて貴戸にありますが、これはづら研がつくった本です。「生きづらさでつながる」ことのおもしろさを少しでも感じてくださったら、こんなに嬉しいことはありません。

二〇二二年八月　貴戸理恵

学」）や大学院ゼミなどに出入りしてもらえます。ご希望の方はご一報ください。

（3）直接の利益ではありませんが，研究成果が公刊されることで，生きづらさを語りやすい，当事者が尊重される社会に近づいていく可能性があります。

8　情報の取り扱い

（1）原則として，インタビュー内容をはじめとするご協力頂いた調査の生データ（メモ，音声データ，テープ起こしの記述など）は，私の目にしか触れず，個人情報は一切公開しません。

（2）公刊物に特定の発言を掲載する場合は，匿名化し，公開の前に許可を得ます。

（3）公刊物に一般的な活動内容の記述を掲載する場合は，掲載されたものをご報告します。

その他

・いったんご協力いただいた後も，いつでも協力を取りやめることができます。ご希望の場合は下記にご連絡ください。

・これまでに書かれたづら研に関する論文は以下です。づら研参加者でご希望の方にはファイルをお送りします。下記の連絡先までお知らせ下さい。

貴戸理恵 2018「「自己」が生まれる場：「生きづらさ」をめぐる自助活動としての居場所と当事者研究」『「コミュ障」の社会学』青土社　収録

貴戸理恵 2021「「生きづらさからの当事者研究会」の事例にみる排除の多様性と連帯の可能性」岩渕功一編著『多様性との対話―ダイバーシティ推進が見えなくするもの』青弓社　収録

・その他，この研究プロジェクトに対する質問やご意見・ご相談は下記へお寄せください。

連絡先：貴戸理恵（メールアドレス）　関西学院大学社会学部（大学住所）

リングリストに流すなどしてお知らせします。

（2）2020年7月現在は考えていませんが，今後，インタビューへの協力をお願いすることがあるかもしれません。気が進まなければ，もちろん断って頂いて大丈夫です。

（3）「インタビューに協力してもよい」と思われたらお声がけください。いつでもありがたいです。

5　かかる時間や手間

今のところは特にありません（インタビューをお願いする場合は，2～3時間程度のお時間を頂き，お話を伺っていきます。具体的なことはその都度事前にお知らせします）。

6　予想されるリスク

（1）インタビューに協力していただいた場合に，語ることによる疲れや，過去の記憶の想起による精神不安・体調不良などが起こってしまうかもしれません。インタビューを行うときには，極力そうした点に配慮しながら進めていきます。

（2）インタビューに協力しない場合であっても，「調査の対象になるかもしれない」と考えることで不安を覚える場合があるかもしれません。そうした場合には，匿名であってもいっさい調査として記述することはしませんので，お申し出ください。

（3）調査関係を明示的にすることで，貴戸と居場所Gやづら研とのあいだの関係性が変化してしまうかもしれません。

どうなるかは分からないところも多いのですが，何かあればできるだけ話しあい，見直していきたいと思っています。気になるところはいつでもおっしゃってください。

7　予想される利益

（1）研究フィールドとして位置づけられる範囲の，運営に関わる一部の経費を研究費から拠出します。

（2）関西学院大学の貴戸の講義（「現代若者・子ども論」「教育社会

社会とのつながりの困難のあり方を描写するとともに,「生きづらさ」からひらかれる,属性の同質性に依拠しない新たな共同性について展望できると考えています。

とはいっても,この研究では,「こうすれば生きづらさが少なくなる」「つながりの回復ができる」という実践モデルや成功例を提示することを目指しているのではありません。それは具体的な方向性の提示が不必要だと思っているからではなく,あえてそれを脇へ置くことで,「どうすればよいのか」をより根源的な次元で問い直す自由にひらかれる,と考えるためです。現状の変化を目指す制度・政策,支援実践,社会運動が,なぜ行き詰まってしまっているのかをきちんと見定めるために,当事者の「生きづらさ」に立ち戻ることが必要だと思っています。

こうした立場に基づいて,この研究では,当事者によって経験されるさまざまな生きづらさのリアリティを描き出し,その意味を解き明かすことによって,生きづらさを聞く「耳」の側,すなわち情報を受信する社会の側に,聴取のための新たな枠組みを提案することを目的とします。

2　調査をやる人

貴戸理恵が行います。貴戸の立ち位置は,2020年7月現在,1．居場所Gとづら研のコーディネーターであり,2．研究者(社会学・教育社会学,PhD(アジア研究),関西学院大学社会学部准教授)であり,3．不登校の〈その後〉を生きる当事者でもあります。

また,「研究協力者」として山下耕平さんに助けていただく場合があります(インタビューへの同席など)。

3　「居場所G」および「づら研」にお声がけする理由

「生きづらさ」を持つ人びとが集う場であり,私自身が2011年のづら研スタート当初から関わってきた場だからです。

4　お願いしたいこと

(1)づら研の研究内容や場の雰囲気などに関する記述,その他居場所Gやづら研をめぐる一般的な記述を,執筆に使わせてください。個人が特定されることのないように配慮し,公刊にあたっては,事前にメー

調査へのご理解・ご協力のお願い

2020年7月20日
貴戸理恵

＊この文書は「これまで何となく行ってきたことをきちんと書面で表し，貴戸と居場所G及びづら研との関係を明らかにする」ことを目的に書かれており，「新しいことを始める」ためのものではありません。

研究テーマ
現代日本の「生きづらさ」と共同性に関する研究：
不登校の〈その後〉を中心に

1　研究のあらまし

私の研究テーマは，不登校，ひきこもり，不安定雇用といった経験を持つ人びとへのインタビューを通して，現代日本社会における「生きづらさ」とは何か，「生きづらさ」を抱える人と社会がどのようにつながれるかを探ることです。

「生きづらさ」という主観的で曖昧な言葉を使うのは，現代における社会とのつながりにくさが，ある属性や状態を共有する人びとに共通して分け持たれると言うよりも，多様かつ分断されたかたちで，個々の人びとによって孤独に感受されるものになっている，と考えるからです。たとえば，同じ「不登校経験者」であっても，さまざまな社会的条件や幸運に恵まれて進学・就職していく場合と，そうした資源がなく，社会との接続がスムーズにいかない場合では，困難のありようが違ってきます。個別の事情はさまざまであり，「不登校経験者の困難」とひとくくりにいうことはできません。けれども，「何らかの生きづらさを抱えている」という点においては共通性があり，そこに問題の輪郭を見いだしていくことができます。「生きづらさ」を対象にすることで，現代的な

92　呪いの研究（2019.9）
93　当事者性と言葉の研究（2019.10）
94　努力について（2019.11）
95　不安の研究（2019.12）
96　呪いの研究：出張バージョン（2020.1）
97　自縄自縛の研究（2020.2）
98　コロナについて（2020.4）
99　コロナについて Part 2（2020.5）
100　同調圧力について（2020.6）
101　不調さんを持ち寄ろう（2020.7）
102　身体性と言葉（2020.8）
103　渦中のやり過ごし方について（2020.10）
104　まなざしについて（2020.11）
105　記念日の生きづらさ（2020.12）
106　ひとりでの過ごし方の研究（2021.2）
107　当事者であることに依存してしまう問題（2021.3）
108　当事者のその後（2021.4）
109「暮らしをする」ことについて（2021.6）
110「助けて」が言いにくい問題（2021.7）
111　力関係について（2021.8）
112　社会構造の問題を考えることと，自分の領域の問題を考えること（2021.9）
113　空気を読んでしまう問題（2021.10）
114　タタリ神にならないためには（2021.11）
115「なにものか」問題（2021.12）
116　対話のあり方について（2022.2）
117　渦中のその後について（2022.3）
118　づら研を振り返る（2022.4）
119　うしろめたさについて（2022.5）
120　逃げることについて（2022.6）
121　迷惑をかけることについて（2022.7）
122　反抗・抵抗しにくい問題（2022.8）

61　身体はなんと言っているかSP（2016.10）
62　ズレがづらい（2016.12）
63　関係のズレ（2017.1）
64　Kのレポート「自分が影響を与えてしまうこと」（2017.3）
65　かまってちゃんの研究（2017.4）
66　等身大の研究（2017.5）
67　勤労の義務の研究（2017.6）
68　学級・学年のない義務教育づくりを創造する話（義務教育の研究）（2017.7）
69　イヤの研究（2017.9）
70　日本に暮らして感じる価値観（2017.10）
71　ハリボテの研究（2017.11）
72　ままならない波の研究（2017.12）
73　感覚過敏の研究（2018.1）
74　身体の受容の研究（2018.2）
75　アイデンティティの葛藤（2018.3）
76　不登校新聞の記事について（2018.4）
77　じめっとさんの研究（2018.5）
78　ぐるぐるの研究（2018.6）
79　どこまでが当事者なのか問題（2018.7）
80　生きやすさの研究（2018.9）
81　100年後の価値観（2018.10）
82　期待しちゃう・されちゃう問題（2018.11）
83　関係の作り方の研究（2018.12）
84　場のあり方の研究（2019.1）
85　非モテ研究（2019.2）
86　関係が近づくと断ち切ってしまう問題（2019.3）
87　弱さと強がりの研究（2019.4）
88　下り坂の研究（2019.5）
89　痛みの研究（2019.6）
90　聞く耳のあり方の研究（2019.7）
91　権威の研究（2019.8）

29　名前のない生きづらさ（2014.1）
30　家族のこと，そして私はなぜ当事者を名乗るのか（2014.2）
31　づら研の今後について（2014.2）
32　通り魔のような生きづらさ（2014.4）
33　ひとりでいること（2014.5）
34　見た目と自意識（2014.6）
35　書くことについて（2014.7）
36　評価について（2014.8）
37　男はつらいよ（2014.9）
38　生活にまつわるあれこれ（2014.10）
39　僕とカウンセリング（2014.11）
40　怒りへの対処法について（2014.12）
41　当事者研究とは何か（2015.1）
42　言われて傷つく言葉（2015.2）
43　依存じまん大会（2015.3）
44　ひきこもりから「折り紙のＨくん」へ（2015.4）
45　Ｋの自分研究（2015.5）
46　カウンセリングについて（2015.6）
47　怖さについて（2015.7）
48　自信のなさについて，づら研のやり方の振り返り（2015.8）
49　一対一の関係（2015.9）
50　海外のオルタナティブ教育について（2015.10）
51　怒られるのが怖い問題（2015.11）
52　怒り方の研究（2015.12）
53　関係修復（2016.1）
54　関係修復 Part2（2016.2）
55　狭窄さんの研究（2016.4）
56　逃げ道の研究（2016.5）
57　自分の壁（2016.6）
58　逃げられなさの研究（2016.7）
59　逃げられなさの研究 Part2（2016.8）
60　分極さんの研究（2016.9）

［付録］ 「生きづらさからの当事者研究会」テーマ一覧

1 怒りについて（2011.6）
2 「伝わらない」から「差し出す」へ（2011.7）
3 時間について（2011.8）
4 KJ 法「働くこと」について（2011.9）
5 KJ 法の結果についてのレポート（2011.10）
6 むなしさについて（2011.11）
7 ジェンダーについて（2011.12）
8 承認と依存（2012.2）
9 詩編（2012.3）
10 母について（2012.4）
11 母について２（2012.5）
12 子ども性について（2012.6）
13 幼少のＫと父親との関係（2012.7）
14 手記（2012.8）
15 怒り，痛み，暴力，マグマなどをテーマに自由に話し合い（2012.9）
16 孤独（2012.11）
17 「シャバ」とのギャップ（2012.12）
18 生存について（2013.1）
19 バカボンのパパになりたくて（2013.2）
20 無題（2013.4）
21 KJ 法「学校」について（2013.5）
22 友達（2013.6）
23 メンバーシップ主義（2013.7）
24 居場所について（2013.8）
25 ぶきっちょ自慢大会（2013.9）
26 男女別づら研（2013.10）
27 出前づら研（2013.11）
28 私の生きづらさと言えるようになるまで（2013.12）

山下耕平（2009）『迷子の時代を生き抜くために』北大路書房
山下美紀（2012）『子どもの「生きづらさ」―子ども主体の生活システム論的アプローチ』学文社
Yoneyama, S.（1999）*The Japanese high school: Silence and resistance.* Routledge.
湯浅誠（2008）『反貧困―「すべり台社会」からの脱出』岩波新書
湯浅誠，仁平典宏（2007）「若年ホームレス―『意欲の貧困』が提起する問い」本田由紀編『若者の労働と生活世界―彼らはどんな現実を生きているのか』329-362 頁，大月書店

〈フィールド関連〉
特定非営利活動法人フォロ（2014）なるにわホームページ「はじめに（趣意書）」（http://foro.jp/narnywa/prospectus/）[2022 年 4 月 28 日閲覧]
――――（2012）『づら研やってます。―生きづらさからの当事者研究会レポート Vol.01』（http://www.foro.jp/pdf/publish/dzrweb.pdf）[2022 年 4 月 28 日閲覧]
――――（2013）『づら研やってます。―生きづらさからの当事者研究会レポート Vol.02』（http://www.foro.jp/pdf/publish/dzrweb02.pdf）[2022 年 4 月 28 日閲覧]
――――（2015）『づら研やってます。―生きづらさからの当事者研究会レポート Vol.03』（http://www.foro.jp/pdf/publish/dzrweb03.pdf）[2022 年 4 月 28 日閲覧]
――――（2019）『づら研やってます。―生きづらさからの当事者研究会レポート Vol.04』（http://www.foro.jp/pdf/publish/dzrweb04.pdf）[2022 年 4 月 28 日閲覧]

イノリティに向けられる無意識の差別』明石書店）
Takizawa, R., Maughan, B., Arseneault, L.（2014）Adult health outcomes of childhood bullying victimization: Evidence from a five-decade longitudinal British birth cohort. *Am J Psychiatry* 171(7): 777-784.
多賀太（2006）『男らしさの社会学―揺らぐ男のライフコース』世界思想社
滝川一廣（1998）「不登校はどう理解されてきたか」佐伯胖，黒崎勲，佐藤学他編『岩波講座 現代の教育 第4巻　いじめと不登校』163-186頁，岩波書店
――――（2012）『学校へ行く意味・休む意味―不登校って何だろう』日本図書センター
田中俊英，金城隆一，蓮井学（2005）『「待つ」をやめるとき―「社会的ひきこもり」への視線』さいろ社
太郎丸博（2006）『フリーターとニートの社会学』世界思想社
上野千鶴子（2008）「当事者とは誰か？―ニーズ中心の福祉社会のために」上野千鶴子，中西正司編『ニーズ中心の福祉社会へ―当事者主権の次世代福祉戦略』10-37頁，医学書院
――――（2011）『ケアの社会学―当事者主権の福祉社会へ』太田出版
――――（2013）「『当事者』研究から『当事者研究』へ」副田義也編『シリーズ福祉社会学２　闘争性の福祉社会学―ドラマトゥルギーとして』25-46頁，東京大学出版会
――――（2018）「アカデミズムと当事者ポジション」熊谷晋一郎責任編集『当事者研究と専門知―生き延びるための知の再配置』（『臨床心理学』増刊）112-118頁，金剛出版
――――（2021）「当事者の社会学に向けて」樫田美雄，小川伸彦編著『〈当事者宣言〉の社会学―言葉とカテゴリー』227-261頁，東信堂
上野千鶴子，中西正司編（2008）『ニーズ中心の福祉社会へ―当事者主権の次世代福祉戦略』医学書院
浦河べてるの家（2002）『べてるの家の「非」援助論―そのままでいいと思えるための25章』医学書院
――――（2005）『べてるの家の「当事者研究」』医学書院
山田潤（1998）「学校に『行かない』子どもたち―〈親の会〉が問いかけていること」佐伯胖，黒崎勲，佐藤学他編『岩波講座 現代の教育 第4巻　いじめと不登校』187-208頁，岩波書店
山田哲也（2010）「学校に行くことの意味を問い直す」若槻健，西田芳正編，志水宏吉監修『教育社会学への招待』77-95頁，大阪大学出版会

大沢真理（2007）『現代日本の生活保障システム―座標とゆくえ』岩波書店
朴希沙（2019）「『してもの会』における Respectful Racial Dialogue の実践―在日コリアンと日本人の『分断から動き出す交流』」『質的心理学研究』18号，7-25頁
朴希紗，丸一俊介，高悠史（2014）「当事者研究から考える在日コリアンの生きづらさ―在日コリアンの『自分の助け方』 その『効果』と『副作用』」対人援助学会第6回大会ポスター発表
Rutter, M. & Smith, D.J.（eds.）（1995）*Psychological disorders in young people: Time trends and their causes.* John Wiley & Sons.
佐伯胖，黒崎勲，佐藤学他編（1998）『岩波講座 現代の教育 第4巻 いじめと不登校』岩波書店
斎藤環（2020）『改訂版　社会的ひきこもり』PHP 新書
斎藤環解説，水谷緑漫画（2021）『まんが　やってみたくなるオープンダイアローグ』医学書院
桜井厚（2002）『インタビューの社会学―ライフストーリーの聞き方』せりか書房
笹倉千佳弘，井上寿美（2017）「小学校教員の認識からみた脱落型不登校児童の実態―登校阻害要因の観点から」『就実教育実践研究』10巻，15-22頁
佐藤郁哉（2006）『フィールドワークの技法―問いを育てる，仮説をきたえる』新曜社
Seikkula, J. & Arnkil, T.E.（2006）*Dialogical meetings in social networks.* Karnac.（＝2016，高木俊介，岡田愛訳『オープンダイアローグ』日本評論社）
関水徹平（2011）「『ひきこもり』問題と『当事者』―『当事者』論の再検討から」『年報社会学論集』24号，109-120頁
清水晶子（2021）「『同じ女性』ではないことの希望―フェミニズムとインターセクショナリティ」岩渕功一編著『多様性との対話―ダイバーシティ推進が見えなくするもの』145-164頁，青弓社
塩原良和（2012）『共に生きる―多民族・多文化社会における対話』弘文堂
Standing, G.（2011）*The precariat: The new dangerous class.* Bloomsbury.（＝2016，岡野内正監訳『プレカリアート―不平等社会が生み出す危険な階級』法律文化社）
Sue, D.W.（2010）*Microaggressions in everyday life: Race, gender, and sexual orientation.* Wiley.（＝2020，マイクロアグレッション研究会訳『日常生活に埋め込まれたマイクロアグレッション―人種，ジェンダー，性的指向：マ

――――（2013）「当事者研究ができるまで」石原孝二編『当事者研究の研究』150-175 頁，医学書院
――――（2018）『「べてるの家」から吹く風（増補改訂）』いのちのことば社
――――（2020）「当事者研究とは―当事者研究の理念と構成」当事者研究ネットワークホームページ（https://toukennet.jp/?page_id=56）〔2022 年 4 月 28 日閲覧〕
向谷地生良，浦河べてるの家（2018）『新　安心して絶望できる人生―「当事者研究」という世界』一麦出版社
長岡利貞（1995）『欠席の研究』ほんの森出版
内閣府（2016）「平成 27 年度　若者の生活に関する調査報告書」（https://www8.cao.go.jp/youth/kenkyu/hikikomori/h27/pdf-index.html）〔2022 年 4 月 28 日閲覧〕
――――（2019a）「平成 30 年度　生活状況に関する調査」（https://www8.cao.go.jp/youth/kenkyu/life/h30/pdf-index.html）〔2022 年 4 月 28 日閲覧〕
――――（2019b）「令和元年版　子供・若者白書（概要版）　特集 2　長期化するひきこもりの実態」（https://www8.cao.go.jp/youth/whitepaper/r01gaiyou/s0_2.html）〔2022 年 4 月 28 日閲覧〕
Nakamura, K. (2013) *A disability of the soul: An ethnography of schizophrenia and mental illness in contemporary Japan.* Cornell University Press.
中根千枝（1967）『タテ社会の人間関係―単一社会の理論』講談社現代新書
中根成寿（2010）「『私』は『あなた』にわかってほしい―『調査』と『承認』の間で」宮内洋，好井裕明編著『〈当事者〉をめぐる社会学―調査での出会いを通して』105-120 頁，北大路書房
中西正司，上野千鶴子（2003）『当事者主権』岩波新書
西井開（2021）『「非モテ」から始まる男性学』集英社新書
信田さよ子編（2020）『女性の生きづらさ―その痛みを語る』（『こころの科学』Special Issue）日本評論社
野田彩花，山下耕平（2017）『名前のない生きづらさ』子どもの風出版会
野口裕二（2018）「当事者研究が生み出す自己」小林多寿子，浅野智彦編『自己語りの社会学―ライフストーリー・問題経験・当事者研究』249-267 頁，新曜社
落合恵美子（2019）『21 世紀家族へ―家族の戦後体制の見かた・超えかた　第 4 版』有斐閣
小熊英二（2019）『日本社会のしくみ―雇用・教育・福祉の歴史社会学』講談社現代新書

熊谷晋一郎編（2017）『みんなの当事者研究』（『臨床心理学』増刊）金剛出版
熊谷晋一郎責任編集（2018）『当事者研究と専門知―生き延びるための知の再配置』（『臨床心理学』増刊）金剛出版
――――（2019）『当事者研究をはじめよう』（『臨床心理学』増刊）金剛出版
熊沢誠（1993）『新編日本の労働者像』ちくま学芸文庫
栗田隆子（2019）『ぼそぼそ声のフェミニズム』作品社
草柳千早（2004）『「曖昧な生きづらさ」と社会―クレイム申し立ての社会学』世界思想社
松田博幸（2018）「ピアワーカーの政治（politics）」熊谷晋一郎責任編集『当事者研究と専門知―生き延びるための知の再配置』（『臨床心理学』増刊）105-111 頁，金剛出版
松岡亮二（2019）『教育格差―階層・地域・学歴』ちくま新書
Merriam, S.B.（1998）*Qualitative research and case study applications in education.* Jossey-Bass Publishers.（= 2004，堀薫夫，久保真人，成島美弥訳『質的調査法入門―教育における調査法とケース・スタディ』ミネルヴァ書房）
Miller, A.（2001）*Evas Erwachen: Überdie Auflösung emotionaler Blindheit, Frankfurt am Main.* Suhrkamp Verlag.（= 2004，山下公子訳『闇からの目覚め―虐待の連鎖を断つ』新曜社
箕浦康子編著（2009）『フィールドワークの技法と実際Ⅱ―分析・解釈編』ミネルヴァ書房
宮本太郎（2009）『生活保障―排除しない社会へ』岩波新書
宮内洋，好井裕明編著（2010）『〈当事者〉をめぐる社会学―調査での出会いを通して』北大路書房
文部科学省（2003）「不登校への対応の在り方について（通知）」
文部科学省（2014）『不登校に関する実態調査―平成 18 年度不登校生徒に関する追跡調査報告書』
森田洋司（2003）『不登校　その後―不登校経験者が語る心理と行動の軌跡』教育開発研究所
森山至貴（2012）『「ゲイコミュニティ」の社会学』勁草書房
――――（2017）「日本のゲイは『普通の存在』になったのか？」瀬地山角編著『ジェンダーとセクシュアリティで見る東アジア』240-258 頁，勁草書房
向谷地生良（2009a）『統合失調症を持つ人への援助論―人とのつながりを取り戻すために』金剛出版
――――（2009b）『技法以前―べてるの家のつくりかた』医学書院

――――（2009）「若者はなぜ職場をすぐに去るのか」『現代と教育』79号，5-18頁
――――（2010）『〈学校から仕事へ〉の変容と若者たち―個人化・アイデンティティ・コミュニティ』青木書店
石原孝二編（2013）『当事者研究の研究』医学書院
石川良子（2007）『ひきこもりの〈ゴール〉―「就労」でもなく「対人関係」でもなく』青弓社
伊藤公雄（1993）『〈男らしさ〉のゆくえ―男性文化の文化社会学』新曜社
伊藤智樹（2011）「〈書評〉宮内洋・好井裕明編『〈当事者〉をめぐる社会学―調査での出会いを通して』」『社会学評論』62巻3号，411-412頁
上岡陽江，大嶋栄子（2010）『その後の不自由―「嵐」のあとを生きる人たち』医学書院
樫田美雄，小川伸彦編著『〈当事者宣言〉の社会学』東信堂
加藤博史（1981）「街で患者として暮らすものの生きづらさ（主体的社会関係形成の障害と抑圧）と，P.S.W. 機能（指定討論）」『精神神経学雑誌』83巻12号，808-810頁
貴戸理恵（2004）『不登校は終わらない―「選択」の物語から〈当事者〉の語りへ』新曜社
――――（2018a）「『自己』が生まれる場―『生きづらさ』をめぐる自助活動としての居場所と当事者研究」『「コミュ障」の社会学』185-211頁，青土社
――――（2018b）「リスク社会と不登校―1980年代の不登校運動から2010年代の生きづらさへ」『「コミュ障」の社会学』53-92頁，青土社
――――（2021）「『生きづらさからの当事者研究会』の事例にみる排除の多様性と連帯の可能性」岩渕功一編著『多様性との対話―ダイバーシティ推進が見えなくするもの』124-144頁，青弓社
木村敏（2005）『関係としての自己』みすず書房
――――（2014）『あいだと生命―臨床哲学論文集』創元社
小林多鶴子，浅野智彦編（2018）『自己語りの社会学―ライフヒストリー・問題経験・当事者研究』新曜社
厚生労働省（2019）「令和元年度工賃（賃金）の実績について」（https://www.mhlw.go.jp/content/12200000/000760673.pdf）［2022年4月28日閲覧］
工藤啓，西田亮介（2014）『無業社会―働くことができない若者たちの未来』朝日新書
熊谷晋一郎（2020）『当事者研究―等身大の〈わたし〉の発見と回復』岩波書店

書房）
――――（1991）*Modernity and self-identity: Self and society in the late modern age*. Blackwell Publishers.（= 2021，秋吉美都，安藤太郎，筒井淳也訳『モダニティと自己アイデンティティ―後期近代における自己と社会』ちくま学芸文庫）
Goffman, E.（1961）*Encounters: Two studies in the sociology of interaction*. Bobbs-Merrill Company.（= 1985，佐藤毅，折橋徹彦訳『出会い―相互行為の社会学』誠信書房）
萩原建次郎（2018）『居場所―生の回復と充溢のトポス』春風社
濱口桂一郎（2009）『新しい労働社会―雇用システムの再構築へ』岩波新書
原未来（2022）『見過ごされた「貧困世帯」のひきこもり―若者支援を問いなおす』大月書店
樋口美雄，太田清，家計経済研究所編（2004）『女性たちの平成不況―デフレで働き方・暮らしはどう変わったか』日本経済新聞社
土方由起子（2010）「子どもの生きづらさとは何か―リスク社会における不登校」『奈良女子大学社会学論集』17 号，259-276 頁
ひきこもり UX 会議（2021）『ひきこもり白書 2021　1686 人の声から見えたひきこもり・生きづらさの実態』JETDA personal publications
平井秀幸（2015）『刑務所処遇の社会学―認知行動療法・新自由主義的規律・統治性』世織書房
Hochschild, A.R.（2016）*Strangers in their own land: Anger and mourning on the American right*. New Press.（= 2018，布施由紀子訳『壁の向こうの住人たち―アメリカの右派を覆う怒りと嘆き』岩波書店）
本田由紀（2009）『教育の職業的意義―若者，学校，社会をつなぐ』ちくま新書
保坂享（2000）『学校を欠席する子どもたち―長期欠席・不登校から学校教育を考える』東京大学出版会
池田喬（2013）「研究とは何か，当事者とは誰か―当事者研究と現象学」石原孝二編『当事者研究の研究』113-148 頁，医学書院
池上正樹（2019）『ルポ「8050 問題」―高齢親子“ひきこもり死”の現場から』河出新書
稲村博（1988）『登校拒否の克服―続・思春期挫折症候群』新曜社
井上輝子（1997）『新版　女性学への招待』有斐閣
乾彰夫（1990）『日本の教育と企業社会――元的能力主義と現代の教育＝社会構造』大月書店

グ—対立から共生へ，議論から対話へ』英治出版）
ぼくらの非モテ研究会編著（2020）『モテないけど生きてます—苦悩する男たちの当事者研究』青弓社
Brinton, M.C.（2011）*Lost in transition: Youth, work, and instability in postindustrial Japan*. Cambridge University Press.（= 2008，池村千秋訳『失われた場を探して—ロストジェネレーションの社会学』NTT 出版）
Brown, W.（2015）*Undoing the demos: Neoliberalism's stealth revolution*. Zone Books.（= 2017，中井亜佐子訳『いかにして民主主義は失われていくのか—新自由主義の見えざる攻撃』みすず書房）
Cassegård, C（2014）*Youth movements, trauma and alternative space in contemporary Japan*. Global Oriental.
千葉雅也，松本卓也，小泉義之他（2017）「共同討議 精神分析的人間の後で—脚立的超越性とイディオたちの革命」『表象』11 号，14-53 頁
Clifford, J. & Marcus, G.E.（eds.）（1986）*Writing culture: The poetics and politics of ethnography*. University of California Press.（= 1996，春日直樹，足羽與志子，橋本和也他訳『文化を書く』紀伊國屋書店）
藤野友紀（2007）「『支援』研究のはじまりにあたって—生きづらさと障害の起源」『子ども発達臨床研究』1 号，45-51 頁
藤田結子，北村文編（2013）『現代エスノグラフィー—新しいフィールドワークの理論と実践』新曜社
Fukuyama, F.（2018）*Identity: The demand for dignity and the politics of resentment*. Farrar, Straus and Giroux.（= 2019，山田文訳『アイデンティティ—尊厳の欲求と憤りの政治』朝日新聞出版）
Furlong, A.（2012）*Youth studies: An introduction*. Routledge.
Furlong, A. & Cartmel, F.（1997）*Young people and social change: Individualization and risk in late modernity*. Open University Press.（= 2009，乾彰夫，西村貴之，平塚眞樹他訳『若者と社会変容—リスク社会を生きる』大月書店）
玄田有史（2005）『仕事のなかの曖昧な不安—揺れる若年の現在』中公文庫
Gest, J.（2016）*The new minority: White working class politics in an age of immigration and inequality*. Oxford University Press.（= 2019，吉田徹，西山隆行，石神圭子他訳『新たなマイノリティの誕生—声を奪われた白人労働者たち』弘文堂）
Giddens, A.（1990）*The consequences of modernity*. Polity Press.（= 1993，松尾精文，小幡正敏訳『近代とはいかなる時代か？—モダニティの帰結』而立

参考文献

阿比留久美（2012）「『居場所』の批判的検討」田中治彦，萩原建次郎編著『若者の居場所と参加―ユースワークが築く新たな社会』35-51頁，東洋館出版社

赤木智弘（2007）「『丸山眞男』をひっぱたきたい―31歳，フリーター。希望は，戦争。」『論座』140号，53-59頁

Allison, A.（2013）*Precarious Japan*. Duke University Press.

雨宮処凛（2007）『生きさせろ！―難民化する若者たち』太田出版

雨宮処凛，萱野稔人（2008）『「生きづらさ」について―貧困，アイデンティティ，ナショナリズム』光文社新書

新谷周平（2012）「居場所を生み出す『社会』の構築」田中治彦，萩原建次郎編著『若者の居場所と参加―ユースワークが築く新たな社会』231-247頁，東洋館出版社

有末賢，大山小夜（2016）「公募特集『現代社会と生きづらさ』によせて」『社会学評論』66巻4号，446-459頁

綾屋紗月（2017）「当事者研究をはじめよう！―当事者研究のやり方研究」熊谷晋一郎編『みんなの当事者研究』（『臨床心理学』増刊）74-99頁，金剛出版

――――（2019）「当事者研究が受け継ぐべき歴史と理念」熊谷晋一郎責任編集『当事者研究をはじめよう』（『臨床心理学』増刊）6-13頁，金剛出版

綾屋紗月編著（2018）『ソーシャル・マジョリティ研究―コミュニケーション学の共同創造』金子書房

綾屋紗月，熊谷晋一郎（2008）『発達障害当事者研究―ゆっくりていねいにつながりたい』医学書院

――――（2010）『つながりの作法―同じでもなく違うでもなく』生活人新書

Banks, M.H. & Ullah, P.（1988）*Youth unemployment in the 1980s: Its psychological effects*. Croom Helm.

Beck, U.（1986）*Risikogesellschaft: Auf dem Weg in eine andere Moderne*. Suhrkamp.（＝1998，東廉，伊藤美登里訳『危険社会―新しい近代への道』法政大学出版局）

Bohm, D.（2004）*On dialogue*. Routledge.（＝2007，金井真弓訳『ダイアロー

ま・や・ら行

A to Z

た行

な行

は行

索　引

あ行

か行

さ行

●著者――――

貴戸理恵（きど・りえ）

1978年生まれ。関西学院大学准教授。「生きづらさからの当事者研究会」コーディネーター。専門は社会学、不登校の〈その後〉研究。アデレード大学アジア研究学部博士課程修了（Ph.D）。著書に『不登校は終わらない―「選択」の物語から〈当事者〉の語りへ』（新曜社）、『「コミュニケーション能力がない」と悩むまえに―生きづらさを考える』（岩波ブックレット）、『女子読みのススメ』（岩波ジュニア新書）、『「コミュ障」の社会学』（青土社）、『個人的なことは社会的なこと』（青土社）などがある。

「生《い》きづらさ」を聴《き》く
不登校《ふとうこう》・ひきこもりと当事者研究《とうじしゃけんきゅう》のエスノグラフィ

2022年10月15日　第1版第1刷発行

著　者――貴戸理恵
発行所――株式会社日本評論社
〒170-8474 東京都豊島区南大塚3-12-4
電話 03-3987-8621(販売) -8598(編集) 振替 00100-3-16
印刷所――港北メディアサービス株式会社
製本所――株式会社難波製本
装　幀――森　裕昌（森デザイン室）
検印省略

ISBN978-4-535-56415-2　Printed in Japan